エンタテインメントと著作権——初歩から実践まで——③

音楽ビジネスの著作権（第2版）

福井健策 編
前田哲男・谷口 元 著

Music Business
Entertainment and Copyright

CRIC　公益社団法人著作権情報センター

編者まえがき

本書は、公益社団法人著作権情報センターから刊行される「エンタテインメントと著作権─初歩から実践まで─」と題したシリーズの第3巻にあたります。同シリーズは題名の示すとおり、エンタテインメントと著作権についての基本入門書となることを念頭に、「音楽」「映画・ゲーム」「ライブイベント」「出版・マンガ」の各ジャンルごとに絞り込んで、各界の第一人者がビジネスの成り立ちと著作権のかかわりなど、**現場で必要となる著作権の知識を一般向けに平易に解説するもの**を目指して同センターにより企画されました。

この間、各ジャンルのビジネスモデル／創造のサイクルはデジタル化を中心に地殻変動期を迎え、著作権制度や権利をめぐる課題も大きな変化に直面しています。そこで、幸いにも各巻が版を重ねることになったのを機に、全巻を大幅に改訂しアップデートし、新たに第5巻「インターネット編」を加えることになりました（2014年に刊行済み）。あわせて、本文は横組みに切り替え、一部巻のタイトルを改めました。

もっとも、変化の時期だからこそ、「過去いくたの傑作を生みだしてきた各分野の創造と協働のメカニズムを知り、そのうえで著作権法のはたすべき役割を考える」という本書の視点は変わっていません。初版に続き、本シリーズがエンタテインメント・ビジネスの豊かで幸福な発展の一助とならんことを願っています。

もちろん、実際の案件の処理は最新の法令その他の情報を確認し、必要に応じて専門家の助力を得ておこなうことをお勧めすることは言うまでもありません。この点、巻末に**各ジャンルごとの関係諸団体のリスト**を付しましたので、参考になさってください。

各巻はほぼ、**「ビジネスの成り立ちと最近の潮流」「そのジャンルの著作権の必須知識」「テーマごとの実践ガイダンス」「巻末資料」の4部構成**をとっています。コンパクトな記述を心がけたため、各箇所には必ずしも該当条文や判例、参考文献は記載されていません（なお、文中に登場する条文番号は、とくに注記がないかぎり著作権法のものです）。他方、わかりやすさのため、あえて記載の重複を避けなかった箇所もあります。また、本書に収録しきれ

なかった著作権法その他の関係法令や関連情報は、**著作権情報センターの著作権データベース**（http://www.cric.or.jp/db/）などを適宜参照されてください。

　各巻ごとの謝辞は著者による「あとがき」に譲りますが、シリーズ全体を通じて、多忙ななか執筆を快諾していただいた著者の皆様、本シリーズの刊行を企画しリードし、若輩の編者に最大限のサポートを与えてくださった公益社団法人著作権情報センターの皆様、そして忍耐強く執筆者の要望を拾い上げていただいた麦人社の通山和義氏および株式会社 Reproduction の望月良浩氏に謝意を表します。

2016 年初夏　福井 健策

音楽ビジネスの著作権（第2版） **もくじ**

編者まえがき……3

I 音楽ビジネスのしくみと動向……11

1 音楽ビジネスのしくみ

音楽ビジネスのしくみ❶——音楽ビジネスを概観する……12
音楽ビジネスのしくみ❷——レコードビジネス……14
音楽ビジネスのしくみ❸——コンサート・ライブ・フェス……16
音楽ビジネスのしくみ❹——インターネット（歌詞、動画、ストリーミング、SNS等）……18
音楽ビジネスのしくみ❺——カラオケ……21
音楽ビジネスのしくみ❻——クラシックやジャズの場合……22
音楽業界の特色❶——作詞家・作曲家とアーティストの関係……24
音楽業界の特色❷——属人性の高さと複雑化……26
音楽ビジネスと著作権……28
音楽ビジネスと著作隣接権……30
column 01 誰が音楽作品をつくるのか……31

2 音楽ビジネスの動向

音楽ビジネスの現状……32
インディペンデント・レーベル……34
ノンパッケージとレコード産業の変化……37
放送とインターネット……40
クールジャパン戦略と日本音楽の海外進出……42

5

映像作品とのコラボレーション、タイアップ等 ……… 44
スタンダード曲、リバイバル曲、カバー曲 ……… 48

II 音楽ビジネスの著作権【必須知識編】……… 51

1 音楽ビジネスにかかわる著作権

どのような権利があるか ……… 52
著作物とは❶ ……… 55
著作物とは❷——**著作物の定義(1)** ……… 57
著作物とは❸——**著作物の定義(2)** ……… 59
二次的著作物・編集著作物・共同著作物 ……… 61
著作権・著作者人格権とは❶ ……… 64
著作権・著作者人格権とは❷ ……… 67
著作権・著作者人格権とは❸ ……… 69
著作権・著作者人格権とは❹ ……… 71
著作権・著作者人格権とは❺ ……… 74
著作権はどのような条件で保護を受けるか ……… 77
著作者と著作権者❶ ……… 81
著作者と著作権者❷——**職務著作** ……… 83
著作隣接権とは❶ ……… 86
著作隣接権とは❷——**実演家の権利(1)** ……… 89
著作隣接権とは❸——**実演家の権利(2)** ……… 92
著作隣接権とは❹——**レコード製作者の権利** ……… 95
著作隣接権とは❺——**放送事業者・有線放送事業者の権利** ……… 99
権利制限規定とは❶ ……… 101
権利制限規定とは❷ ……… 106

著作権の存続期間 ❶ ……… 109
著作権の存続期間 ❷ ……… 113
column 02　リマスタリング、リミックスとレコードの保護期間 ……… 116
著作権の侵害とは ❶ ……… 118
著作権の侵害とは ❷ ……… 122
著作権・著作隣接権の国際的保護 ……… 127

2　音楽ビジネスの各プレーヤーと著作権

作詞家・作曲家 ……… 132
編曲家（アレンジャー） ……… 136
column 03　トラックメーカーの権利 ……… 139
音楽出版社 ……… 140
著作権等管理事業者 ……… 144
アーティスト（実演家）とプロダクション ❶ ……… 150
アーティスト（実演家）とプロダクション ❷ ……… 153
プロデューサー ……… 156
レコード会社 ……… 157
コンサート・プロモーター（興行主） ……… 160
音楽配信事業者・動画投稿サイト事業者 ……… 161
通信カラオケ事業者 ……… 164

III　音楽ビジネスの著作権【実践編】 ……… 165

JASRAC が管理している音楽作品を利用するには ……… 166
JASRAC のデータベースを利用してみよう ……… 168
column 04　専属楽曲とは？ ……… 176
権利者への事前確認が必要な場合 ……… 177

「指値」という考え方 …… 183

静止画と音楽を同期させる場合にも事前確認が必要か？
── シンクロナイゼーション・ライツを考える（1） …… 185

外国で製作されたビデオグラムを日本で複製する場合
── シンクロナイゼーション・ライツを考える（2） …… 188

放送・有線放送番組への利用とその DVD 化
── シンクロナイゼーション・ライツを考える（3） …… 190

「委嘱・タイアップ楽曲」の取扱い …… 193

ブランケットライセンス（包括許諾）とは？ …… 196

column 05 放送ブランケットライセンスの独占禁止法の問題 …… 198

有線音楽放送と BGM …… 199

音楽配信事業を行う …… 202

原盤権とは …… 206

レコード製作者とレコード会社との関係 …… 208

原盤譲渡契約の不思議❶ …… 210

原盤譲渡契約の不思議❷ …… 213

原盤譲渡契約の「契約期間」 …… 215

原盤譲渡契約での利用方法の決定権 …… 217

原盤譲渡契約と新たな支分権の帰属先 …… 219

共同原盤契約 …… 221

原盤権ビジネスの展開 …… 223

column 06 再販売価格維持 …… 226

原盤権者が許諾権をもたない放送・有線放送 …… 228

column 07 スターデジオ事件 …… 231

column 08 IP マルチキャスト放送と放送番組のネット配信 …… 232

レコードレンタルビジネス …… 233

ミュージックビデオの原盤権 …… 237

私的使用目的の録音録画と補償金問題 …… 239

私的使用目的の録音録画とコピープロテクション技術 ……… 242

音楽ビジネスの海外展開 ……… 245

column 09 還流防止措置 ……… 248

インターネット上の著作権・著作隣接権侵害 ……… 249

何が音楽の著作物なのか ……… 255

誰が音楽の「著作者」か──**バンドの場合** ……… 257

替え歌は、著作者人格権の侵害？ ……… 260

編曲と著作権・著作者人格権──**「歌ってみた」・「演奏してみた」は侵害か？**
……… 264

著作者の思想・信条に反する利用と著作者人格権 ……… 266

歌詞は引用して利用できる？ ……… 269

「サンプリング」の問題 ……… 274

似ている、似ていない論争 ……… 277

音楽の著作物でアイディアと表現を区別できるか ……… 282

column 10 著作物と発見・発明 ……… 285

主要参考文献 ……… 286

筆者あとがき ……… 287

巻末資料 関連団体・組織一覧 ……… 289

日本音楽出版社協会（MPA）著作権契約書 [FCA・MPAフォーム：A-1]
……… 293

日本音楽著作権協会（JASRAC）著作権信託契約申込書 [著作者用／音楽出版者用] ……… 302

索引 ……… 306

装幀────DICE DESIGN　土橋公政
編集協力──（有）麦人社

I

音楽ビジネスのしくみと動向

1 音楽ビジネスのしくみ …… 12
2 音楽ビジネスの動向 …… 32

1 音楽ビジネスのしくみ

音楽ビジネスのしくみ❶
── 音楽ビジネスを概観する

♫ 音楽産業の存在意義

この世の中から音楽がなくなることはありません。しかし、その音楽を制作し、流通させ、クリエイターに経済的な還元をもたらしている音楽ビジネスはどうでしょうか。音楽に経済的な価値を与え続けないと、**音楽産業**（音楽をビジネスとして動かす産業）としての存在意義はなくなります。すなわち、音楽ファンが「お金を払ってでも手に入れたい」と思える音楽的体験を提供し続けるようでないと、音楽は（芸術的、文化的な価値は維持されていても）経済的な価値を失ってしまうことになります。

つまり、今の音楽ファンが欲しいと思う音楽を提供するために、音楽産業はそのような音楽を創造できるクリエイターをつねに内包し、あるいは新しいクリエイターをつねに発掘し、音楽ファンが音楽を一番入手しやすい流通プラットフォームに乗せ、あるいはそのようなプラットフォームを開発し、そして、完成された音楽作品を聴くだけにとどまらない、さらにその先にある音楽の楽しみ方を提案し続けなくてはなりません。

♫ 音楽産業を担うプレーヤー

従来から音楽産業に内包されるプレーヤーは多種多様です。そもそも音楽を書き下ろすクリエイター（作詞者、作曲者 ➡ p.132「作詞家・作曲家」参照）、その著作権を管理し、副次的にさまざまな形での利用を促進するもの（音楽出版社 ➡ p.140「音楽出版社」参照）、書き下ろされた音楽を歌ったり演奏したりするもの（歌手、演奏家 ➡ p.150「アーティスト（実演家）とプロダクション①」参照）、その歌唱や実演を録音し、レコード化するもの（レコード会社、原盤制作会社 ➡ p.157「レコード会社」参照）、レコード化された音楽作品（以下

「レコード」と呼びます）を広く宣伝し、ヒット化をめざすもの（レコード会社、音楽出版社）、レコードをCDのようなパッケージ商品にするもの（プレス工場）、そのパッケージ商品を流通させるもの（レコード会社）、パッケージ化される前の音楽作品をデータのままインターネット上で流通させるもの（音楽配信業者 ➡ p.161「音楽配信事業者・動画投稿サイト事業者」参照）、音楽作品を公共の電波に乗せて音楽ファンの耳に届けるもの（放送媒体）など、音楽がつくられ、レコード化され、音楽ファンの耳に届くようになるまでにも多くのプレーヤーが介在します。

さらに、このレコードがきっかけで、この音楽作品を歌っている歌手をナマで聴きたい、歌っているところを観たい、などのニーズに対応して、コンサートやイベントを仕掛けるもの（コンサート・プロモーター ➡ p.160「コンサート・プロモーター（興行主）」参照）や、自分でも歌ってみたいというニーズに対応するもの（カラオケ業者 ➡ p.164「通信カラオケ事業者」参照）なども現在では非常に大きな産業になっています。

そして、今までは存在しなかった新しい音楽の楽しみ方と、その新しい楽しみ方を提供するサービサーが、インターネットが一般的に広まった2000年以降は毎年のように現われているようにも思えます。音楽の楽しみ方が変化すると、それに伴って新しいサービサーが音楽産業の一角を占めるようになる半面、従来のプレーヤーの中にはその役目が不要になるものも出てきます。それらのプレーヤーはつねにアンテナを張り、不要なサービスを切り捨て新しく必要となったサービスを取り込むことで、音楽ビジネスのバリューチェインの中に居続ける努力をします。その結果、同じ職種名であっても一昔前とは役割が大きく変わってきている会社も多くあります。

まずは従来の音楽産業の担い手であるプレーヤーに焦点をあてて、その展開を俯瞰してみましょう。

1 音楽ビジネスのしくみ

音楽ビジネスのしくみ❷
―― レコードビジネス

♫ レコード会社の最大の狙い

アーティスト（歌手や演奏家 ➡ p.150「アーティスト（実演家）とプロダクション①」参照）の歌唱や実演を録音し、レコード化し、その流通をしたり宣伝したりすることを担っているのが**レコード会社**（➡ p.157「レコード会社」参照）です。流通のしかたは、CDなどのパッケージにしたものをリアルに流通する方法もあれば、インターネットにのせてデータとして流通させる方法もありますが、いずれにしても多くのレコード会社が音楽を世の中に出すときの最大の狙いは「ヒット曲の創造」です。

作詞家・作曲家が創作した楽曲を、音楽ファンが求めている（であろう）ようにアレンジし、その楽曲にマッチした歌手に実演させて世の中に送り出し、広くプロモーション活動を行ってその楽曲が広く、そして末永く音楽ファンに愛される「ヒット曲」となるように仕掛けていく、そういう活動を担ってきたのがいわゆるレコード会社です。この作業は、音楽の流通のしかたがどんなに進化しても、残っていくでしょう。

♫ 「ヒット曲の創造」のための新しいミッション

レコード産業は1998年をピークに売上が減少し、それ以降はCD不遇の時代が続いています。一部では完成した音楽作品をCDパッケージ化する必要さえ感じず、インターネット上での配信展開のみで十分と考えるクリエイターやアーティストも存在しています（そしてインターネットでの展開だけであれば、組織で動くレコード会社を介さずとも個人ででもできてしまう、という簡便性もパッケージ化回避の一つの理由です）。

しかし、もともとの知り合いや、たまたまインターネット上で作品を知り

I 音楽ビジネスのしくみと動向

図1 | 日本のレコード産業の売上額の推移

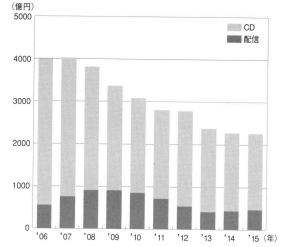

	(億円)
2015年度	2,272
2014年度	2,278
2013年度	2,378
2012年度	2,789
2011年度	2,805
2010年度	3,080
2009年度	3,370
2008年度	3,818
2007年度	4,027
2006年度	3,980

(一般社団法人日本レコード協会発行「日本のレコード産業」をもとに作成)

得た人たちのみを対象に音楽流通を考えるのならともかく、ヒット曲を創造するには、効率的かつ広域・継続的なプロモーション活動が必要不可欠です。また、ヒット曲が創造されることによって、コンサートなどに足を運ぶ人、カラオケを楽しむ人も増えることになります。「レコード産業」というくくりでの総売上高は年々減少の一途をたどっていますが、現在の、そしてこれからのレコード産業のプレーヤーには、ヒット曲の創造、そのための知恵出しやプロモーション活動が新しいミッションとして期待されているのではないでしょうか。

　レコード会社は、CDの売上枚数（そして音楽配信であればダウンロード回数）に応じて、その中の一定率をアーティストに還元します。また、その音楽を書いた作詞家・作曲家（➡p.132「作詞家・作曲家」参照）にも売上の一定率を還元します（**著作物使用料**といいます）。著作物使用料は、音楽の使用者（この場合はレコード会社）が著作権等管理事業者（JASRACなど ➡p.144「著作権等管理事業者」参照）をとおして音楽出版社（➡p.140「音楽出版社」参照）に支払われ、音楽出版社から作詞家・作曲家に分配されるのが一般的です。

1 音楽ビジネスのしくみ

音楽ビジネスのしくみ❸
―― コンサート・ライブ・フェス

♪ 高まるライブコンサートのニーズ

　アーティスト（➡ p.150 参照）はパッケージや配信で届けられるレコードと
なった音楽作品を提供するのみではありません。コンサートやイベントへの
出演など、ライブ活動を通じてもナマの音楽をファンに届けます。そして
CD のような完成品を繰り返し聞いて楽しむ音楽ファンもいれば、**ライブコ
ンサート**の臨場感、非再現性を楽しむファンもいます。

　総売上高でレコード産業が減少を続けるなか、コンサート業界は、売上高
でも観客動員数でもここ十数年右肩上がりを続けています。つまりレコード
産業が随分と縮小したにもかかわらず、ナマのステージに対するニーズは変
わらないどころか、一層高くあるということでしょう。ライブコンサートの
ステージ演出はますますドラマチックになる方向にあり、アーティストのめ
ざす世界観を限られた時間と空間で具現化するという、一見不可能な要求を
限りなく満たしていく努力をしています。そんなこともライブコンサートの
ニーズが衰えない理由でしょうか。

♪ 「フェス」が定着した理由

　また近年とみに目立つのが、「フェス」（➡ p.160「コンサート・プロモーター（興
行主）」参照）と呼ばれる、複数のアーティストが連続して（あるいは複数の
ステージを使って同時に）パフォーマンスを展開する形式のライブコンサー
トです（「フェス」はフェスティバルの略称形ながら、その独特の興行形態
の代名詞として定着しているので、本書でも単に「フェス」と記述します）。

　フェスの多くは、多くのアーティストが一堂に会し、音楽ファンとしては
それら複数のアーティストを 1 日で見て回れるという楽しみがあるだけでな

I 音楽ビジネスのしくみと動向

図2 | 日本のコンサート業界の売上額の推移

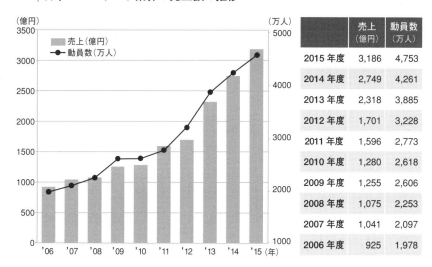

（一般社団法人コンサートプロモーターズ協会発行「基礎調査推移表」をもとに作成）

く、ライブ用ステージに併設されている飲食スペース、休憩スペース、コミュニティスペースなどで、音楽以外のエンタテインメントを堪能することもできることが魅力となっています。これは娯楽の原点である、目の前の（本来主目的の）エンタテインメントを楽しむ自由だけではなく付加価値的な特典を楽しむ自由まである、という贅沢さの演出ともいえ、現代人のニーズにマッチしたがために広く受け入れられているように思います。

このほかにテレビ（そしてラジオ）出演時の生演奏なども、ナマの声を届けるという意味では同様であり、また大型ビジネス化する物販や、ライブCD、ライブDVDなど副次的なビジネスも含めると、ライブコンサート産業は上記の数値以上にボリュームのある産業といえます。

ライブコンサートなどの収益は、コンサート・プロモーターをとおしてプロダクションに支払われ、アーティスト自身に還元されるのが通例です。

なお、コンサートビジネスにかかわる著作権については、本シリーズの第1巻『ライブイベント・ビジネスの著作権』に詳しく解説されていますので、本書では割愛しています。

1 音楽ビジネスのしくみ

音楽ビジネスのしくみ❹
── インターネット（歌詞、動画、ストリーミング、SNS 等）

　インターネットを介した楽しみ方は、旧来は PC で対応するしかなかった
ものが、スマートフォン（以下、一般的となった省略形の「スマホ」と記します）の普及でいつでもどこでも楽しめるようになったり、また音楽を手元の機器にダウンロードして楽しんでいた旧来の音楽配信に加えて、ラジオのように流れてくる音楽を聴き流す楽しみ方や、さらに自分の好みの音楽だけを聞き流す楽しみ方（総じて月額課金される会員制サービスとなっているために「**サブスクリプションサービス**」と呼ばれています）が主流になってきています。このサブスクリプションサービスには、単にアトランダムな音楽（あるいは自分で選択した音楽）を受信するのみではなく、自分の選択した音楽をサービサーの人工知能が学習して、「好きそうな音楽」を提案してくれる「**レコメンデーション**」という機能が付加されているのが一般的で、そのために自分の知らない、しかし好きかもしれない新しい音楽に出会える機会も提案されることになります。

　またインターネットによる情報提供の発達は、とくに映像作品の流通をドラスティックに進化させ、**ユーザー・ジェネレイテッド・コンテンツ**（略して「**UGC**」）と呼ばれる一般の人々による投稿（自作コンテンツをインターネット上のサービスにアップすること）作品が蔓延するようになりました。ここでも音楽は、映像との親和性の高さから多くの UGC に利用されており、一般的に音楽に接する時間は以前より増えているように思われます。

🎵 インターネットが与えた影響と今後

　インターネットの出現が音楽産業、とくにレコード産業に与えた影響は大きく、売上減少トレンドの最大の原因とも考えられています。たしかにインターネットの出現によって音楽作品が「データ」として流通されるようにな

ると、無許諾でコピーされたもの（いわゆる**違法コピー**）が、音質的には何の劣化もなく無限に作成され、一度インターネットの世界に流されるといつでも誰でもそれを（無料で）入手できるようになります。正規に流通されている音楽作品は、音質的にも経済的にもタイミング的にもまったく優位性がないまま違法コピーに対抗しなくてはなりません。

　そしてそれ以上にインターネットの出現が影響を与えたのは、若者の余暇時間の使い方です。スマホの登場で、ちょっとしたヒマな時間、電車で移動中の30分、待ち合わせ場所で友達を待つ5分、などに、音楽を聴く以外にもSNSの投稿を読んだり自分で投稿したり、友達にメールしたり、気になる映像作品をチェックしたり、バイトのスケジュールを確認したり、と多様なことが簡便にできるようになりました。書籍を読む、マンガを読む、ことさえ可能です。そのようなありとあらゆる楽しみが凝縮しているスマホ（とその後ろにつながっているインターネット）の中で、音楽業界としては「音楽作品を楽しむ」という選択肢を魅力的に提案しなくてはならず、残念ながら今のところそのような提案がうまくできていないがために、若者の音楽離れが深刻化しているようです。

　半面、インターネット（およびそのアウトレットとしてのスマホ）の活用術が円熟していくにつれ、音楽作品にとっての恩恵も見えてきています。例えば、音楽を聴きながら（あるいはカラオケのように歌いながら）スマホの画面で歌詞を読めるサービスや、前述のUGCのように、ちょっと前までは考えられなかったようなサービス形態も定着し、そしてそれぞれからの**マネタイズ**（音楽が使用されることに対して見返りの報酬を得ること）の方法も紆余曲折の結果現実的な決着が徐々についてきています。マネタイズさえ確実に行われるのであれば、音楽が使用される出口や楽しまれ方は多ければ多いほどクリエイターへの還元も多く期待できるので、インターネットの存在が音楽産業の福音に転じることでしょう。

　アメリカのレコード産業を例にとると、ラジオの出現時、テレビの出現時、ビデオの出現時など、新しい技術が開発され商品化されるたびに15%を超す売上の落ち込みを経験してきました。しかし現在の音楽産業を見ると、ラジオもテレビも録画機器もすべて音楽を楽しむために欠かせない役割を担っ

ています。今の日本ではインターネットの出現以来、40％以上の落ち込みを記録していますが、これもあと数十年すると、音楽産業は「あのときインターネットが定着してくれてよかった！」と振り返っているかもしれません。

🎵著作権ビジネスも変わる

　旧来、クリエイターやアーティストが音楽作品を売ってその対価を得るという形態の最たるものは、前述したような売上枚数（あるいはダウンロード数）に一定率をかけて計算される印税でした。すなわち、商品単価の○％×売上数、という形式です。商品が売れれば売れるほど、クリエイターに還元される印税も上昇することになります。

　しかし、現在主流になりつつある、定額制音楽配信（サブスクリプションサービス）や、YouTube のような、サービサーの受け取る広告収入の一部がクリエイターに還元されるような方式では、（音楽ファンによって直接ダウンロードされたり購入されたりするということがないので）実際視聴された回数がカウントされ、その大小に応じて広告収入が分配される、ということになります。これは、長年親しんだ「複製物を販売する」という著作権ビジネスの基本からはずいぶん逸脱したようにも見えますが、JASRAC のような著作権等管理事業者（➡ p.144「著作権等管理事業者」参照）が長い間テレビ局などの放送媒体と締結してきた「包括許諾契約」（➡ p.190「放送・有線放送番組への利用とその DVD 化」参照）もじつは同じような形態であったことに改めて着目すべきかもしれません。

1 音楽ビジネスのしくみ

音楽ビジネスのしくみ❺
── カラオケ

　カラオケはどうでしょうか。好きなアーティストの曲を自分で歌ってみる、という音楽の楽しみ方はすっかり定着しました。**カラオケ産業**（➡ p.164「通信カラオケ事業者」参照）というと、カラオケボックスや飲食店における利用がまず頭に浮かびます。これらの市場におけるカラオケ業界の売上は年間6100億円程度で、一時に比べるとかなり縮小しているようですが、家庭で楽しむホームカラオケや、シングルCDに入っているカラオケバージョンを利用して個人的に楽しむ場合も含めると、まだまだ莫大なカラオケ人口がいると推測されます。カラオケの出現、そして定着によって、日本人の音楽の楽しみ方は劇的に変化しました。それまでは比較的受身の楽しみ方だけであったものが、一挙に能動的な楽しみに広がりました。

🎵 カラオケでの音楽著作権の構図

　カラオケは通常レコード会社などが所有する原盤を使用せず、新たにカラオケ用に制作された音源を使用するので、作詞家・作曲家に支払われる**著作物使用料**（➡ p.28「音楽ビジネスと著作権」参照）のみが発生します。これらはカラオケ業者から一般社団法人日本音楽著作権協会（JASRAC）などの著作権等管理事業者を通じて音楽出版社に分配され、さらに作詞家・作曲家に配分されます。また、アーティストが使ったものと同じオリジナル音源を利用したカラオケもあります（この場合著作物自体の使用とは別に、カラオケ業者は原盤権者から許諾を得てオリジナル音源を使用しています）。

　カラオケは日本発祥の文化であり、日本の楽曲を海外に紹介するための最適な器ですが、搭載する楽曲の著作権処理のシステムが国ごとに違うために、一足飛びに世界制覇とはいかないようです。音楽ファンに親しまれ、著作物使用料を生み続けるカラオケの今後の展開に期待したいものです。

1 音楽ビジネスのしくみ

音楽ビジネスのしくみ❻
—— クラシックやジャズの場合

音楽産業の全体的な浮沈に左右されることなく、安定したファン層を獲得している、といわれるのがクラシックやジャズなどのジャンルです。Jポップなどのファン層に比べ、広い年齢層のファンがこれらの音楽を楽しんでいることも、その安定性の一助となっていると思われます。

🎵 ヒットやブームの特徴

クラシックやジャズは高尚な音楽だからなかなか聴く気にならない、という若者も多くいますが、よく考えると、現代のジャズは、一昔前のスウィングジャズに反発して出てきた、いわばパンクと同じ精神の音楽ですし、そのスウィングジャズも、それ以前の音楽では満足できなかった人たちによって開発された新しい潮流だったわけです。さらにクラシックも同様に、その時代における最先端の人たちのニーズの結集だったわけですから、そう考えると何もクラシックやジャズだからと身構える必要はなく、Jポップと同じように楽しめるもののはずです。

事実、クラシックやジャズにもブームがきたり、ヒットする曲が出てきたりしますが、そのきっかけやヒットを支えるプロモーション展開などを研究すると、それはJポップのヒットやブームが生まれる過程と同じです。例えば**タイアップ**（クラシック音楽を題材にしたマンガ『のだめカンタービレ』のヒットや、テレビ CM で流れる音楽、そしてフィギュアスケートの選手が BGM として使用するケースなど。➡ p.45「映像作品とのコラボレーション、タイアップ等」参照）や、若くスター性の高い演奏家の出現などがきっかけになって、多くの新しいクラシックファン、ジャズファンを獲得しています。

子どもの頃にピアノを習っていた「バイエル世代」が、年配になってから改めて趣味として音楽に回帰するようになったのも、クラシックファンをさ

I　音楽ビジネスのしくみと動向

らに生み出す要因となっているようです。

🎵 著作権存続期間が切れる楽曲が増えている

　現在の著作権法では、著作権の存続期間を作家の死後50年と定めているので(➡ p.109「著作権の存続期間①」参照)、(現代音楽ではない)いわゆるクラシック曲の多くがすでに著作権の保護対象ではなくなっています。よって演奏家は、その演奏を発表するにあたり著作物使用の許諾を求めたり、その対価としての使用料を支払ったりする必要がありません。ジャズも、古いスタンダード曲になると、そろそろ著作権存続期間から外れ出すものが増えています。この著作権存続期間の延長に関する問題には賛否両論ありますが、期間が切れることで、その楽曲の公共性が高まり、利用が促進されるのであれば、期間切れをきっかけにぜひクラシックやジャズのジャンル全体の認知が高まり新しいファンの獲得につながってほしいものです。

23

1 音楽ビジネスのしくみ

音楽業界の特色❶
――作詞家・作曲家とアーティストの関係

♫ 作詞家・作曲家を起点とした音楽業界の構造

　音楽業界の構造を俯瞰するときに、何を起点にするかによって見え方が変わってきます。音楽著作権を起点にしてみますと、まずは**作詞家・作曲家**（➡ p.132「作詞家・作曲家」参照）がいます。彼らが音楽作品を書き、その時点で著作権が発生し、ビジネスが始まります。

　その音楽はそれ以降、歌手がレコーディングして形になり、レコード会社がCD化して発売したり、配信業者が音楽配信をしたり、ラジオ局・テレビ局が放送したり、歌手が自分の持ち歌としてコンサートで歌ったり、映画の挿入歌として使われたり、と八面六臂の活躍をみせますが、歌手やレコード会社、配信業者、放送局、コンサートプロモーターなどは起点にあった著作権の「使用者」という立場になり、起点にある「権利者」の立場とは明らかに分けられます。もっとも、ここでいう「使用者」側にも、実演家・レコード製作者・放送事業者として、著作隣接権や報酬請求権などの権利が与えられ、その実演などの利用に対しては、「権利者」の立場となります（➡ p.86〜100「著作隣接権とは①〜⑤」参照）。

　しかし、現在の音楽ビジネスの展開を考えた場合、「まず詞・曲がありき」という図式だけで説明するには無理もあります。音楽ビジネスでは、まずはアーティストがいて、歌うべき音楽作品を探している、レコード会社がある企画を立てて音楽作品を探している、あるいは映画やテレビコマーシャル、アニメなどの企画があって、かけるべき音楽作品を探している、という状態からものごとが始まることがほとんどだからです。この場合には、「まず詞・曲がありき」という図式ではなく、「まずアーティスト（原盤）ありき」「まず企画ありき」という図式が当てはまります。この状態をもうすこし理解す

24

図3｜各プレーヤーの因果関係マトリックス

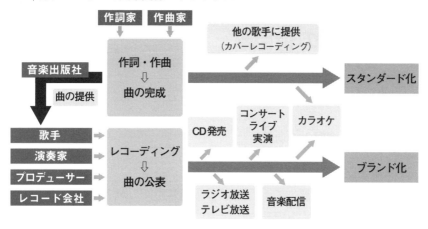

るために、例えばアーティストを起点において音楽業界の流れを考えてみましょう。

🎵 アーティストを起点とした音楽業界の構造

　アーティスト（➡ p.150「アーティスト（実演家）とプロダクション①」参照）の中には、次のシングルはこんな感じにしたい、というイメージをもち、そのイメージに合う音楽作品を探したり、いろんな作詞家・作曲家に書き下ろしを依頼したりする人もいます。もちろん自分で作詞・作曲もする歌手は、自分のイメージを膨らませて音楽作品づくりをします。

　そうしてできあがってきた音楽作品の中から最もイメージどおりのものを選び、レコーディングをします。

　完成した音楽作品（原盤）は、CDとなって発売され、テレビやラジオで放送され、広く認知を受けますが、同時に歌手はコンサートやテレビの歌番組で歌ったりもします。またヒット曲となればほかのアーティストによってカバーレコーディングされたり、音楽としてもスタンダード化していきます。

　作詞家・作曲家とアーティスト、原盤制作・宣伝スタッフは、音楽ビジネスを展開していくうえで、車の両輪のようなものです。どちらが欠けてもうまく前進しません。

1 音楽ビジネスのしくみ

音楽業界の特色❷
── 属人性の高さと複雑化

🎵 多様性と複雑化の功罪

　音楽業界の特色の一つとして、プレーヤーの多様性と属人性の高さがあります。作詞家・作曲家、アーティストなど表に出てくるクリエイターの才能はもちろん唯一無二のものですが、そのウラで彼らを支援するサポーターの中にも余人をもって代えがたい人たちが数多く存在しています。作詞家・作曲家を育てる天才、編曲家（アレンジャー）（➡ p.136「編曲家（アレンジャー）」参照）やスタジオミュージシャン、バックミュージシャンなど作詞家・作曲家のつくった音楽にいろどりを与える天才、プロデューサーやディレクター（➡ p.156「プロデューサー」参照）と呼ばれる音楽制作の天才（プロデューサーとして半ば表舞台にも出ている人もいますが）、宣伝企画の天才などです。これらの天才には、この人じゃなきゃだめだ、という仕事が集中し、よってこれらの天才はどこでどのような立場にあっても、音楽業界へ一定の寄与をし続けることになります。

　あるときまでレコード会社（➡ p.157「レコード会社」参照）に在籍していた音楽プロデューサーが退社し、独立して音楽制作会社を立ち上げる。または音楽出版社（➡ p.140「音楽出版社」参照）に移籍して音楽出版社としての立場でCD原盤の制作を続ける。このようなことが繰り返された結果、音楽業界においては多種多様な形態の会社が存在し、そしてそれぞれの役回りや境界も曖昧になってきました。

　すっきりと線引きができない、ということが悪いことではありませんが、それぞれの役回りが複雑に交差するがために、著作権や著作隣接権などの所在も複雑な場合が多く、場合によってはその利用に支障をきたすこともなくはありません。

🎵 新しいプレーヤーの進出による新陳代謝

現在の音楽業界は、レコード会社、音楽出版社、プロダクション（➡ p.151「アーティスト（実演家）とプロダクション①」参照）など、古典的なプレーヤー間の複雑な権利関係が悩ましく絡み合っているだけではなく、最近になって音楽業界に進出してきた新しいプレーヤーたちが新しい概念を持ち込んで、さらに複雑な展開になっています。

これまで、貸レコード、着メロ・着うた、音楽配信（➡ p.161「音楽配信事業者・動画投稿サイト事業者」参照）など、音楽ファンにとっては新しく魅力的なサービスが紹介されるたびに、古典的なプレーヤーはそれらのサービスが自分たちにとって脅威であると考え、音楽ファンのニーズを旧来の CD 販売などに向けさせる戦略を選択しがちでした。その背景には、新たなサービスには、古典的なプレーヤーの成果にフリーライド（ただ乗り）してビジネスをしている側面があるのではないか、というとらえ方もあったからです。他方で、新たなサービスと連携することで、いかに多くの選択肢を音楽ファンに与えて、それぞれの生活にあったものを取り込んでもらうかの努力が大切であるとの指摘もあり、実際にその努力をする動きが見られます。これからも新しいサービスは毎年のように紹介され、反面ちょっと前まで花形であったサービスが時代とともに姿を消していくことでしょう。そのような新陳代謝も音楽産業全体のためには（そして何よりも音楽ファンのためには）必要なことではないでしょうか。

1 音楽ビジネスのしくみ

音楽ビジネスと著作権

前項でも触れましたが、音楽ビジネスの根底にあるのが**著作権**です。第Ⅱ章以降で詳しく説明しますが、ここでは音楽ビジネスが展開されるなかで、著作権がどのようにかかわりをもつのかを簡単に触れておきましょう。

♫ 音楽ビジネスと著作権の関係

作詞家・作曲家により音楽作品が書かれた段階で著作権は発生します（➡ p.77「著作権はどのような条件で保護を受けるか」参照）。それ以降、この音楽を利用する人は、権利者から利用許諾を得、利用の対価である**著作物使用料**を権利者に支払うことで適法に使用することができるようになります。

権利者である作詞家・作曲家は、音楽作品の利用の促進を行わせるために、音楽出版社と**著作権譲渡契約**（➡ p.140「音楽出版社」参照）を締結します。

また、音楽出版社や作詞家・作曲家の多くは、一般社団法人日本音楽著作権協会（JASRAC）や株式会社 NexTone などの**著作権等管理事業者**（➡ p.144「著作権等管理事業者」参照）と契約を締結し、音楽作品の利用許諾と著作物使用料の徴収を任せます。著作権等管理事業者は、多くの権利者から音楽作品を預かり、著作物を利用するためのルールや使用料規程を定め、音楽利用の窓口としての役割を担います。音楽を利用する側からすると、音楽の権利処理のために複数の音楽出版社、作詞家・作曲家とコンタクトし、1曲ごとに利用許諾を得るための交渉をするということは途方もなく大変な作業になるので、そのようなことの回避のために、著作権等管理事業者の存在は音楽ビジネスを展開していくうえで重要です。

音楽著作物の利用者は多岐にわたります。レコード会社（音楽を録音したCDなどを発売する）、放送局（音楽を放送する）、コンサート事業者（音楽の生演奏を提供する）、映画会社（音楽を映画の中に挿入し、上映する）、カ

I 音楽ビジネスのしくみと動向

図4 | 作家と音楽出版社（と著作権等管理事業者）のマトリックス

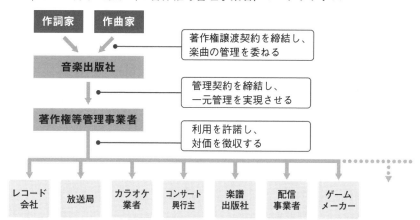

ラオケ業者（音楽をカラオケ音源として提供する）、音楽配信業者（音楽配信する）などがすぐに思いつく主たる使用者ですが、そのほかにも遊園地やデパートなどでのBGMや電話の保留音などにも音楽は使用され、そのすべてが利用許諾の対象となります。

🎵 音楽著作権が重要な理由

音楽著作権という概念が定着し、そのクリエイターである作詞家・作曲家が自分の音楽作品からの著作物使用料収入を得られることによって、彼らはモチベーションを高め、さらなる創作に励むことができます。どんなに素晴らしい曲を創作してもそこからの収入を期待できないとなると、才能あるクリエイターでも音楽業界以外への転出を考えるようになり、音楽業界は才能が枯渇するおそれがあります。実際に、海賊版（➡ p.125「著作権の侵害とは②」参照）などの被害のためにそれに近い環境におかれている国もあります。そのようなことが起きないようにするために、才能を音楽業界内に留めおくために、創作に対する対価が創作者に還元されるシステムを維持する必要があり、そのためには著作権を中心としたルールが正しく理解され守られることは重要なことです。同時に、現在の著作権を、時代に合わせてさらによいものに改善できないかという議論や提言も最近は盛んになっています。

1 音楽ビジネスのしくみ
音楽ビジネスと著作隣接権

🎵 著作隣接権を利用した音楽ビジネス

　「音楽ビジネスと著作権」（➡ p.28）であげた音楽著作物の利用者の中には、音楽著作物を演奏・歌唱する歌手や演奏家などの実演家、音楽 CD をつくるレコード会社や、音楽を放送するテレビ局・ラジオ局など放送事業者が含まれます。

　これらの人は、著作物を創作する著作者としての保護を受けませんが、著作物を伝達し、創作に準じる行為を行っていることから、**著作隣接権**という権利が与えられ、著作権に準ずる権利が付与されます（➡詳しくは、p.86 ～ 100「著作隣接権とは①～⑤」参照）。

　実演家やレコード製作者は、音楽著作物を利用しつつ、実演や原盤を利用して新たなビジネスを展開していきます。原盤制作者はレコード会社であったり、原盤制作に特化した音楽制作会社であったり、または、音楽出版社やプロダクションであったりしますが、彼らは著作権者に著作物使用料を支払う一方、音楽 CD の売上のような、原盤を利用するビジネスから得られる**原盤使用料**を収入として受領します。音楽配信や映画へのシンクロがその最たる利用先ですが、すでに発表されている原盤をコンピレーション CD などに再利用させることも重要な原盤使用料の収入源です。

I 音楽ビジネスのしくみと動向

column 01

誰が音楽作品をつくるのか

　本稿ではレコード会社が音楽作品をつくる（レコーディングをする）と書きましたが（➡ p.14 参照）、じつはレコード会社しかつくれないわけではなく、音楽の制作機能をもつ音楽出版社、アーティストマネジメントの延長として音楽制作をするプロダクション、純粋に音楽制作のみを行う音楽プロダクションなど、じつは「音楽作品を制作する」という機能だけを取り出すと、音楽産業全体の多様なプレーヤーが行っています。音楽作品として世の中に出る「音源」の元となる「原盤」を制作する機能なので、「原盤制作」という業種名で呼ばれています。

　この原盤制作という作業では通常プロデューサー（➡ p.156「プロデューサー」参照）と呼ばれる、どのような音楽を制作するか、どのような楽曲を歌うか、どのような音楽ファンに届けたいか、などを決め込んで、形にしていく立場の者が総合監督をします。昔から同じアーティストの作品であってもプロデューサーが変わっただけでその音楽が大きく変化することはよく知られており、プロデューサーの才能が音楽作品に与える影響力の大きさを物語っています。アーティストの方向性や「色」を決める人、ともいえます。

　有名なプロデューサーは得てして独立して活動していますが、もちろん大手レコード会社に所属して活躍している人や、アーティストのマネジメントに所属して単一アーティストのみを手掛けるような人もいます。

　優秀なプロデューサーを内包しているか（あるいは優秀な外部プロデューサーとうまくタッグを組めているか）どうかによって、その会社（レコード会社であっても音楽プロダクションであっても）のクリエイティブ能力が決まってしまいます。大手レコード会社ではとくに、優秀なプロデューサーを判別できる目利きが必要となります。

2 音楽ビジネスの動向
音楽ビジネスの現状

♫ 垂直分業から総合マネージメント事業へ

　前項までで概観したように、現在の音楽業界は成熟した産業として順調に推移しているというよりは、新しい秩序に向けて模索をしている過渡期にあると考えられます。

　世界レベルで音楽ビジネスが成立したころ（突然成立したわけではなく、時間をかけて熟成したのですが）、音楽ビジネスにかかわるプレーヤーは、それぞれの特異性を生かし、垂直分業をもって成立していました。作詞家・作曲家、そのエージェントたる音楽出版社、音楽作品を世に伝える歌手・演奏家などの実演家、実演家をマネージメントするプロダクション、そして実演家が演奏・歌唱した録音を商品化するレコード会社などです。これらのプレーヤーによって支えられる音楽ビジネスは長い間、安定した産業構造をもっていましたが、一方で徐々にこうした構造から外れてくる矛盾も生み出していました。

　この兆候は、いわゆるシンガー・ソングライターといわれる、作詞家・作曲家であり、同時に実演家でもある人たちが台頭してきた 1960 年代後半にその萌芽があったという指摘があります。それまでのように作詞家・作曲家の創作活動を支える会社、アーティスト活動を支える会社、発生した著作権を管理する会社といった分業体制では、どこかに歪がおき、シンガー・ソングライターの才能を十二分に発揮してもらうことが困難になってきたというのです。また現在では、アーティストが音楽の世界だけにとどまらず、俳優活動を行ったり、絵を描いたり、小説を書いたりします。それらすべてのアーティストの魅力をまとめて支える会社が必要になってきているという指摘もあります。

32

図5 | 音楽と、音楽以外の活動などのパターン例

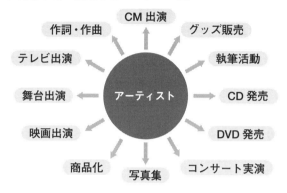

　今まで垂直分業をもって成立してきた音楽ビジネスが、今ではそのような（音楽ビジネスだけにとどまらない）**総合マネージメント事業**のような形を必要としているのかもしれません。

「360度契約」の衝撃

　2007年にマドンナがライブネイション社と締結した契約は「**360度契約**」と言われ、従来の音楽業界の慣習的な契約を覆す画期的な契約形態ともてはやされました。すなわち、垂直分業のスタイルの中で、アーティストはそれぞれの業種と個別に契約していたものを、すべての業種について1社と契約し、ある意味全権をその1社に集中させてしまうものだったからです。このような契約をすることで、事業間のリスクを分散することができます（つまり、期待したほどCDは売れないがコンサートの集客は予想以上というようなことが起きた場合、今までの垂直型契約だとレコード会社は売上が予算未達、コンサートプロモーターは予算を上回る売上、で終わっていたものが、全契約が1社に集中することで、CDの売上不足をコンサート収入でヘッジすることができるわけです）。この360度契約も、衝撃的なニュースとして日本にも伝えられましたが、よく考えてみると日本のプロダクションビジネスは古き時代から同じことをやってきているように見受けられます。そうであれば、新たなニーズに対する音楽ビジネスの新たな形態への修正も比較的容易に行われるのではないでしょうか。

2 音楽ビジネスの動向
インディペンデント・レーベル

🎵 大きく変わるインディの位置づけ

　かつてレコード会社（➡ p.157「レコード会社」参照）は、「レコードを（物理的に）製造する工場を保有する」、「レコードを全国規模で流通・販売する販売網を保有する」というような即物的な理由でその地位の独占性や優位性を保ち、原盤制作やアーティストマネジメントに特化したプロダクションとの棲み分けを行って存在意義を有してきました。

　また、音楽作品を管理し利用開発を行う音楽出版社（➡ p.140「音楽出版社」参照）も、権利獲得や、権利者の調整、使用者との調整など、なかなか表に出ない（よって何となくわかりづらい）ノウハウをもって、その存在意義を勝ち得てきました。

　しかし、その後レコード会社の中にも、**インディペンデント・レーベル**（「インディ」「インディーズ」と略される）と呼ばれる、原盤制作と宣伝に特化し、製造、流通・販売などはアウトソースする、という会社が台頭してきました。そしてこれらのインディが大会社化するにつれ、自前の販売網をもつようになったりして、以前から存在するメジャーレコード会社と変わらなくなってきます。そしてさらに新しいインディが台頭し……とレコード業界はインディの台頭・成長とメジャー化が繰り返されて発展してきたといえます。

　ところが、そもそも音楽を発表したり伝達したりする手段が、CDの製造・販売やマスメディアでの展開だけではなくなってきたため、インディの位置づけも大きく変わってきました。誰でも個人単位で音楽を完成させ、個人レベルでCDに焼いたり、あるいはノンパッケージで流通させたり、またインターネットやコミュニティ、同人誌などを利用した宣伝展開をしたりと、一昔前のメジャーなレコード会社の経済的な体力はおろか、インディレベルの

I 音楽ビジネスのしくみと動向

体力さえも使わずに自分の音楽作品を世の中に発表し、経済的な成功をも手に入れることができるようになったからです。個人では何ともしがたいレベル（例えば全国規模の宣伝展開や、最初から10万枚単位でCDを製造して全国のCDショップの店頭に並べる戦略など）を求めるクリエイターには、現在でもメジャーなレコード会社に活躍の場を求めるほかありませんが、そうでない限り、クリエイターには選択の幅が広がったといえます。

🎵 新しいビジネスを切り開くインディレーベル

　そもそも大手レコード会社の商業主義（と思われている部分）に対抗する形で登場し、独自の存在感を示してきたインディですが、そのニーズは、一方では上に述べた個人単位の制作・発表という手法に取って代わられ、他方では、インディ自体がメジャー化するなかで、かつてのような独自の存在感をどのように示していくのかが模索されつつあるように思います。大手レコード会社は、新しい流通形態や新しい音楽の楽しみ方が世の中に紹介されても、自社の音楽作品の利用には旧来と同等の経済的な見返りを求めがちです（そのために、多くの新しい音楽ビジネスの日本上陸には時間がかかりました）。しかし、インディレーベルは新しい流れを理解し、音楽ファンの新しいニーズを把握して新しいビジネスチャンスをつかむことに長けています（とらわれるべき過去の経済的ポジションがない、ということが強みになっているわけです）。これからも新しいビジネスチャンスや新しい音楽サービスはインディが切り開いていることになるでしょう。

　ちなみに、世界的な「インディレーベル」の定義は「インターナショナルメジャー」と呼ばれる3社（ソニー・ミュージック、ユニバーサル・ミュージック、ワーナー・ミュージック）以外のすべてです。これに準じると日本では、ビクター、エイベックス、キング、などの「大手レコード会社」までインディと呼ばれることになります。ソニー・ミュージックでさえ、日本のそれはニューヨークを頂点とする世界のソニー・ミュージック（インターナショナルの方）の関連会社ではないので、厳密には日本のインディ扱いになってしまいます。

　それはあまりにも「インディ」の概念からは逸脱するので、日本では大手

表1 | 日本レコード協会正会員社一覧　　　　　　　　（2016年4月1日現在）

日本コロムビア株式会社
株式会社 JVC ケンウッド・ビクターエンタテインメント
キングレコード株式会社
株式会社テイチクエンタテインメント
ユニバーサル ミュージック合同会社
日本クラウン株式会社
株式会社徳間ジャパンコミュニケーションズ
株式会社ソニー・ミュージックレーベルズ
株式会社ポニーキャニオン
株式会社ワーナーミュージック・ジャパン
株式会社バップ
株式会社ビーイング
エイベックス・ミュージック・クリエイティヴ株式会社
株式会社フォーライフ ミュージックエンタテイメント
株式会社ヤマハミュージックコミュニケーションズ
株式会社ドリーミュージック・
株式会社よしもとアール・アンド・シー
株式会社ランティス

　レコード会社ではないものがインディ、程度の理解がなされています（そして大手レコード会社とは一般社団法人日本レコード協会の正会員社となっているもの、程度の定義となっています）。

I 音楽ビジネスのしくみと動向

2 音楽ビジネスの動向
ノンパッケージとレコード産業の変化

♫ 流通ルートの変化と音楽配信の進化

　完成された音楽作品はCDのようなパッケージとなってCDショップに並び、音楽ファンに提供されるというのが、従来の基本的な流れでした。そしてここ20年ほどはインターネットを介したデジタル流通のしくみに音楽はうまくはまり、パッケージを介さずとも音楽を気軽に楽しむことができるようになりました。そのデジタル流通での音楽の楽しみ方でさえ多種多様に進化しているのは前項で述べたとおりです。

　音楽ファンにアプローチするための流通ルートが変化し、または多様化しても、そこに流れる音楽が「ヒット曲ありき」であることには変わりありません（➡ p.14「音楽ビジネスのしくみ②」参照）。しかし、その流通ルートの変化はすなわち音楽ファンの音楽の楽しみ方の変化であり、よって好まれる音楽自体のジャンルや形態にも影響を及ぼしていると考えられます。

　レコード産業が1998年のピーク以降売上が減少し続けていることは前述しました。そして2003年頃から顕著化した音楽配信の売上は、一時はパッケージ商品の売上減をカバーする新流通形態と期待されましたが、2009年にピークアウトし、それ以降はパッケージ商品と同じように売上は減少を続けています。

　一概に**音楽配信（デジタル配信）**といっても、その中身は、1曲ごとに課金され、1曲ごとに自分のPCなどにダウンロードするタイプのものもあれば、ラジオのように音楽が連続して流れ自分のPCにダウンロードするのではなく、聞き流して終わるような「**ストリーミング**」と呼ばれるサービスもあります。パッケージ商品では「好きな音楽を手元に物理的にコレクションする楽しみ」も持ち合わせていましたが、**ダウンロード型音楽配信**ではその

37

ような楽しみはなくなり、単に好きな音楽を PC に貯めておいて、いつでも聴ける、という状態だけが提供されることになりました。それでも良しとした、パッケージコレクションに拘りのない層に大きく受け入れられたのが成功の原因だったのでしょう。

そして、そのダウンロード型音楽配信からさらに進化した**ストリーミング方式の音楽配信**に至っては、好きな音楽を自分の PC に貯めることさえせず、ただただ音楽が流れている、という環境さえあればいい、という層に受け入れられました。当初このサービスは爆発的に受け入れられることはありませんでしたが、後に自分の好きな楽曲だけを指定して流せるような機能や、好きそうな音楽を人工知能が選曲してくれる「レコメンデーション」機能が充実してくると、PC に好みの音楽を貯めることとあまり変わらないカスタマイズができることとなり、世界中で広く受け入れられるようになりました。

🎵 大きく変わるレコード会社の存在

このような流通のイノベーションの過程で、レコード会社の存在価値も大きく変わってきています。

一つは、過去のヒット曲の扱い方です。過去にレコード会社が手間暇かけて創造したヒット曲は、レコード会社のカタログとして大きな財産になっています。今後、どんなに新しいサービスや流通システムが確立されても、それに供される音楽からは、古今東西のヒット曲ははずせないでしょう。そのヒット曲をもっているのはレコード会社だけですので、その財産をどのように活用して新たなビジネスとしていくのかをレコード会社は今真剣に考えねばならない時期にきています。デジタル配信のサービサーは、音楽ファンが使いやすいサービスを提供したいがために、原価となる音楽のライセンス料の支払い額をできるだけ圧縮したいでしょうが、レコード音源の権利をもつレコード会社は、アーティストなどライセンス料の分配を受け取るクリエイターへの還元も含めて、少しでも過去のヒット曲の経済的価値を高く維持したいはずです。適正な音楽の価値が自然に定まることを期待しています。

その経済的な価値をめぐって、ストリーミング方式の音楽配信サービスについては、月額課金がユーザーから徴収され、それが音楽の権利者に分配さ

れることが一般的です。つまり、実際にどれだけ多くの音楽が聴かれたとしても、上限金額は固定されていて、その金額を何曲で案分するのか、という調整になります。また、**広告収入モデル**と呼ばれるようなサービス（映像ベースですが YouTube がその筆頭です）では、音楽や映像をネット上で展開するときに紐づいた広告の、広告主が支払った広告料の一部が音楽や映像の使用料として支払われます。これらはいずれも、音楽自体、1 ダウンロードいくら、とか 1 再生あたりいくら、と定額が決まっていないモデルですので、そのプラットフォーム自体の人気や広告収入営業の優劣によって音楽の経済的価値が決められてしまうことになります。そしてその経済的価値こそがレコード会社の収入になるので、レコード会社としては直接的に自社の営業努力で対応できないところに会社の命運をかけることになり、はたしてこのモデルが未来にわたって一般的に定着するのかはなお不明です。

　また、これからのヒット曲の創造についても、レコード会社は頭を悩ますことになりました。現在の音楽配信、とくに好きな音楽ばかりを選んで聴いている層は総じて昔からの耳馴染みのある音楽を選ぶ傾向にあります。そのような音楽ファンに対しては新しく売り出している音楽をプッシュする機会がもてず、結果的に新しいヒット曲の創造ができなくなってしまっています。旧来の放送メディア（テレビやラジオなど）とインターネット上での展開をうまく連動させてヒット曲をつくり、そのヒット曲のマネタイズ（販売）も主にインターネット上で、というのがこれからのメインストリームな考え方でしょうか。

2 音楽ビジネスの動向
放送とインターネット

♬ 「放送と通信の融合」の悩ましい問題

　著作権制度にかかわる話題として、何かにつけて議論されるテーマの一つに「**放送と通信の融合**」があります。

　一度放送された番組や、過去の名作、事件を追ったドキュメンタリーなどの映像作品を何度も見てみたい、あるいは自分のライブラリーとして確保しておきたい、と思う人は少なくありません。そして、そのようなニーズがあるがために、YouTube のような動画投稿サイト（➡ p.162「音楽配信事業者・動画投稿サイト事業者」参照）がテレビ番組の投稿などを主な原動力に、短期間で圧倒的な数のユーザーを集めるようになりました。ニーズがある以上、放送番組の製作者もそれら放送番組をインターネット上で適法に提供したいと考えるでしょうが、（番組の中に内包される）個別の権利者の許諾が取りにくい（あるいは許諾を得るのに手間がかかる）との理由からインターネット上での展開がなかなか進まないという事情もあるようです。

　個別の権利者も、自分にとって特別不利になるようなことがない限り、自分の権利のみを主張してやみくもに放送番組のインターネット上での展開を否定しているわけではないと思われますが、例えば、最初からテレビでの放送だけではなく、インターネットでの再送信も含めての出演だとわかっていれば、出演料の料金体系にも違った考えをもっていたであろうとか、自分の放送番組での生演奏（歌唱、演奏）がそのままインターネットで流れ、しかもそれが視聴者の PC に（結果的に）蓄積されてしまう（あるいは送り出す側のサーバーに蓄積され、オンデマンドストリーミングのようにいつでも閲覧できてしまう）ようになると、音楽 CD や DVD などパッケージ商品のプロモーションという位置づけで出演したはずのテレビ番組が、いつの間にか

表2 | 放送と通信における権利許諾の違い（音楽 CD を利用する場合）

		放送	通信
著作権	著作者	個々の放送局が JASRAC などの著作権等管理事業者から包括で許諾を受けている	原則として個別に許諾を受けなくてはならない
著作隣接権	レコード製作者	報酬請求権なので別途許諾を必要としない	個別に許諾を受けなくてはならない
	実演家	報酬請求権なので別途許諾を必要としない	個別に許諾を受けなくてはならない

パッケージ商品の代替品となり、パッケージ商品の売上に寄与するどころか阻害要因になってしまうのではないか、などの悩ましい問題が未解決のままになっているためといわれています。

　ほとんどのアーティストは、所属レコード会社との間での契約で、「第三者のために録音目的の実演をしてはいけない」という制約を受けています（➡p.153「アーティスト（実演家）とプロダクション②」参照）。アーティストが放送番組内で行った生演奏（歌唱、演奏）を放送番組の製作者が録音することはあくまで放送のためであり、そのために必要な範囲で一時的に録音が行われるという理解から、今まで放送のための録音がアーティストと所属レコード会社との契約上問題になることはありませんでした。しかし、その番組が、放送のためだけでなく、インターネット上で再利用されるとなると、そもそも番組への録音は、一時的ではなく、恒久的な録音ではなかったのか、との議論に発展します。そして、それらインターネット上で流された番組がダウンロードされたり、オンデマンドでいつでも好きなときに楽しめたりするとなると、プロモーション目的でテレビに出演していたアーティストの演奏・歌唱が、プロモーションの対象となる商品（音楽 CD や DVD）のライバルとなる、ということになります。

　このように、放送番組のインターネット上での展開については、著作権や著作隣接権の管理運用を注意深く行い、そのビジネス上の影響を見極める必要があります。

2 音楽ビジネスの動向
クールジャパン戦略と
日本音楽の海外進出

　2003 年より日本は知的財産で立国することを標榜し、内閣府内に知的財産戦略本部という組織まで新設し、音楽や映画、テレビ番組などのコンテンツで積極的に外貨を稼いでくるというコンテンツ産業の後押しをするようになりました。残念ながら 2016 年現在まだ目に見える結果は出ていませんが、日本のコンテンツが国際市場で興味をもたれ不利なく経済活動を行えるようにバックアップ体制は徐々に整ってきています。

　この際に議論となったのが**著作権存続期間の延長問題**です。

🎵 国際化を促す著作権存続期間の延長

　日本では著作権の存続期間は原則として作家の生存中および死後 50 年（実演家やレコード製作者の著作隣接権は、実演時またはレコードの発行時から 50 年）と定められています（➡ p.109 〜 115「著作権の存続期間①・②」参照）。主な欧米諸国では著作権は作家の死後 70 年などと定められているとして、日本も欧米基準に合わせて 70 年へ延長するべき、との要望が権利者団体などからありました。

　存続期間が満了した著作物やレコード原盤は、著作権や著作隣接権が消滅し誰もが自由に利用することができるようになります。例えば、著作権が消滅した音楽作品を使ってカバーレコーディングする場合、レコーディングに関して誰の許諾も必要としませんし、著作物使用料も支払わずに済むことになります。あるいは、原盤の著作隣接権が消滅すれば、市販のレコードなどをもとに、それをコピーして CD を製作・販売しても著作権法上の問題は発生しないことになります。

　著作権存続期間の 70 年への延長には、賛否両論があり、2000 年代にはいったん見送られていましたが、2016 年に合意された TPP（環太平洋パートナー

Ⅰ 音楽ビジネスのしくみと動向

表3｜著作権存続期間を死後70年以上とするベルヌ条約加盟国 （2016年6月現在）

地域	国名
EU加盟国	アイルランド、イギリス、イタリア、エストニア、オーストリア、オランダ、キプロス、ギリシャ、クロアチア、スウェーデン、スペイン、スロバキア、スロベニア、チェコ、デンマーク、ドイツ、ハンガリー、フィンランド、フランス、ブルガリア、ベルギー、ポーランド、ポルトガル、マルタ、ラトビア、リトアニア、ルーマニア、ルクセンブルク
ヨーロッパ	アイスランド、アルバニア、アンドラ、スイス、セルビア、ノルウェー、バチカン、ボスニア・ヘルチェゴビナ、マケドニア、モンテネグロ、リヒテンシュタイン
NIS諸国	アゼルバイジャン、アルメニア、ウクライナ、カザフスタン、ジョージア、モルドバ共和国、ロシア
北米	アメリカ（1978年以降の作品のみ）
中米・カリブ	グアテマラ、コスタリカ、ジャマイカ、セントビンセント・グレナディーン、ドミニカ国、ニカラグア、パナマ、バハマ、ホンジュラス、メキシコ
南米	アルゼンチン、エクアドル、コロンビア、チリ、パラグアイ、ブラジル、ペルー
アフリカ	ガーナ、ギニア、コートジボアール、コンゴ、赤道ギニア、セネガル、ナイジェリア、ブルキナファソ、ベナン、マダガスカル、マリ、モザンビーク共和国、モロッコ
オセアニア	オーストラリア、サモア
中近東	イスラエル、オマーン、トルコ、バーレーン
アジア	韓国、シンガポール、スリランカ

シップ協定）の中でも議論され、非関税障害の一つとして各国間の格差是正という方向で扱われています（➡ p.109「著作権の存続期間①」参照）。たしかに存続期間は長ければよいというわけではありませんが、国際基準に合わせることで日本のコンテンツクリエイターが割を食わなくなるのであれば、それは日本の音楽産業の国際化の第一歩かもしれません。

2 音楽ビジネスの動向
映像作品とのコラボレーション、タイアップ等

♫ 増大する「音楽と映像のコラボレーション」

　音楽著作物の強みの一つは、ほかの著作物との親和性が高いことです。とくに映像作品（映画、テレビドラマ、テレビコマーシャルなど）では、音楽を使わない方が不自然なほど当たり前に音楽を作品の一部として取り込んでいます。また受け手の側も、目で見る情報に耳で聞く情報が合わさることで（逆に耳で聞く情報に目で見る情報が乗っている、ともいえます）、感情移入が容易になり、いったん受け手の中に取り込んでしまった音楽と映像は、その後長い間の人生を左右することもあるほどです。

　近年においては、**音楽と映像のコラボレーション**はますます増えており、音楽 CD とその音楽のビデオクリップ DVD をセットとする販売方法や、映像付き音楽配信なども急速に浸透してきています。また、映像作品とのコラボレーションを深めることで、音楽の海外での展開が増すケースもあります。

　音楽だけでも著作権の処理などに手間を費やすのが面倒なのだから、映像を複合したものの著作権の処理などさらに面倒なことになるのでは、との心配があるかもしれませんが、必ずしもそうではありません。すなわち、最初に音楽作品を映像にコラボレートするときに、その後その映像作品がどのような環境で展開されていくかを見極められれば、少なくとも当分の間は大きな問題にはなりません。例えば映画での使用についても、その後テレビ放送の可能性がないのか、海外へ販売される可能性はないのか、海外でのテレビ放送の可能性はないのか、DVD などのパッケージ商品になる可能性は、海外で DVD になる可能性は、インターネットで送信される可能性は、などが最初に考えられて対応がなされていれば、後々の対応も簡易に済みます。

I 音楽ビジネスのしくみと動向

表4│過去10年間のJASRAC「国際賞」受賞作品一覧

西暦	タイトル	作曲者	アニメ番組名
2007年	名探偵コナン　BGM	大野克夫	名探偵コナン
2008年	ドラゴンボールZ　BGM（TV）	菊池俊輔	ドラゴンボールZ
2009年	明日のナージャ　BGM	奥　慶一	明日のナージャ
2010年	ドラえもん　BGM	菊池俊輔	ドラえもん
2011年	バーバパパ世界をまわる	神尾憲一	バーバパパ世界をまわる
2012年	ドラえもん　BGM	菊池俊輔	ドラえもん
2013年	NARUTO －ナルト－疾風伝 BGM	高梨康治	NARUTO －ナルト－疾風伝
2014年	NARUTO －ナルト－疾風伝 BGM	高梨康治	NARUTO －ナルト－疾風伝
2015年	ドラゴンボールZ　BGM（TV）	菊池俊輔	ドラゴンボールZ
2016年	キテレツ大百科　BGM	菊池俊輔	キテレツ大百科

♫ ヒット曲を生む「タイアップ」

　音楽作品が映画、テレビドラマや、テレビコマーシャルなどに効果的に使われ、映像とともに視聴者の琴線に触れることで、音楽作品のもつ魅力が倍増され、音楽作品単独でもヒット作品となる、という流れはスタンダード化しており、ヒット曲を生むためにはこれらの映像との「**タイアップ**」が不可欠とさえいわれています。

　また、海外で支持されているJポップを確認すると、そのほとんどが映像作品（主にアニメ）とのタイアップによってリスナーの耳に届いた結果であることがわかります。JASRACが毎年発表する「国際賞」（海外からの入金が一番多かった日本の楽曲）を見ると、そのタイアップの結果が一目瞭然です。

表5｜2015年 年間シングルランキングとそのタイアップパターン

順位	累積売上枚数（単位：万枚）	タイトル	アーティスト名	最高順位	タイアップパターン名1	企業名1
1	178.3	僕たちは戦わない	AKB48	1	CF ソング	7 gogo
2	132.8	ハロウィン・ナイト	AKB48	1	テーマ	フジテレビジョン
3	104.5	Green Flash	AKB48	1		
4	90.5	唇に Be My Baby	AKB48	1		
5	70.2	コケティッシュ渋滞中	SKE48	1	CF ソング	ジーフット
6	68.7	今、話したい誰かがいる	乃木坂46	1	主題歌	アニプレックス
7	67.8	太陽ノック	乃木坂46	1	主題歌	テレビ東京
8	62.1	命は美しい	乃木坂46	1	CF ソング	はるやま商事
9	57.2	青空の下、キミのとなり	嵐	1	主題歌	フジテレビジョン
10	53.1	Don't look back!	NMB48	2		
11	52.1	Sakura	嵐	1	主題歌	TBS テレビ
12	51.9	愛を叫べ	嵐	1	CF ソング	リクルート
13	47.5	Thank you じゃん！	Kis - My - Ft 2	1		
14	46.0	前のめり	SKE48	1	CF ソング	長島観光開発
15	45.6	starting over	三代目 J Soul Brothers from EXILE TRIBE	1		
16	45.3	12 月のカンガルー	SKE48	1	CF ソング	アイア
17	44.9	ドリアン少年	NMB48	1		
18	38.6	Must be now	NMB48	1		
19	38.4	Kiss 魂	Kis - My - Ft 2	1	CF ソング	江崎グリコ
20	33.7	12 秒	HKT48	1	CF ソング	ダイエー（九州地区）

I 音楽ビジネスのしくみと動向

集計期間 2014/12/22 付〜 2015/12/21 付　オリコン調べ（oricon.co.jp）

商品名 1	タイアップパターン名 2	企業名 2	商品名 2	発売日	メーカー名
新世代トークアプリ 755	CF ソング	ガーラジャパン	スマートフォン用アプリ「フリフォールスターズ」	2015/05/20	キングレコード
お台場夢大陸〜ドリームメガナツマツリ〜	CF ソング	ディップ	バイトル	2015/08/26	キングレコード
				2015/03/04	キングレコード
				2015/12/09	キングレコード
ASBee				2015/03/31	エイベックス・トラックス
心が叫びたがっているんだ。	CF ソング	JR 東日本ウォータービジネス	From AQUA	2015/10/28	ソニー・ミュージックレコーズ
初森ベマーズ				2015/07/22	ソニー・ミュージックレコーズ
「さよなら制服」篇				2015/03/18	ソニー・ミュージックレコーズ
ようこそ、わが家へ				2015/05/13	ジェイ・ストーム
				2015/03/31	laugh out loud records
ウロボロス〜この愛こそ、正義。				2015/02/25	ジェイ・ストーム
ゼクシィ				2015/09/02	ジェイ・ストーム
				2014/12/24	エイベックス・トラックス
ナガシマジャンボ海水プール				2015/08/12	エイベックス・トラックス
				2015/04/15	rhythm zone
携帯カードゲーム「SKE48 PASSION FOR YOU」				2014/12/10	エイベックス・トラックス
				2015/07/15	laugh out loud records
				2015/10/07	laugh out loud records
Watering KISSMINT				2015/03/25	エイベックス・トラックス
ダイエーグルメシティ「一の市」	テーマ	あなぶきグループ	Web ドラマ「うどん先生」	2015/04/22	ユニバーサルミュージック

2 音楽ビジネスの動向

スタンダード曲、リバイバル曲、カバー曲

　音楽の魅力の一つに、音楽作品が時代とともに記憶に残り、昔の作品を聴くたびにその作品を聞いていた時代や自分のおかれていた環境を思い出して感慨にふけったりできるということがあります。その反面、何十年という時を経た後に不死鳥のようによみがえって返り咲く作品（**リバイバル曲**）や、何年経っても時代性を感じさせず、つねに愛唱され続ける作品（**スタンダード曲**）もあります。また、オリジナル作品とは別の切り口で新たにレコーディングされ、オリジナル作品のファンとは違った層に支持される作品（**カバー曲**）もあります。

♫ スタンダード曲・リバイバル曲がよみがえるとき

　オリジナルの作品がそのままの形で世の中に再登場するのは、やはり**映像作品とのシンクロ**による場合が多いでしょうか。テレビドラマや映画などで、その時代背景を端的に表現する手法として、その場面になっている時代にヒットした作品をシンクロさせるということは広くなされています。そのような場合、そのドラマや映画のヒットに連動して、使用された音楽作品もまたヒットする可能性が高くなります。また、カラオケの普及以来、最近のヒット曲ばかりでなく、昔聞きなじんだ作品を十八番にする人は少なくありません。カラオケでの人気が高ければ、その分その作品に対する著作物使用料が増え、作詞家・作曲家の収入として長く貢献することになります。

　さらに、デジタル流通の発展は、最新のヒット曲以外の音楽作品の再発見にも寄与することになりました。通常の CD ショップにおける売上構成は 7 割が最新のヒット曲であり、残りの 3 割が「**カタログ曲**」といわれる古い作品（スタンダード曲）といわれていましたが、インターネット上で音楽配信などを楽しむ音楽ファンの多くは、自分が昔楽しんだ聞き覚えのある音

楽を入手する傾向が高く、新曲をヒットさせるのが難しいという音楽産業の
ジレンマが逆にカタログ曲の再活性化というプラス面も生んでいます。通常
の CD ショップでは売上のボリュームが少ないためにつねに仕入れておくこ
とが困難な昔の作品も、商品仕入れの在庫リスクをもたない音楽配信におい
ては、細々と、でも長く売れ続け（商品展開を**ロング・テール**［＝長い尻尾］
商品と呼びます）、このような販売機会さえあれば長きにわたって支持され
続ける作品たり得ることを証明しています。

支持されるカバー曲・トリビュートアルバム

　カバー曲はときに大きな支持を受けます。最近の例だと島谷ひとみさんに
よる『亜麻色の髪の乙女』（作詞＝橋本淳、作曲＝すぎやまこういち、オリジナル
バージョン歌唱＝ザ・ビレッジ・シンガーズ）や倖田來未さんによる『キューティ・
ハニー』（作詞＝クロード Q、作曲＝渡辺岳夫、オリジナルバージョン歌唱＝前川陽子）
などが成功例でしょうか。倖田來未さんの『キューティ・ハニー』は同名の
映画（これもオリジナルアニメ番組のリメイク）の主題歌でしたので、映画
のプロジェクト全体としてリバイバルに成功した例と考えられます。この倖
田バージョンの大ヒットにより、その後 Perfume、森下悠里、ICONIQ な
ど多くのアーティストが同曲をカバーしています。オリジナルバージョンを
歌った前川陽子までもがセルフカバーをリリースしています。また、『亜麻
色の髪の乙女』は、ザ・ビレッジ・シンガーズもじつはカバーした側で、本
当のオリジナルバージョンは青山ミチさんによる歌唱であったことを皆さん
ご存知でしょうか。

　さらに、近年の流行として**トリビュートアルバム**の存在があります。特定
の歌手や作詞家、作曲家、プロデューサーの功績を称えて、そのクリエイター
の作品を、影響を受けたアーティストたちがカバーし 1 枚のアルバムにまと
めて発表する、というものです。シンプルなカバー作品よりはアルバムを通
してのコンセプトも明確にあり、対象となるクリエイターの足跡を理解する
にも便利な作品です。またカバーの特色でもある、既存の音楽作品に新たな
解釈を与える、という意味でも参加アーティストそれぞれの解釈を比較でき
る優れたアイディア作品となります。

Ⅱ

音楽ビジネスの著作権
【必須知識編】

1 | 音楽ビジネスにかかわる著作権 …… 52
2 | 音楽ビジネスの各プレーヤーと著作権 …… 132

1 音楽ビジネスにかかわる著作権

どのような権利があるか

基本となる四つの権利

音楽ビジネスを理解するには、四つの種類の権利のことを知る必要があります。その四つの権利とは、「**著作権**」「**著作者人格権**」「**著作隣接権**」「**実演家人格権**」です。これらはすべて「**著作権法**」という法律で定められています。著作権法という法律の名前からは、著作権法＝著作権に関する法律と思われる読者の方もいらっしゃるでしょうが、これは正確ではありません。「著作権」は、著作権法によって定められた権利の一部でしかないのです。

「著作物」の著作者には、「著作権」と「著作者人格権」が与えられます。「実演」を行った実演家には、「著作隣接権」と「実演家人格権」が与えられます。「レコード」を製作したレコード製作者には、「著作隣接権」が与えられます。「放送」や「有線放送」を行った放送事業者、有線放送事業者には、「著作隣接権」が与えられます。

1枚の音楽CDを例にとって説明しましょう。西野カナさんの『もしも運命の人がいるのなら』という楽曲の作詞をしたのは、西野カナさん自身であり、作曲をしたのは、山口隆志さんです。作詞家としての西野さんと、作曲家の山口さんは、『もしも運命の人がいるのなら』という楽曲を創作した「**著作者**」です。したがって著作権と著作者人格権を与えられます。

次に、歌手としての西野さんがこの楽曲を歌い、それをレコード会社のソニー・ミュージックレーベルズがレコードに収録しています。歌手・西野さんは「**実演家**」として著作隣接権と実演家人格権を与えられます。そしてレコードに収録したソニー・ミュージックレーベルズがレコード製作者として著作隣接権を与えられます。東京FMが『もしも運命の人がいるのなら』の音楽CDを使って放送したとすれば、その放送については東京FMが著作隣

II 音楽ビジネスの著作権【必須知識編】

表6 | 東京FMで放送された音楽CD『もしも運命の人がいるのなら』に含まれる権利の種類

著作者	（作詞）西野カナ	著作権	①
		著作者人格権	⑥
	（作曲）山口隆志	著作権	②
		著作者人格権	⑦
実演家	西野カナ	著作隣接権	③
		実演家人格権	⑧
レコード製作者	ソニー・ミュージックレーベルズ	著作隣接権	④
放送事業者・有線放送事業者	（東京FM）	著作隣接権	⑤

接権を与えられます。

🎹 もし海賊版をつくって販売すると…

　このように、1枚の音楽CDにも、多くの権利者の権利が積み重なっています。もしある人が、東京FMで放送された『もしも運命の人がいるのなら』を録音し、これをもとに勝手に海賊版をつくって販売したとします。その人は、①作詞家としての西野さんの著作権、②作曲家の山口さんの著作権、③実演家としての西野さんの著作隣接権、④レコード製作者としてのソニー・ミュージックレーベルズの著作隣接権、⑤放送事業者としての東京FMの著作隣接権、を同時に侵害したことになります。

　もしこの海賊版を販売するときに、作詞家としての西野さんの名前、山口さんの名前、歌手（実演家）としての西野さんの名前を表示しなかったとすれば、以上のほかに、⑥作詞家としての西野さんの著作者人格権、⑦作曲家としての山口さんの著作者人格権、⑧実演家としての西野さんの実演家人格権、も同時に侵害したことになります。

　実際には、作詞家・作曲家の著作権は、一般社団法人日本音楽著作権協会

（JASRAC）などの**著作権等管理事業者**に預けられている場合がほとんどですし、レコードに収録された実演についての実演家の著作隣接権は**レコード製作者**に譲渡されていることがほとんどですので、現実の被害者は**表6**と少し違いますが、この点はあとで述べます（➡ p.144「著作権等管理事業者」、p.150〜155「アーティスト（実演家）とプロダクション①・②」参照）。

　音楽ビジネスには、このようにさまざまな権利が関係してくることを、まず知っておく必要があります。

Ⅱ 音楽ビジネスの著作権【必須知識編】

1 音楽ビジネスにかかわる著作権

著作物とは❶

🎹 著作物の例

　前項では、音楽の作詞家・作曲家が著作者として著作権と著作者人格権を与えられることを説明しました。それは、音楽が「**著作物**」だからです。著作物を創作した人が著作者となり、著作権と著作者人格権を与えられることになります。

　それでは、「著作物」とは何でしょうか。それは、「思想又は感情を創作的に表現したものであって、文芸、学術、美術又は音楽の範囲に属するもの」と定義されています。著作権法上、次の九つのタイプが著作物の例としてあげられています。

①小説、脚本、論文、講演その他の言語の著作物

②音楽の著作物

③舞踊又は無言劇の著作物

④絵画、版画、彫刻その他の美術の著作物

⑤建築の著作物

⑥地図又は学術的な性質を有する図画、図表、模型その他の図形の著作物

⑦映画の著作物

⑧写真の著作物

⑨（コンピュータ）プログラムの著作物

　音楽の著作物は二つめの例としてあげられていますが、これはあくまでも例であり、著作物はこの九つのタイプに限られるわけではありません。このうちのどれにも当てはまらなくても、「思想又は感情を創作的に表現したものであって、文芸、学術、美術又は音楽の範囲に属するもの」にさえ当てはまれば、「著作物」として保護されます。

55

なお、音楽の著作物を歌唱したり、演奏したりする行為は、「**実演**」として著作隣接権で保護を受けています。同じ音楽でも歌手や演奏家によって印象の異なるものとなりますから、歌唱や演奏も個性的な表現行為の一つといえるでしょう。1970年以前の旧著作権法には著作隣接権制度がなかったため、「演奏歌唱」も著作物に含まれていました。しかし現在の著作権法は、演奏や歌唱は「実演」として著作隣接権の対象とするという整理をしているため、著作物には含まれません。

🎹 音楽の著作物

　音楽には「旋律（メロディ）」「律動（リズム）」「和声（ハーモニー）」の3構成要素があるといわれていますが、これらの三つの要素がすべてそろわないと音楽にならないというわけではありません。和声を伴わない単旋律の曲も、音楽にあたります。メロディをいっさい伴わないリズムだけで構成されるもの（例えば太鼓演奏）も音楽にあたると思いますが、意見が分かれるかもしれません（➡ p.256「何が音楽の著作物なのか」参照）。

　音楽の著作物には、**曲**だけのものと、**歌詞**を伴うものがあります。曲はもちろん、曲と同時に利用される歌詞も、音楽の著作物に含まれます。音楽の著作物が創作されるとき、歌詞が先に創作され、その詞に合わせて曲がつけられる場合（いわゆる「詞先」の楽曲）と、先に曲が創作され、その曲に合わせて詞が創作される場合（いわゆる「曲先」の楽曲）とがありますが、詞先の場合でも、歌詞は音楽の著作物にあたると考えられています。

　曲をつけることを前提とせずに文芸作品として創作された「詩」に、あとから曲をつけることもあります。この場合、その「詩」が歌詞として利用されるとき（演奏会で歌唱される場合や音楽CDに録音される場合、楽曲集や歌詞集に掲載される場合など）は音楽の著作物として扱われ、詩として詩集等に掲載されるときは「言語の著作物」として扱われます。

　音楽の著作物であっても、それ以外の著作物であっても、著作物として保護されることには変わりはありません。ただ音楽の著作物かどうかによって、JASRACなど音楽の著作物を管理している団体の管理対象となるかどうかという点などで実務上の違いが生じます。

II 音楽ビジネスの著作権【必須知識編】

1 音楽ビジネスにかかわる著作権

著作物とは❷
──著作物の定義（1）

前項で説明しましたように、著作物とは「思想又は感情を創作的に表現したものであって、文芸、学術、美術又は音楽の範囲に属するもの」と定義されています。この定義を分解しますと、著作物と認められるためには、

①思想又は感情を

②創作的に

③表現したものであって、

④文芸、学術、美術又は音楽の範囲に属するもの

であることが必要です。以下、それぞれの意味を説明します。

🎹 思想・感情──著作物の定義①

著作物であるためには、「**思想又は感情**」を表現したものでないといけません。このことから、思想・感情とはいえない単なるデータや歴史的事実そのものは、客観的な存在ですので、著作物からは除かれます。ヒット曲のCD売上枚数などはデータそのものですので著作物にはなりませんし、先週のCD売上枚数トップ100を記載したランキング表も著作物にはなりません。これに対し、「ジャズのおすすめ名盤100枚」を選んでリストにした場合には、そのリストにはレコード名が羅列されていただけであっても、「**編集著作物**」として保護されることになります（➡編集著作物については、p.61「二次的著作物・編集著作物・共同著作物」参照）。CD売上枚数のランキングは客観的なものですが、無数にあるジャズのレコードからどれをおすすめの名盤とするのかという「選択」には、その人の思想・感情が表現され得るからです。

🎹 創作性──著作物の定義②

次に、著作物であるためには「**創作的**」でなければなりません。「創作的」

57

というためには、何らかの知的創作活動の成果であるといえれば足り、それが高度のものである必要はありません。幼稚園児の描いた絵も「創作的」といえると考えられています。

しかし、他人の作品を忠実にまねした場合には創作的とはいえません。もっとも、他人の作品の存在を知らずに、自ら創作した場合には、偶然、他人の作品と同じものになったとしても「創作的」であり、著作権が認められます。

ごく短い「表現」の場合には、創作的でないと判断されます。造語・新語のようなものは、いくら奇抜であっても創作性は認められず、著作物とはなりません。同様に小説やマンガ、音楽などの題名も、一般には創作性が認められず、それだけでは著作物とはいえません（ただし、著作物の題号を勝手に改変するとその著作物に対する同一性保持権の侵害となります［➡ p.75「著作権・著作者人格権とは⑤」参照]）。題名などは創意工夫の成果といえるものも多いでしょう。しかし、短い単語の連続を著作物と認めてしまうと、原則として著作者の生存中および死後 50 年間（➡ p.109）という長期間にわたる独占権が生じてしまい、他の人の自由な活動を不当に制約することになってしまうおそれがあります。それを避けるためには、創作性は認められないと考える必要があるのです。

短い音の連続が音楽の著作物といえるのかどうかが問題となるケースがあります。生命保険会社の CM に使われていた**サウンドロゴ**が著作物にあたるとして、作成者が会社を訴えたケースが新聞報道されたことがあります。また、有名な映画『未知との遭遇』で使われている宇宙人との 5 音の交信音が音楽の著作物であると説明する著作権法の教科書もあります。これらの短い音の連続に、創作性が認められるでしょうか？

サウンドロゴを生み出すには、創意工夫と才能・努力が必要です。だからこそ、サウンドロゴを専門家に依嘱してつくってもらうのでしょう。常識的な意味では、「創作的」だと思います。他方、あまりにも短い音の連続を音楽の著作物と認めると、その著作権者が似た音の連続を独占できる結果となってしまうおそれがあります。仮に著作物と認められるとしても、**類似**と判断される範囲は狭い（そっくりそのままの場合だけが侵害とされる）でしょう。

Ⅱ　音楽ビジネスの著作権【必須知識編】

1　音楽ビジネスにかかわる著作権

著作物とは❸
——著作物の定義（2）

　前項では、著作物の定義として、①思想・感情、②創作性を説明しましたが、ここでは残りの二つの点（③表現されていること、④文芸、学術、美術又は音楽の範囲に属すること）について説明します。

表現されているものであること——著作物の定義③

　著作物と認められるためには、思想・感情が具体的に「**表現されているもの**」であることが必要です。したがって、頭の中にあるだけで外部に表明されていないものは保護の対象となりません。

　著作権で保護を受けるのは、著作物のうち「**表現**」の部分に限られます。表現の元となった「思想・感情」そのものは、保護の対象ではありません。ですから、他人の著作物の「表現」は利用せずに、その元となった「思想・感情」（**アイディア**）だけを取り出して利用することは自由です。アイディアと表現とを二分し、表現だけに著作権の保護が及ぶという考え方は、世界共通といってもよいでしょう。ただ、どこまでがアイディアで、どこから先が表現となるのか、その具体的な境界線を引くのは大変難しい問題です。

　アイディアと表現を区別する考え方は、著作物全般に当てはまるとされています。学術論文など、言葉による著作物の場合には、アイディアと表現の区別を一応考えることはできますが、音楽の著作物の場合には、この区別自体がなかなか難しいように思います（➡ p.282「音楽の著作物でアイディアと表現を区別できるか」参照）。

　「作風」「技法」「様式」なども具体的な表現ではありませんので、著作権の保護対象とはなりません。ですから、○○風という作風を模倣しただけでは、他人の著作権の侵害にはなりません。

　著作物の定義では、表現した「もの」であるとされています。表現した「物」

59

と漢字ではなく、「もの」とひらがなで書かれているのですが、これには法律上の意味があります。著作物は、物理的に形のある「物」ではなく、「物」から離れた抽象的な存在をいうのです。作曲家が頭に浮かんだメロディを楽譜に書きとめたとしますと、「楽譜」という物が音楽の著作物ではなく、楽譜に書きとめられたメロディそのものが音楽の著作物なのです。

したがって、アドリブで演奏した楽曲のように、「物」に固定されていなくても、著作物になります（なお、映画の著作物の場合には、例外的に物への固定が必要とされていますが、固定されていなくても、何らかの「著作物」にはなります）。

🎹 文芸、学術、美術又は音楽の範囲に属するもの──著作物の定義④

著作物であるためには「**文芸、学術、美術又は音楽の範囲に属するもの**」であることが必要とされています。この条件はそれほど厳密ではなく、四つのジャンルのどれに入るかを判断しなくても、広く知的・文化的な範囲に含まれていればよいと考えられています。

ただし、工業製品の実用的なデザインは、この範囲に属しません。そのようなデザインも思想または感情の創作的表現かもしれませんが、その表現は「機能面」からの制約も受けており、また意匠法という法律によって「**意匠**」として保護され得るので、著作権法による保護対象ではありません。例えば自動車のデザインは、どんなに美しいものであっても、著作物にはなりません。ただ大量生産されるものの中にも実用機能から離れて独立して美的鑑賞の対象となるものが含まれており（博多人形や仏壇彫刻など）、そのようなものについては著作物とされることがあります。

なお最近（2015年）、従来の判例とは異なり、大量生産されるベビーチェアのデザインについて、意匠法との関係を考慮することなく著作物と認める判決が出て著作権法関係者の間で大いに話題になっています。しかし、今後の判例の流れがどのようになっていくのかは、未知数です。

II　音楽ビジネスの著作権【必須知識編】

1 音楽ビジネスにかかわる著作権

二次的著作物・編集著作物・共同著作物

　著作物の中にも、ほかの著作物とやや性格が違うものがいくつかあります
ので、この項でまとめて紹介しましょう。

二次的著作物

　クラシック音楽をジャズにアレンジしたもののように、すでに存在する著
作物に新たな創作行為を加えて作成された著作物を**二次的著作物**といい、元
となった著作物を**原著作物**といいます。著作権法では、二次的著作物は、「著
作物を翻訳し、編曲し、若しくは変形し、又は脚色し、映画化し、その他翻
案することにより創作した著作物」と定義されています。

　二次的著作物は、原著作物とは別個の著作物として保護を受けます。ただ
し原著作物の著作権者は「**翻案権等**」（➡ p.72）をもっているため、勝手に二
次的著作物を創作することは、翻案権等の侵害となりますし、また著作者人
格権の「**同一性保持権**」（➡ p.75「著作権・著作者人格権とは⑤」参照）の侵害に
もなります。しかし、原著作物の権利を侵害して二次的著作物が作成された
場合でも、二次的著作物の著作権は発生します。

　また原著作物の著作権者は、二次的著作物の利用について、二次的著作物
の著作権者と同じ権利をもちます（原著作物の著作権者が二次的著作物を自
由に使える、という意味ではありません）。したがって、二次的著作物を利
用しようとする人は、二次的著作物の著作権者のほか、原著作物の著作権者
の許諾も得なければなりません。

編集著作物

　新聞・雑誌、百科事典のように、個々の素材を選択・配列した編集物は、
その選択または配列（並べ方）に創作性がある限り、**編集著作物**として保護

61

を受けます。個々の素材自体が著作物の場合（例えば詩集や百科事典）と、そうでない場合（例えば職業別電話帳）とがありますが、どちらの場合にも**編集著作権**が発生します。素材自体が著作物の場合には、それを選択・配列した人の編集著作権と、素材自体の著作権とはまったく別のものであり、それぞれが独立して保護を受けます。

　最近、例えば1980年代のバラード曲の中から選択して一つの音楽CDにまとめたもののような、コンピレーションアルバムが多く商品化されています。80年代のバラード曲には多数のものがあり、そのなかからどれを選択し、どのように配列するかにその人の個性が表れますから、コンピレーションアルバムは編集著作物として保護を受けます。もっとも、80年代のバラード曲を集めたコンピレーションアルバムをつくるというのはアイディアにすぎませんから、他の人が同じ発想でアルバムを商品化したからといって、編集著作権の侵害にはなりません。しかし、選択された曲がほぼ同じで、並べ方も似ている場合には、編集著作権の侵害となり得ます。

共同著作物

　共同著作物とは、二人以上が共同して創作した著作物のうち、各人の寄与を分離して個別的に利用することができないものをいいます。共同著作物の著作権は著作者全員の共有となり、原則として全員一致でないと共同著作物を利用することができません。

　1冊の本の中である人が第1章を執筆し、別の人が第2章を執筆したような場合には、各執筆者の寄与を分離して利用することができる（第1章だけを利用することもできる）ため、共同著作物にはあたりません。

　小説と、その小説のために描かれた挿絵についても、通常は挿絵だけを分離して利用することも可能ですから、共同著作物ではありません。歌詞と曲との関係も同じです。歌詞と曲とは、本来一体的なものとして創作されたとしても、歌詞だけの利用や、曲だけの利用が可能ですから、共同著作物ではなく、別々の著作物と考えられます。このように、本来一体的に創作されたけれども、分離して利用することが可能な著作物を「**結合著作物**」ということがあります。結合著作物にあたるとしても、だからといって特別の意味が

Ⅱ 音楽ビジネスの著作権【必須知識編】

あるわけではなく、要するに「共同著作物」にはあたらないという意味です。

　共同著作物にあたらないということは、歌詞は作詞家の著作物であり、曲は作曲家の著作物です。ですから、歌詞と曲を同時に利用するには作詞家・作曲家の両方の許諾が必要ですが、歌詞だけを利用することは作詞家の許諾の対象ですし、逆に、曲だけを利用することは作曲家の許諾の対象です。しかし作詞家・作曲家から権利の信託を受けている（預かっている）JASRACでは、著作物使用料の分配にあたって作詞家と作曲家との関係を共同著作物のように取り扱っており、曲だけの利用の対価を徴収した場合にも、原則として作詞家に分配しています（➡ p.135）。

63

1 音楽ビジネスにかかわる著作権

著作権・著作者人格権とは❶

🎹 著作権

　音楽や小説などの著作物を創作したとき、その創作をした人（著作者）には、**著作権**と**著作者人格権**が認められます。著作権とは、著作者に与えられる権利のうち、著作物の利用に関する**財産的な権利**だけをいい、人格的利益の保護に関する権利である著作者人格権を含みません。「著作権」と「著作者人格権」を合わせていうときには、「**著作者の権利**」といいます。

　著作権というのも、それ自体が一つの権利ではなく、複数の権利を総称する用語にすぎません。ですから、著作権はよく「**権利の束**」であるといわれます。一つひとつの権利は**支分権**といい、次のページの図6に掲げられた複製権、上演権・演奏権、公衆送信権などがこの支分権にあたります。日常用語として「著作権」が侵害されたという表現をよく耳にしますが、それは正確ではありません。侵害されるのは、複製権や上演権・演奏権などの支分権です。

　複製権、上演権・演奏権、公衆送信権などの支分権が認められるということは、その権利の対象となっている行為をする権限を著作者が専有する（独占する）ということを意味しています。複製権については「複製」行為が、上演権・演奏権については「公の上演・演奏」行為が支分権の対象となっている行為です。著作者から許諾を得れば他人も複製や公の上演・演奏をすることができますが、著作者の許諾なしでは原則としてできません。著作者は、他人の行為を許諾することもできれば、禁止することもできます。このことから、支分権は「**許諾権**」といわれることもありますし、逆に「**禁止権**」といわれることもあります。

　許諾なしに著作物が「複製」されそうな場合、著作権者は、「複製権」に

図6｜著作者の権利

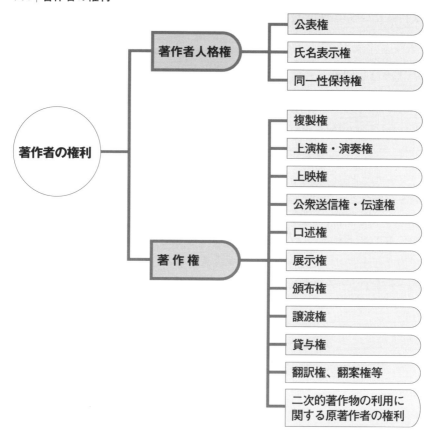

もとづいて複製の禁止（差止）を求めることができ、著作物が「公に演奏」されそうな場合、著作権者は「演奏権」にもとづいて演奏の禁止（差止）を求めることができます。また勝手に複製されたり、公の演奏等をされたりした場合には、損害賠償の支払いや不当利得の返還請求をすることができます。

著作者人格権

著作物は、著作者の思想・感情を表現したものであるため、著作者の人格と深く結び付いています。そこで著作者の人格的利益を保護する必要があり、

著作者人格権という権利が定められています。著作権と同じように、著作者人格権も一つの権利ではなく、三つの権利（**公表権、氏名表示権、同一性保持権**）をまとめていう言葉です。

みなし侵害

　著作権や著作者人格権は、複数の権利をまとめていう言葉にすぎません。著作物に関して何らかの経済的利益や人格的利益が損なわれたとしても、「支分権」のどれかの侵害にあたらなければ、著作権侵害や著作者人格権侵害とはいえません。例えば、上演権・演奏権の対象となるのは「公に」上演・演奏する行為ですから、「公に」にあたる上演・演奏が勝手に行われたときには権利侵害となりますが、「公に」とはいえない上演・演奏を行うことは自由であり、侵害行為とはなりません。ただし、「著作権の侵害とは①」（➡ p.121）で説明しますが、支分権のどれにも該当しなくても、「**著作権・著作者人格権を侵害するとみなされる行為**」（**みなし侵害**）が別途定められています。

Ⅱ 音楽ビジネスの著作権【必須知識編】

1 音楽ビジネスにかかわる著作権

著作権・著作者人格権とは❷

著作権の支分権

　著作権は、多くの権利（支分権）をまとめていう言葉ですから、その内容を理解するには、一つひとつの支分権の内容を見ていく必要があります。

■複製権

　複製権とは、複製（コピー）することを対象とする権利です。「**複製**」とは、録音・録画やその他の方法によって、有形的に再製すること、つまり**形のあるものに固定すること**をいいます。生演奏されている音楽をテープに録音することだけでなく、音楽 CD を CD‐R にコピーしたり、インターネット上で公開されている著作物のファイルをダウンロードすることも、複製にあたります。音楽 CD を耳で聞いて、その音楽を自分なりに演奏して録音することは、音楽 CD の複製にはあたりませんが、音楽の著作物の複製にはあたります。

　上演権・演奏権など他の支分権とは異なり、複製権は、「公に」なされる複製だけでなく、複製全般が支分権の対象行為となります。ただし、**私的使用目的で行う複製**の場合には、複製権を制限する条文（著作権法 30 条）が適用され、結果として複製権侵害にはならないことがあります（➡ p.106「権利制限規定とは②」参照）。

■上演権・演奏権

　著作物を「**公に**」上演したり、演奏したりすることを対象とする権利です。「**公に**」とは、「公衆に直接見せ又は聞かせることを目的として」いることで、「**公衆**」とは、行為者から見て不特定の人をいいますが、特定の人でも多数であれば公衆に含まれるとされています。この場合に何人であれば「多数」といえるかの明確なルールはないのですが、数十人を超えればおおむね多数

67

にあたると考えてよいと思います。路上ライブを行うことは、たとえ観客が一人もいなかったとしても、不特定の人に聞かせることを目的としていますから、「公に」演奏することにあたります。家族・親しい友人だけを集めて行う演奏は、聞く人が10名程度であれば「公に」演奏することにはあたりません。観客が特定されていて、しかも「多数」でもないからです。しかし、聞く人が数十人を超えれば、たとえ特定された人たちであっても公衆にあたり、「公に」演奏したことになります。

複製権がすべての複製を原則としてその権利の対象としたうえで、私的使用目的の場合には例外的に権利が制限されるという構造になっているのに対し、上演権・演奏権などでは、もともと公衆に対して行うことを目的とする場合のみ支分権の対象とされているのです。

上演、演奏には、生演奏だけでなく、録音した音楽CDを再生する行為も含まれますので、注意が必要です。

なお、「公に」上演・演奏する場合でも、営利目的がなく、観衆から料金をとらず、しかも実演家に報酬が支払われない場合には、上演権・演奏権が制限され、著作権者の許諾がなくても自由に行うことができます（➡ p.107「権利制限規定とは②」参照）。

■ 上映権

著作物を映写幕（スクリーン）やディスプレイ画面などに**「公に」映写する**ことを対象とする権利です。上演権・演奏権と同様に「公に」行われる上映行為のみが**上映権**の対象となります。映画館での上映だけでなく、例えば、飲食店などで客にDVDビデオを見せることも公の上映にあたります。営利目的がなく、観衆から料金をとらない場合には、上映権が制限され、著作権者の許諾がなくても自由に行うことができます。

68

Ⅱ 音楽ビジネスの著作権【必須知識編】

1 音楽ビジネスにかかわる著作権

著作権・著作者人格権とは❸

個々の支分権の説明を続けます。

■ **公衆送信権等**

公衆送信とは、テレビ・ラジオなどの放送や、ケーブルテレビなどの有線放送、インターネットによる送信などで、**公衆**（➡ p.67「著作権・著作者人格権とは②」参照）**に向けて無線または有線で送信する**ことをいいます。インターネットに接続されたサーバーに情報を蓄積しておき（アップロードといいます）、その情報に対するアクセスがあったときに自動的に送信されるようにすることを**送信可能化**といい、それも公衆送信権の対象に含まれます。したがって、他人が撮影した写真などの著作物を自分のブログに勝手に掲載する行為は、まずサーバーに蓄積する点で複製権の侵害となり、また送信可能化する点で公衆送信権の侵害になります。ファイル共有ソフトを使って無断で音楽を送信可能な状態におくことや、ニコニコ動画などの動画投稿サイトへのアップロードも、同様です。

公衆送信権と同じ条文（23 条）にもうひとつの権利が規定されています。それは伝達権です。**伝達権**とは、公衆送信される著作物を受信し、それを受信装置で「公に」（➡ p.67「著作権・著作者人格権とは②」参照）伝達することを対象とする権利です。放送自体は公衆送信権の対象ですが、テレビ放送を受信し、それを客に見せる行為は「**公の伝達**」にあたります。客に見せるのがリアルタイムのテレビ放送であれば伝達権の対象となりますが、いったんビデオに録画されたものであれば上映権の対象となります。公衆送信、公の伝達、公の上映は、場合によってはまぎらわしいですが、適用される権利制限規定が異なってくるため、きちんと区別する必要があります。

■ **口述権**

口述権は、「公に」言語の著作物を朗読等する行為を対象としています。

69

不特定または多数の子どもたちを集めて絵本の朗読会をすることは、口述権の対象にあたりますが、営利を目的とせず、料金が無料で、しかも口述者に報酬が支払われないときは、口述権が制限され、自由に行うことができます。

■展示権

展示権は、美術の著作物などの原作品を「公に」展示することを対象としています。この権利は絵画・版画や彫刻などの美術の著作物や、未発行の写真の著作物の「原作品」について認められます。複製物にはこの権利は認められませんから、複製物を公に展示しても、展示権の侵害とはなりません。

Ⅱ 音楽ビジネスの著作権【必須知識編】

1 音楽ビジネスにかかわる著作権

著作権・著作者人格権とは❹

■ 頒布権

映画の著作物の複製物を公衆に譲渡したり、公衆に貸与したりすることを内容とする権利です。映画の著作物についてのみ認められますが、その他の著作物については譲渡権と貸与権が認められていますので、ほとんど同じ結果となります。

■ 譲渡権

譲渡権とは、著作物を、原作品または複製物の**譲渡により公衆に提供する**ことを内容とする権利です。映画の著作物については頒布権が認められているので、譲渡権はそれ以外の著作物について認められます。著作権者自ら複製物を他人に譲渡した場合や譲渡を許諾した場合、その譲渡の対象となった複製物のその後の譲渡には権利が及びません。このように、最初の適法な譲渡で権利が消えてしまうことを「**消尽**」といいます。中古音楽 CD の売買は公衆に譲渡することにあたりますが、その中古品 CD についてはすでに譲渡権が消尽しているため、譲渡権侵害にはなりません。ですから、音楽 CD の中古品ビジネスは適法ということになります。

■ 貸与権

貸与権とは、著作物の複製物を**公衆に対して貸与する**ことを内容とする権利です。貸与には、有料レンタルも無償貸与も含まれます。映画の著作物には頒布権が認められているので、貸与権はそれ以外の著作物について認められます。貸与権は、譲渡権と異なり、最初の譲渡によって消尽しません。つまり、著作権者によって、または著作権者の許諾にもとづいてレンタル店に販売・譲渡された音楽 CD であっても、それを公衆に貸与するには、著作権者の許諾が別途必要です。音楽 CD のレンタル問題については、あとで詳しく説明します（➡ p.233「レコードレンタルビジネス」参照）。

71

貸与と同じように使用させる行為も貸与に含まれるとされています。例えば、3日後に買い戻す約束で販売することは、実際には3日間貸与したのと同じことになりますから、これも貸与権の対象となります。

■ 翻訳権、編曲権、変形権、翻案権

「**翻訳**」とは、言語の著作物を言語体系の異なる他の言語に変えることです。「**編曲**」とは、本来は原曲にアレンジを加えて付加的価値を生み出すことですが、ある音楽作品をもとにその表現に類似する音楽作品を創作することも含めて「編曲」といわれることがあります（➡ p.264「編曲と著作権・著作者人格権」参照）。「**変形**」とは、例えば絵画を彫刻にしたり、逆に彫刻を絵画にしたりするなどの行為です。「**翻案**」とは、脚色（小説を脚本にすることなど）や映画化など、すでにある著作物（**原著作物**といいます）の表現の本質的な特徴を残しながら、新たな創作を加えて、別の著作物とすることです。

すでにある著作物を創作の出発点としていても、大幅に創作が加えられたために、元の著作物の表現の本質的な特徴を直接感じとることができないほど別のものとなっていれば、「翻案」にはあたらず、誰でも自由に行うことができます。

二つの作品が似ている、似ていないで争いになることがあります。そのような争いになる場合には、複製権ではなく、編曲権・翻案権の侵害があったかどうかが問題となることが多いです（➡ p.277「似ている、似ていない論争」参照）。

■ 二次的著作物の利用に関する原著作者の権利

翻訳、編曲、変形、翻案をすること自体は翻訳権等の対象ですが、そのような翻訳、編曲、変形、翻案によって創作された著作物（「**二次的著作物**」といいます）を利用することを対象とする権利が、この権利です。二次的著作物の元となった原著作物の著作権者は、二次的著作物の利用について、二次的著作物の著作権者と同じ権利（つまり、複製権、上演権・演奏権、上映権などの各支分権）をもちます。例えば、ポップス曲にアレンジを加えてジャズ曲にした場合、そのジャズ曲の利用について、元となったポップス曲の著作権者も複製権などの権利をもちます。このように原著作物の著作権者が二次的著作物の利用についてもつ権利を、**二次的著作物の利用に関する原著作**

II 音楽ビジネスの著作権【必須知識編】

者の権利といいます。ただし、原著作物の著作権者が二次的著作物を自由に使えるというわけではありません。原著作物の著作権者と二次的著作物の著作権者の両方が OK した場合にのみ、二次的著作物が使えます。

1 音楽ビジネスにかかわる著作権

著作権・著作者人格権とは❺

著作者人格権とは

　著作物は、人の思想・感情を表現したものであり、著作者の人格の発露であることから、著作者には財産的利益を保護する著作権のほかに、人格的利益を保護する**著作者人格権**が認められています。著作者人格権という言葉も、著作権と同じように、一つの権利ではなく、「**公表権**」「**氏名表示権**」「**同一性保持権**」という三つの権利を総称する言葉です。著作者人格権はこの三つの権利に限定されていますから、人格的利益にかかわることすべてが著作者人格権で保護されているわけではありません。もっとも著作者人格権侵害にならなくても、著作者が人間であることにもとづいて一般的に有している「**人格権**」の侵害になることはあります。

　著作者人格権は三つの権利ですが、実際にはもうすこし広げられています。まず、著作権法には、著作者人格権を侵害すると「**みなされる**」行為が定められています。次に、著作者人格権は著作者が死亡すれば消滅するのですが、著作者の死後も、著作者が生存していたとすれば著作者人格権の侵害となったであろう行為が原則として禁止されています。

■公表権

　公表権とは、著作物を公表するか否か、公表する場合にいつ、どのような方法で公表するかを決めることができる権利です。公表権は未公表の著作物についての権利ですから、著作者の同意のもとで一度公表された著作物については公表権がはたらくことはありません。

■氏名表示権

　氏名表示権とは、著作物が公衆に提示・提供される際などに、著作者の氏名を表示するか否か、表示する場合にどのような名義（芸名、本名など）を

表示するかを決定する権利です。

■ 同一性保持権

同一性保持権とは、著作物の同一性を保持し、意に反する改変を受けない権利をいいます。他人が創作した歌詞の一部を勝手に変更したり、メロディを勝手に変更したりすることは、同一性保持権の侵害にあたります。ただし、著作物の性質や利用の目的・態様に照らして「やむを得ないと認められる改変」は、例外的に許されます。

作品全体の中の一部を勝手に切除することも一般に同一性保持権の侵害となりますが、音楽の著作物の場合には、1番から3番まである楽曲の1番しか歌唱しなくても同一性保持権の侵害にはならないと考えられています。曲にアレンジを加えることは同一性保持権の侵害となりうると考えられていますが、演奏者が楽譜どおりに演奏しなかったからといってただちに同一性保持権侵害となるわけではありません（➡ p.265「編曲と著作権・著作者人格権」参照）。

なお、著作物の**タイトル**（題号）自体は著作物とは認められない場合が多いのですが、著作者の意に反して著作物のタイトルを改変する行為は、その著作物の同一性保持権の侵害に該当します。歌詞や曲そのものはまったく改変していなくても、それを音楽CDに収録して販売するにあたり、著作者に無断で別のタイトルをつけてジャケット等に印刷すれば、同一性保持権を侵害したことになります。

🎹 著作権と著作者人格権との違い

著作権も著作者人格権も、ともに著作者の権利として認められる権利である点は共通しますが、著作権は**財産的な権利**であるのに対し、著作者人格権は**人格的な権利**です。このため著作権は、他人に譲渡でき、相続の対象にもなりますが、著作者人格権は個人の人格と深く結び付いているため、譲渡できませんし、著作者が死亡しても相続されません（このことを**一身専属性**といいます）。

著作物を創作した人（＝著作者）は、原則として著作権の保有者、すなわち**著作権者**となります（映画の著作物の場合には例外があります。➡ p.82「著作者と著作権者①」参照）。ですから著作権法は、著作権の支分権を定める条

文でも、「著作者は、……する権利を専有する」という規定のしかたをしています。しかし、著作権は、譲渡でき、相続の対象ともなりますから、譲渡や相続があったときは、著作者は「著作権者」ではなくなります。これに対して著作者人格権は、譲渡できませんし、相続の対象ともなりませんから、つねに著作者に帰属しています。

　著作権の譲渡によってその譲受人が新「著作権者」となりますが、その場合も、著作者人格権はなお著作者に残っています。著作権と著作者人格権とが別の人に帰属することになるのです。

　著作者が死亡すれば、著作者がもっていた著作権は相続され、相続人が新「著作権者」となりますが、著作者人格権は相続されずに、その時点で消滅します。しかし、著作者の死後には作品をどのように改変しても自由かというと、そうではありません。著作物を公衆に提供・提示するときは、原則として、著作者が生存していると仮定すれば著作者人格権の侵害となったであろう行為をしてはならないと定められています。例えば、故人の遺志に反する改変は、原則として禁止されます。そしてその違反があったときには、著作者の遺族が差止請求等をすることができますので、著作者人格権が相続されるのと似たような結果にはなります。ただし、ここでいう遺族（配偶者がいる場合は配偶者、配偶者がいない場合には子、子もいない場合には父母、父母もいない場合は孫、孫もいない場合は祖父母、祖父母もいない場合は兄弟）が相続人と一致するとは限りません。

　著作権と著作者人格権がともに著作者に帰属している場合でも、この二つの権利は別のものです。ですから、著作権を侵害されたことにもとづく損害賠償請求と、著作者人格権を侵害されたことにもとづく慰謝料などの損害賠償請求とは別の請求となります。

Ⅱ 音楽ビジネスの著作権【必須知識編】

1 音楽ビジネスにかかわる著作権

著作権はどのような条件で
保護を受けるか

無方式主義

　知的財産権といわれる権利の中には、著作権のほか、特許権、実用新案権、意匠権、商標権などがあります。このうち発明を保護する**特許権**、考案（発明は高度なものである必要がありますが、考案は高度なものである必要がありません）を保護する**実用新案権**、物品のデザインを保護する**意匠権**、営業や商品に関するマーク等を保護する**商標権**の四つは**産業財産権**と呼ばれており、それらの権利を取得するには、特許庁長官に出願して登録を受けることが必要です。

　例えば、特許権を取得するには、まず特許庁長官に出願する必要があります。特許庁では、同じ発明が先に出願されていないか、文献に記載されていないか（新規性があるか）、従来の発明と比べて進歩性があるかなど、特許を受けることができる発明であるかどうかを審査します。そして、特許の出願が、特許庁の審査にパスしたときにはじめて登録され、特許権が発生することになります。

　他方、著作権（著作者人格権も同じです）では、そのような登録手続はいっさい必要なく、著作物の創作という事実があれば、その時点から著作権という権利が発生します。このように、権利の発生に登録などの手続きや要件をいっさい必要としないことを「**無方式主義**」といいます。

　著作権に関する無方式主義は、世界の大多数の国が加盟している**ベルヌ条約**という条約（➡ p.127「著作権・著作隣接権の国際的保護」参照）が採用している大原則の一つです。現在では世界中のほとんどの国はベルヌ条約に加盟しているか、WTO（世界貿易機関）に加盟することによってベルヌ条約の規定を遵守しなければならないことになりますので、無方式主義は、もはや世

77

界共通原則といっても過言ではありません。かつては、アメリカ合衆国が無方式主義をとっておらず、著作権が保護されるためには、最初の発行時にあとで述べる©表示などをしなければならないことになっていましたが、現在では無方式主義に改められています。ただし、アメリカ合衆国の国内著作物については、訴訟を提起するには登録をしておかなければならない（日本の著作物について訴訟を提起するには登録は不要）など、いくつかの名残は今でもありますが、あまり重要ではありません。

🎹 著作者の推定

　無方式主義のもとでは、著作権は登録なしで保護を受けますが、その反面として、誰が本当の著作者であるのかがわかりにくくなります。著作権が侵害されたとき、裁判所に訴えを起こして勝訴するには、自分が著作権者であることを証明しなければなりません。特許権などの産業財産権では、特許庁の登録原簿により特許権者であることを簡単に証明できますが、著作権では、そういうわけにいきません。

　そこで著作権法は、著作物を公衆に提供・提示される際に実名等が「著作者名として通常の方法により表示されて」いれば、その表示されている人が著作者であると推定しています。音楽CDでいえば、ジャケットやリーフレットに、「作詞＝前田哲男、作曲＝谷口元」と表示されていれば、前田哲男が歌詞の著作者として、谷口元が曲の著作者として推定されます。推定されるのは著作者が誰かということで、著作権者が誰かではありませんが、映画の著作物を除き、著作者は最初の著作権者ですから、著作者として表示されている人が著作権者であると推定される結果になります。

🎹 登録制度

　すでに説明したとおり、著作権が権利として発生するためには登録は必要ないのですが、著作権法は著作者の権利などに関する**登録制度**を設けています。

　この登録には、

①実名の登録

②第一発行（公表）年月日の登録

③プログラムの著作物の創作年月日の登録

④著作権譲渡・質権設定等の登録

の4種類があります。

　①実名の登録は、無名・変名の著作物の著作者がじつは自分だと名乗り出て、その実名を登録する制度。②第一発行（公表）年月日や③創作年月日の登録は、登録された日に発行（公表）・創作があったことの推定を可能にする制度です。また④著作権譲渡・質権設定等の登録は、著作権譲渡や質権設定等があったことを、二重に譲渡等を受けた人などに対して主張する（法律用語で「対抗する」といいます）ための要件となるものです。

　わが国では、もともと自分が著作権者であることを登録する制度はありません。そのため、②または③の登録を行うことにより、著作権者であることの証明に代用することが実務上行われています。

🎹 Ⓒ表示

　著作物の表紙やジャケットなどで、「Ⓒ××××年×××× Inc.」といった記載をご覧になったことがあるでしょう。このⓒ（マルシー）**表示**は、「Ⓒ」（Cは著作権［copyright］の頭文字）の記号、「著作物を最初に発行した年」「著作権者の氏名または名称」を並べて記載したものです。

　かつてアメリカ合衆国が無方式主義をとっていなかった頃、アメリカ合衆国で著作権の保護を受けるためには、Ⓒ表示を付けておく必要がありましたが、現在ではその必要はありません。しかし、著作権者が権利を主張する意思を表明するためには、Ⓒ表示を付けておく実際上の意味があります。とくに、インターネット上に掲載するような場合、ともすれば自由利用が認められていると誤解されることがありますので、そのような誤解を払拭するためには、Ⓒ表示を付けておくのがよいでしょう。なお、Ⓒ表示に記載するのは、「著作者」名ではなく、**「著作権者」名**であることに注意してください。「著作物を最初に発行した年」と「著作権者の氏名または名称」の順番はどちらでもかまいません。アメリカ合衆国では発行年を先に記載するので、最近はその順番にならっているものが多いようです。

レコード製作者の著作隣接権を表すためには、ⓒ表示ではなく、Ⓟ**表示を**つけます。Ⓟ表示とは、「Ⓟ」（Pはレコード［phonogram, phonorecord］の頭文字）の記号、「レコードを最初に発行した年」「著作隣接権者の氏名または名称」を並べて記載したものです。

II 音楽ビジネスの著作権【必須知識編】

1 音楽ビジネスにかかわる著作権

著作者と著作権者❶

著作者とは

　著作権法上、**著作者**は、「**著作物を創作する者**」と定義されています。歌詞を創作した作詞家、曲を創作した作曲家などがそれぞれの著作物に対する著作者です。

　著作物を創作するとは、思想または感情の創作的な表現を作成することですから、具体的な表現の作成に創作的な寄与をした人だけが著作者になることができます。アイディアを出しただけでは、表現の作成に寄与したことになりませんから、「著作物を創作する者」にはあたりません。

　また、作品の創作にあたって、資金提供をして著作物の創作を発注しただけの人も著作者にはなりません。資金を提供した人は、注文主として作品内容に指示を出すことがあるでしょうが、その指示が抽象的なもの（例えば「もっとわかりやすく、すっきりさせてください」）であれば、表現に対して創作的に寄与したことにはならず、著作者になりません。しかし、指示の内容が具体的な表現の創作に及んでいる場合（例えば「この部分がわかりにくいので、こういうふうに変えてください」という指示の場合）には、指示をした人も著作者になり得ます。

　著作物の作成にあたり、単なる機械的作業に従事しただけの人も著作者にはなりません。例えば、作曲者が歌ったメロディを聴いて楽譜を書き起こした人は、採譜という機械的な作業に従事しているだけであり、曲の創作をしているわけではありませんから、著作者にはあたりません。これに対して、そのメロディをもとにアレンジを加えることで編曲を行った人は、二次的著作物の著作者となります（➡ p.136 「編曲家（アレンジャー）」参照）。

81

🎹 著作権者とは

　すでに説明しましたが、著作物を創作した人（＝著作者）は、原則として著作権の保有者、すなわち「**著作権者**」となります。著作権は財産的な利益を保護する権利ですから、第三者に譲渡できますし、また相続の対象ともなりますので、譲渡や相続があったあとには、著作者と著作権者とが別人になります。

　これが原則なのですが、映画の著作物については大きな例外があります。映画の著作物の「著作者」は誰かというと、プロデューサー、監督、演出家、撮影監督、美術監督など映画の著作物の「全体的形成に創作的に寄与した」人です。しかし、このような著作者が著作権者となることは、皆無ではありませんが、まれです。というのは、その著作者が映画の製作に「参加する」ことを約束している限り、著作権は、原則として、映画製作者（映画の製作に発意と責任を有する人・会社）に帰属するとされているからです。

II 音楽ビジネスの著作権【必須知識編】

1 音楽ビジネスにかかわる著作権

著作者と著作権者❷
── 職務著作

職務著作とは

　著作物の創作は精神活動の成果ですから、その創作を行うのは個人（自然人。つまり会社などの法人ではない、普通の意味での人）です。しかし、会社の従業員が職務上著作物を作成することは、実際にはよくあります。ゲームソフト会社の従業員がゲームソフトの開発や背景音楽の作成を担当する場合や、広告会社の従業員がポスターやパンフレットなどのデザインを担当する場合などには、実際に作成に携わった従業員ではなく、その従業員が所属している会社などの団体が著作者とされることがあります。このように会社などが「著作者」になる場合のことを「**職務著作**」といいます。

　このような著作物の著作権（財産権）は、会社に帰属させることが当事者の意思に合致しているでしょうし、また会社が著作物に関する社会的な責任を負い、会社として対外的信頼を得ている場合が多いことから、著作者人格権も会社に帰属することにされているのです。

職務著作の条件

　職務著作になるためには、①法人その他使用者（「法人等」といいます）の発意にもとづき、②法人等の業務に従事する者が、③職務上作成する著作物で、④（プログラムの著作物を除き）法人等の著作名義で公表するものであることが必要です。これらの条件がそろっている場合でも、法人等と従業員との間で、従業員を著作者とするといった契約を結んでいたり、そのような就業規則があるような場合には、契約の規定や就業規則が優先して適用され、従業員が著作者となります。ただそのような契約や就業規則は、実際にはほとんど存在していないと思います。

83

以上の四つの要件がすべて満たされるときは、実際の作成者ではなく、法人等が著作者となり、著作権だけでなく、著作者人格権も法人等に帰属することになります。

①法人等の発意にもとづいて著作物が作成されること

　著作物の作成が、法人等の判断によって行われたことが必要です。もっとも、従業員が企画を出して上司が了承した場合はもちろん、従業員の担当職務内容から、上司等から言われなくても著作物を作成するのが当然であるような場合には、この条件は満たすと考えられています。

②法人等の業務に従事する者であること

　実際に作成した人が、法人等の業務に従事する者である必要があります。会社の正社員のほか、契約社員や派遣社員、取締役などの役員もこれにあたります。しかし、外部の製作会社やスタッフに発注した場合、製作会社の従業員や外部スタッフは、発注者の業務の従事者にはあたりません。例えば音楽CDのジャケットのデザインを外部のデザイナーに発注したときには、そのデザイナーは発注会社の業務の従事者ではありませんので、職務著作は成立しません。ただ、発注（請負）の形をとっていても、実質が労働者派遣であったり、内部スタッフとチームを組んでその一員となっているような場合には、職務著作が成立することがあるでしょう。

③職務上作成する著作物であること

　法人等の従業員等が職務として作成する必要があります。職務と関係なく休日に創作した著作物は、職務著作になりません。しかし、休日に自宅でも作業を行ったからといって、職務著作でなくなるわけではありません。ゲームソフト会社でゲーム音楽の作成を担当している従業員が、会社で製作を進めているゲームソフト用の背景音楽の作成を自宅で休日に行ったとしても、職務上作成するものにあたります。一方、その担当者が趣味で友人とロックバンドを組んでおり、そのための楽曲を作曲したなら、職務上の作成には当然あたりません。

④法人等の著作名義で公表すること

　法人等を著作者として公表する必要がありますので、従業員個人の名義で公表した場合には職務著作にはなりません。公表されていない場合には、も

し公表されるとすれば法人等の名義で公表されるかどうかの観点から判断されます。なおプログラムの著作物に関してはこの要件は不要です。

1 音楽ビジネスにかかわる著作権
著作隣接権とは❶

🎹 著作隣接権とは

　すでに説明したように（➡ p.56「著作物とは①」参照）、歌手による歌唱や演奏家による演奏は、著作物を公衆に伝達する行為であり、新たな著作物の創作にはあたりませんので、現在の著作権法のもとでは「著作権」では保護されません。

　しかし、同じ楽曲でも、歌手や演奏家が違えば随分と印象が異なり、芸術的価値も変わってきます。また音楽についていえば、そもそも私たちが音楽を鑑賞できるのは実演をとおしてです。実演家は、著作物の解釈者であると同時に、著作物を公衆に伝達する重要な役割を担っています。つまり、実演家の活動は、著作物の創作とはいえないにしても、それに準じた、ある種の創作活動であるといえます。そこで著作権法は、実演を著作物としては保護の対象とはしませんが、**著作隣接権**という別のカテゴリーの権利で保護することにしています。

　同じように、著作物とその実演を公衆に伝達する重要な役割を担い、準創作的行為を行っているレコード製作者や放送事業者・有線放送事業者も、実演家と並んで著作隣接権による保護を受けています。

　著作隣接権者に認められている権利の種類は、実演家、レコード製作者、（有線）放送事業者のそれぞれによって異なっていますが、いずれも著作権者に認められている権利（➡ p.67 〜 73「著作権・著作者人格権とは②〜④」参照）に比べて少なく、比較的狭い権利となっています。存続期間も、個人名義で公表された著作権に比べると短くなっています。

　著作隣接権も、著作権と同じように（➡ p.77「著作権はどのような条件で保護を受けるか」参照）、何らの手続きも必要なく（無方式で）保護の対象になります。

86

著作権と著作隣接権とは、それぞれ独立して認められますので、例えば、音楽 CD に収録されている音楽を複製する場合には、著作権者である作詞家・作曲家のほか、著作隣接権者である歌手やレコード製作者の許諾を得る必要があります。

著作隣接権者

著作隣接権者には、実演家、レコード製作者、放送事業者および有線放送事業者がいます。それぞれの著作隣接権者がどのような権利をもっているかは、「著作隣接権とは②」（➡ p.89）以降で説明します。

実演家

実演とは著作物を演劇的に演じ、舞い、演奏し、歌い、口演し、朗詠し、その他の方法で演ずることですが、著作物を演じないけれども、同じような芸能的性質をもつ奇術や、アイスショーに出演するプロスケーターのスケーティングも実演とされます。

実演家とは、実演を行う歌手や演奏家、映画や演劇に出演する俳優、舞踊を踊るダンサーなどですが、実演を指揮または演出する人（オーケストラの指揮者や舞台の演出家）も実演家に含まれます。

いわゆるシンガー・ソングライターの場合には、一人の人物が著作者であると同時に実演家にもあたることになります。

レコード製作者

レコード製作者とは、音を最初に、何らかの物に固定した者、すなわち、いわゆるレコード原盤を製作した人（会社）をいいます。

放送事業者

放送事業者とは、放送を業として行う者をいい、NHK や民放などが該当します。

有線放送事業者

有線放送事業者とは有線放送を業として行う者をいい、CATV 事業者などが該当します。

実演家人格権

　かつて実演家には、著作者とは異なり、人格的利益を保護する著作権法上の権利が認められていませんでしたが、2002年の法改正により、著作隣接権を与えられる者のうち実演家についてのみ、**実演家人格権**（氏名表示権、同一性保持権）が認められました。

Ⅱ 音楽ビジネスの著作権【必須知識編】

1 音楽ビジネスにかかわる著作権

著作隣接権とは❷
──実演家の権利（1）

実演家に与えられる著作隣接権

実演家に与えられる著作隣接権の内容について、見ていきましょう。

実演家に与えられる著作隣接権は、録音権・録画権、放送権・有線放送権、送信可能化権、譲渡権、貸与権の五つですが、このほかにも、商業用レコードの放送等に関する二次使用料請求権、レンタルに関する貸与報酬請求権、有線放送による放送の同時再送信に関する報酬請求権があり、さらに、これらの著作隣接権とは別に実演家人格権があります。

録音権・録画権

実演家は、生の実演を録音・録画すること、および録音物・録画物をコピーすることを許諾したり禁止したりする権利をもちます。したがって、実演家の歌唱や演奏を録音したり、コンサートの模様をビデオに録画したり、あるいは、音楽CDやミュージックビデオなどをもとにそのコピーを作成するためには、原則として、実演家の許諾を得る必要があります。

録音権・録画権には、いくつかの例外があります。最も重要な例外は、実演家がいったん自分の実演を映画に録音・録画することを許諾すると、その映画の複製については、録音権・録画権を主張できなくなる（録音権・録画権を定める規定が適用されなくなる）ことです。

俳優が出演料をもらって劇場用映画に出演する場合を考えてみましょう。俳優は、自分の実演を映画の中に録音・録画することを許諾しているはずです（とくに契約書がなくても、出演する以上、当然です）ので、完成した劇場用映画を複製することに録音権・録画権を主張できません。完成した劇場用映画は映画館で上映された後、DVD・Blu‐ray化されたりしますが、この際には、俳優の許諾を得る必要はありません。

89

俳優の立場から見ると、自分の実演を録音・録画することを許諾して対価を得るチャンスは1回だけ（つまりワンチャンス）となり、劇場用映画の二次利用について権利主張はできないのです。このことを「**ワンチャンス主義**」と呼んでいます。

　ただし、映画から音声のみを抜き出してサントラ盤CDを作成する場合など、映像と切り離して再生される録音物に録音する場合には実演家の権利が及びます。この場合は、映画そのものの利用とは別の利用になるからです。

　次に、実演家が自分の実演を放送することを許諾した場合には、許諾を得た放送事業者は、その実演を放送のために録音・録画することができます。ただし、この録音・録画はあくまで放送のためのものですから、録音物・録画物を別の目的（例えばDVD化など）に利用する場合には、実演家の許諾が必要となります。

■ 放送権・有線放送権

　実演家は、実演を放送し、有線放送することについて許諾したり禁止したりする権利をもちます。この権利にもいくつかの例外があります。

　まず、放送権・有線放送権についても**ワンチャンス主義**が適用されます。つまり、実演家がいったん自分の実演を映画に録音・録画することを許諾すると、その映画の放送・有線放送（サントラ盤など録音物の放送・有線放送を除く）については、権利を主張できなくなります。

　次に、音楽CDなど映画の著作物以外のものに実演が収録されている場合にも、実演家の許諾を得て録音・録画されているのであれば（つまり海賊版等でなければ）、それを使って放送・有線放送することを、実演家は禁止できません。ただし、商業用レコードを用いて行う放送については、二次使用料を請求することはできます。この請求権は、実演家が直接行使することはできず、**公益社団法人日本芸能実演家団体協議会**（＝芸団協。実際の業務は芸団協におかれている**実演家著作隣接権センター**［略称**CPRA**］が担当）を通じてのみ行使することができます。ちなみに、「著作隣接権」という言葉には、二次使用料請求権が含まれませんので、注意してください。

　また、放送される実演を受信して有線放送で同時再送信することに対しては、実演家は有線放送権を主張できませんが、相当な額の報酬の支払いを請

求することはできます。さらに、実演の放送のために固定した録音物・録画物を使って同じ放送事業者が再び放送する場合（**リピート放送**。普通には**再放送**と呼ばれているものです）や、ある放送局が放送のために固定した録音物・録画物を使って、別の放送局（ネット局など）が放送する場合などには、改めて実演家から許諾を得る必要はありませんが、相当額の報酬を実演家に支払わなければならないことになっています。

■ 送信可能化権

送信可能化とは、公衆からの求めがあれば自動的に送信できる状態におくことをいいます。インターネット上のサイトに音楽ファイルをアップロードしたり、いわゆるファイル共有ソフトを使って他の人がダウンロードできるような状態においたりする行為がこれにあたります。

実演家は自分の実演を送信可能化することを禁止したり、許諾したりする権利をもちます。これにも例外があり、送信可能化権についても**ワンチャンス主義**が適用される場合があります。まず、実演家がいったん自分の実演を映画の著作物に録音・録画することを許諾すると、その映画の送信可能化（サントラ盤など録音物の送信可能化を除く）については、権利を主張できなくなります。

次に、映画の著作物以外のものに「録画」されている実演について、実演家の許諾を得て録画されているのであれば（つまり海賊版等でなければ）、その複製物を使って送信可能化することを実演家は禁止できません。前項の放送権・有線放送権との違いは、送信可能化の場合には、実演家の許諾を得て「録音」されている実演には、実演家の送信可能化権が及ぶ点です。例えば、音楽CDには、実演が「録音」されていますが、「録画」はされていません。ですから、実演家は、音楽CDを使って放送・有線放送することを禁止できませんが、音楽CDを使ってネット配信することを禁止することはできます。

1 音楽ビジネスにかかわる著作権

著作隣接権とは❸
──実演家の権利（2）

■ 譲渡権

実演家は、実演を録音物・録画物の**譲渡**により公衆に提供することを許諾したり禁止したりする権利をもちます。ただし、実演家から許諾を得て録画された実演等については、この権利ははたらかないこととされています。また著作権の支分権としての譲渡権と同様に、実演家が自己の実演の録音物・録画物をいったん他人に譲渡した場合（譲渡を許諾した場合を含みます）などには、その録音物・録画物のその後の譲渡には権利が及びません（いわゆる「消尽」）（➡ p.71）。

■ 貸与権

実演家は、自分の実演が録音されている商業用レコード（CD 等を含みます）の公衆への貸与について、最初に商業用レコードが販売された日から**12 カ月間は貸与権**（貸与を禁止したり許諾したりする権利）をもち、その期間の経過後は、貸与を禁止することはできませんが、レコードレンタル事業者から**報酬を受ける権利**をもちます。この報酬は、二次使用料の場合と同じように、芸団協（実際の業務は芸団協 CPRA）を通じて徴収・分配されます。したがって、歌手や演奏家の許諾がない限り、商業用レコードは発売日から 12 カ月以内はレンタル店には置かれないことになりますが、実際の運用については「レコードレンタルビジネス」（➡ p.233）で解説します。

🎹 実演家にない権利

以上のように、実演家に与えられた著作隣接権は、著作権と比べると狭いものとなっています。以下ではその違いを整理してみましょう。

まず、著作者には「複製権」が与えられますが、実演家には、複製のうち「録音」「録画」についてのみ権利が与えられています。したがって、実演の

一場面を勝手に写真で撮影することは、「複製」ではありますが、「録音」でも「録画」でもないので、実演家の著作隣接権侵害にはなりません。

次に、著作者には「上演権・演奏権」「上映権」が与えられていますが、実演家にはこれらの権利はありません。したがって、音楽 CD を購入してジャズ喫茶などでお客に聞かせるためには、作詞家・作曲家など（多くは JASRAC などの著作権等管理事業者が管理）の許諾が必要ですが、実演家の許諾は必要ありません。

3 番目に、著作者には「公衆送信権」が認められ、このなかに「放送」「有線放送」「送信可能化」などのさまざまな送信形態についての権利が包括されていますが、実演家には、このうち「**放送**」「**有線放送**」「**送信可能化**」についてのみ権利が与えられ、それ以外の送信についての権利は与えられていません。また、放送・有線放送についての権利はあるものの、実演家の許諾を得て複製された音楽 CD 等を使って行う放送等を禁止することはできません。そのような放送等のうち、「商業用レコード」（TPP 協定関係法律整備法が制定・施行された場合は、iTunes などで配信される配信音源も含まれます）を用いて行うものについてのみ、**二次使用料請求権**が認められています。

4 番目に、公衆に対する貸与に関する権利が、著作権と比べて弱くなっています。まず貸与権が認められるのは「**商業用レコード**」についてのみであり、それ以外の複製物の貸与をコントロールする権利は認められていません。また貸与を禁止することができる期間は、最初に販売された日から **12 カ月間**に限定されています。その後は**報酬請求権**だけとなり、公衆に対する貸与自体を禁止することはできません。

そのほか、いったん録音・録画を許諾した場合に、その後の利用について権利が制限される場合が多いことは、すでに述べたとおりです。

実演家人格権

かつては、実演家には、著作者とは異なり人格的利益を保護する著作権法上の権利が認められていませんでした。しかし、「WIPO 実演・レコード条約」（略称 WPPT）（➡ p.130）で音に関する実演について実演家人格権が認められたことを契機として、日本でも 2002 年の法改正により、**実演家人格権**（氏

名表示権と同一性保持権）の規定が新設されました。WPPT は、音に関する実演だけを対象にして実演家人格権を定めていますが、日本では、音に関する実演に限らず、実演一般について実演家人格権が認められています。

　実演家人格権の内容は著作者人格権（➡ p.74「著作権・著作者人格権とは⑤」参照）に似ていますが、公表権に相当する権利はありません。また、氏名表示権および同一性保持権の内容も、著作者人格権としてのそれらの権利よりも狭くなっています。実演は多くの人によって行われることが多いうえ、編集されたり部分的に利用されたりすることもあり、そのような実演の円滑な利用を阻害しないようにするためです。**同一性保持権**についていえば、著作者人格権では「意に反する改変」を受けない権利とされているのに対し、実演家の同一性保持権では、客観的な「名誉又は声望」を害する改変でない限り、その侵害になりません。また、**氏名表示権**については、「実演家であることを主張する利益を害するおそれがないと認められる」場合か、「公正な慣行に反しないと認められる」場合かのどちらかにあたれば、氏名表示を省略することが認められています。

　既存の演奏・歌唱をリミックスして新しい音楽 CD をつくる場合、少なくともバックミュージシャンとの関係では、その客観的な名誉などを害する改変とはなりませんから、同一性保持権侵害の問題にはなりません。また、音楽 CD を放送する場合、メインアーティストの氏名は紹介しても、バックミュージシャンの氏名を紹介することはあまりありませんが、これも「公正な慣行に反しないと認められる」ので、氏名表示権侵害にはなりません。

　なお、著作者人格権の場合と同様（➡ p.75「著作権・著作者人格権とは⑤」参照）、実演家人格権も、権利の性質上**一身専属**とされ、他人に譲渡することは認められませんし、相続の対象にもなりません。

Ⅱ　音楽ビジネスの著作権【必須知識編】

1 音楽ビジネスにかかわる著作権

著作隣接権とは❹
―― レコード製作者の権利

次に、レコード製作者の著作隣接権について見てみましょう。

🎹 レコード製作者とは

レコード製作者とは、「レコードに固定されている音を最初に固定した者」をいうと定義されています。

レコード原盤に音を固定する過程は、実演家に歌唱や演奏等をしてもらい、その歌唱や演奏等を最初にマルチテープ（32トラックであることが多い）に録音し、このマルチテープをミックスダウンして（普通は2チャンネルにする）、マスターテープを作成するというものです。この一連の過程を、その資金を負担して行い、**レコード原盤を作成した人（会社）**がレコード製作者です。

マスターテープをCD製造工場で複製して音楽CDを生産する行為は、レコード製作にはあたりません。ソニー・ミュージックやエイベックスなどのレコード会社が音楽CDを生産・販売する場合には、その複製元となるレコード原盤は、

①自らがレコード製作者として製作したレコード原盤である場合

②第三者がレコード製作者として製作したレコード原盤を譲り受けている場合

③第三者がレコード製作者として製作したレコード原盤についてライセンスを受けている場合

などがあります。レコード会社は、①の場合にはレコード製作者であり著作隣接権者です。②の場合にはレコード製作者ではありませんが、契約によって著作隣接権を譲り受けています。③の場合には、著作隣接権はレコード会社にライセンスを付与している第三者に帰属しています。

95

音を「固定する」とは、物理的に音として存在する空気の振動をとらえて録音することだけでなく、コンピュータのはたらきを介して機械的に電子音をつくり出すデジタルデータ（MIDI音源など）を作成してハードディスクやメモリーカードなどに記録することも含まれます。

音を固定するための機械の操作を行うのは生身の人間ですが、その録音行為が会社の従業員の行為として行われた場合には、会社が「レコード製作者」であると考えられています。

🎹 レコード製作者に認められる権利

レコード製作者に認められる権利は、**複製権、送信可能化権、譲渡権、貸与権等、放送・有線放送に関する二次使用料請求権**です。

レコード製作者には複製権が与えられていますが、**レコードの複製**とは録音のことですので、この権利は実質的には録音権であるといっても差し支えありません。レコードの複製（録音）には、そのレコード自体の複製物を作成することだけでなく、レコードに収録されている音を再生して、その再生音を別の媒体に固定することも含まれます。後者の複製は、「音を固定する」という点ではレコード製作に近いのですが、「最初に」固定したことにはならないため、すでにあるレコードの複製にあたるとされています。

ネットにアップロードされているレコードをダウンロードする行為も、それによってレコードがハードディスク等に固定されることになるため、レコードの複製に含まれます。

このほかに、レコード製作者は、実演家の場合と同様に、送信可能化権、譲渡権、貸与権等（商業用レコードの貸与により公衆に提供する権利。商業用レコードの最初の販売後12カ月以内に限り禁止・許諾できる権利であり、その後はレコードレンタル事業者から報酬を受ける権利）、商業用レコードを放送・有線放送する場合の二次使用料を受ける権利を与えられています。

貸与権の期間経過後にレンタル事業者から報酬を受ける権利と、放送・有線放送に関する二次使用料を受ける権利については、実演家の場合と同様に団体を通じて権利を行使する必要がありますが、その団体は**一般社団法人日本レコード協会**とされています。

レコード製作者に与えられていない権利

著作者には与えられているのに、レコード製作者には与えられていない権利についても、見ていきましょう。

実演家と同様、レコード製作者には「**上演権・演奏権**」が与えられていません。したがって購入した音楽CD等をジャズ喫茶で使用することに対して、レコード製作者から文句は言えません。

また、レコード製作者には、「**放送権・有線放送権**」が認められていませんから、市販の音楽CDが勝手に放送に利用されても、やめさせる権利はありません。ただし、放送・有線放送に使われたのが商業用レコードであれば、**二次使用料請求権**が認められます。

これに対して、「**送信可能化権**」はレコード製作者にも認められています。このため、放送・有線放送にあたる行為にレコードを使う場合にはレコード製作者の許諾を得る必要はありませんが、送信可能化にあたる行為（ネット配信など）にレコードを使うには、レコード製作者の許諾が必要です。そこで、「放送・有線放送」と「送信可能化」の区別が重要な意味をもちます（➡詳しくはp.232のcolumn 08「IPマルチキャスト放送と放送番組のネット配信」参照）。

実演家の権利とレコード製作者の権利との関係

歌手等の実演を収録したレコードの複製・譲渡には、実演家の録音権・譲渡権も及んでいますし、レコード製作者の複製権・譲渡権も及んでいます。ですからレコードを複製等するには、実演家とレコード製作者の両方から許諾をもらわなくてはなりません（そのほか、作詞家・作曲家などの著作権者の許諾も必要です）。

しかし、実際には、レコードに収録されている実演については、その著作隣接権が契約によってレコード製作者に譲渡されているのが普通です。そして契約にもとづき、レコード製作者がレコードによって収益を上げたときは、その一定割合を**アーティスト印税**（**実演家印税**）として実演家に支払うこととされています（➡p.153「アーティスト（実演家）とプロダクション②」参照）。したがって、第三者がレコードを利用したいと考えるとき（例えばレコード

97

を音楽配信に用いたいとき）には、著作権者のほか、レコード製作者から許諾をもらえばよいのです。実演家には、レコード製作者からアーティスト印税が支払われます。ただし、団体によって権利行使がなされる放送・有線放送の**二次使用料請求権**や CD レンタルに関する**報酬請求権、私的録音補償金**（➡ p.240）については、実演家に残っているのが普通です。また、実演家人格権は譲渡できませんので、これも当然、実演家に残っています。

　実務的に「**原盤権**」という言葉がよく使われますが、この言葉は法律上の用語ではないため、明確な定義がありません。人によってニュアンスの違う説明がなされていますが、レコード製作者がそのレコード原盤について有している権利・義務の総体（レコード製作者として与えられる著作隣接権、二次使用料請求権、貸与報酬請求権などに加えて、当該レコードに収録されている実演に関する著作隣接権と、実演家に対してアーティスト印税を支払う義務が一体となったもの）を指していることが多いようです（➡ p.206「原盤権とは」参照）。

II 音楽ビジネスの著作権【必須知識編】

1 音楽ビジネスにかかわる著作権

著作隣接権とは❺
──放送事業者・有線放送事業者の権利

放送事業者・有線放送事業者とは

放送とは、同一のコンテンツが同時に不特定多数の人に受信されることを目的とした送信のうち、無線で行われるものをいいます。そして有線で行われるものを**有線放送**といいます。単に放送という場合には、無線のものだけをいい、有線放送は放送に含まれません。

放送事業者とは、放送を業として行う者をいうと定められています。NHKや民放テレビ局、ラジオ局などの放送局のことです。**有線放送事業者**とは、有線放送を業として行う者をいうと定められています。各地域のCATV事業者が有線放送事業者にあたります。

放送事業者に認められる四つの権利

放送事業者は、その放送等を受信して放送にかかる音・映像を録音・録画および写真的複製により複製する権利（**複製権**）、その放送を受信して再放送したり、有線放送したりする権利（**再放送権**および**有線放送権**）、放送またはこれを受信して行う有線放送を受信してその放送を送信可能化する権利（**送信可能化権**）、テレビ放送について映像を拡大する特別な装置を用いて公に伝達する権利（**伝達権**）の四つの権利をもちます。

再放送権とは、同じ放送局で再度放送するという日常用語としての再放送を行う権利という意味ではありません。放送を受信した第三者が、その放送を公衆に向けて無線で再び送信することを禁止したり許諾したりする権利が「**再放送権**」です。そして、放送を受信した第三者が無線ではなく有線で送信することを禁止したり許諾したりする権利が「**有線放送権**」です。

送信可能化権は、放送を受信して、リアルタイムで送信可能化する場合だ

99

けを権利の対象としています。放送をいったん録画し、これをインターネット上にアップロードすることは、複製権侵害にはなりますが、リアルタイムでの送信可能化ではないため、放送事業者の送信可能化権侵害にはなりません。もちろん、放送された番組の著作権者の公衆送信権侵害にはなります。著作権者のもつ公衆送信権には送信可能化する権利が含まれており、その権利には、リアルタイムという限定はないからです。

伝達権は、新宿アルタや渋谷Qフロントの壁面モニターのような、映像を拡大する特別の装置を使って、テレビ放送を公衆に見せる行為を対象としています。通常のテレビ画面でテレビ放送を公衆に見せることは、この権利の対象にはなりません。

有線放送事業者に認められる権利

　有線放送事業者は、放送事業者と同様に、**複製権、放送権**および**再有線放送権、送信可能化権**、有線テレビ放送についての**伝達権**をもちます。

Ⅱ 音楽ビジネスの著作権【必須知識編】

1 音楽ビジネスにかかわる著作権
権利制限規定とは❶

権利制限規定とは

　著作物の利用（すなわち支分権の対象となる行為を行うこと）について著作権者は著作権の存続期間中にわたり独占的な権利を与えられているため、第三者が著作物を利用するためには、原則として著作権者から許諾を得る必要があります。しかし、この原則を厳格に貫くと、公益的な目的を実現することに支障が生じたり、いちいち権利者の許諾を得るほどの手間をかけられないような利用が不可能になったりしてしまいます。

　そこで著作権法は、一定の場合に著作権者の禁止権（許諾権）を制限して、著作権者から許諾を得ることなく著作物を利用できるとしています。

　著作権法で権利を制限する場合に、二つの異なるやり方があります。一つはアメリカ合衆国がとっている方法です。アメリカ合衆国など一部の国では、「**フェアユース**」（公正な使用）という一般的な概念が認められており、フェアユースにあたれば、著作権侵害ではないとされます（もっとも、フェアユースを定める規定以外にも、個別の権利制限規定は多数存在しています）。

　もうひとつは、フェアユースのような一般的規定は設けないで、個別の場合を列挙して、それにあたる場合には著作権が制限され、自由に利用できるとするやり方です。日本はこの方法をとっています。著作権法の30条から47条の10までの規定が**権利制限規定**です。日本のやり方では、著作権者の許諾なしで著作物を利用できると主張するためには、これらの規定のうちどれかに当てはまる必要があります。

　しかし、日本でも、このような権利制限規定を列挙する方式だけでは、技術やビジネスの急激な発展に適切に対応できないのではないかとの懸念も強く表明されています。そこで、基本的にはこの方式を維持しつつ、どの権利

101

制限規定に当てはまらない場合でも侵害を否定する余地を残す調整弁としての一般的規定や「柔軟な権利制限規定」を設けるべきであるという意見も有力です。

各種の権利制限規定

日本の著作権法上は、次のページの表7に記載した規定などの権利制限規定があります。このうち、比較的問題になることの多い、私的複製、引用、非営利目的の演奏等については、「権利制限規定とは②」（➡ p.106）で、それぞれの内容を説明します。

表7を一覧すると、教育目的、福祉目的、報道目的、司法・行政上の必要性、所有権との調整などといった各種観点から権利制限規定が設けられていることがわかります。

権利制限規定と似ている規定

権利制限規定の中に含まれていないけれども、実質的に権利制限規定と似たようなはたらきをする規定が著作権法の中に含まれています。

■ 支分権を定める規定を適用しないとする条文

例えば、譲渡権を定める規定は、著作権者の許諾を得て譲渡された複製物等の再譲渡には適用しないとされています（**譲渡権の消尽**）（➡ p.71）。これは権利制限規定ではありませんが、これに該当する場合には譲渡権が適用されませんので、結果として譲渡権が制限されているのと同じことになります。

似たような構造の条文は、とくに著作隣接権について多く存在しています（➡ p.89 ～ 91）ので、注意が必要です。

■ 侵害でないとみなす規定

譲渡権について、普通なら譲渡権侵害になるけれども、**譲渡権侵害でないとみなす規定**があります。複製物の譲渡を受けたときに譲渡権が消尽していないことを知らず、知らないことにつき過失がない人が、その複製物を再譲渡することを認める規定です。

Ⅱ 音楽ビジネスの著作権【必須知識編】

表7│著作権が制限されるケース（主なもののみ掲載）

私的複製 （30条）	個人的・家庭内その他これに準ずる範囲内で使用するために、使用する者が複製できる（例外あり。翻訳・編曲・変形・翻案も可）。なお、デジタル方式の録音録画機器・媒体のうち政令で指定されたものを用いて著作物を録音・録画する場合には、著作権者に対して補償金の支払いが必要となる。
付随対象著作物の利用 （30条の2）	写真撮影・録音・録画により著作物を創作する場合に、対象物から分離困難なために付随して写り込んだり録り込まれる物や音を、軽微な構成部分として複製・翻案し、その後利用することができる。
検討の過程における利用 （30条の3）	著作権者の許諾を得て著作物を利用しようとする場合などに、実際の利用許諾に先立って、利用するか否かを社内で検討したり、著作権者から許諾を得ようとするために、その著作物を利用できる。
技術の開発又は実用化のための試験の用に供するための利用 （30条の4）	著作物の利用に関する技術の開発や実用化のための試験に用いる場合に公表された著作物を利用できる。
図書館等における複製等 （31条）	政令で認められた図書館等では、非営利事業として一定の条件のもとで、①利用者に提供するための複製、②保存のための複製等を行うことができる（①の場合には翻訳も可）。 国会図書館は、原本の破損等を避けるなどの目的で所蔵資料をデジタル化し、絶版等資料のデジタルデータを他の図書館等に対して自動公衆送信できる。
引用 （32条）	①公正な慣行に合致し、引用の目的上正当な範囲内であれば、公表された著作物を引用して利用できる。 ②国・自治体等が一般に周知させるために発行した広報資料等は、転載禁止の表示がされていない限り、説明の材料として新聞その他の刊行物に転載できる（いずれも翻訳も可）。
教科用図書等への掲載 （33条）	学校教育の目的上必要な限度で、公表された著作物を教科書等に掲載できる（翻訳・翻案等も可）。ただし、著作者への通知と著作権者への補償金の支払いが必要となる。なお、弱視の児童・生徒のための教科用拡大図書への複製も一定の条件で許される（33条の2）。
学校教育番組の放送等 （34条）	上記と同様の基準で、学校教育番組において放送・有線放送したり、学校教育番組用の教材に掲載したりできる（翻訳・翻案等も可）。ただし、著作者への通知と著作権者への補償金の支払いが必要となる。

教育機関における複製等 （35条）	非営利の教育機関で教育を担任する者や学生・生徒は、授業の過程で使用するために必要な限度で、公表された著作物を複製できる（翻訳・翻案等も可）。ただし、ドリル・ワークブックの複製等、著作権者の利益を不当に害する場合は除く。なお、遠隔授業のための教材等の公衆送信も、一定の条件で認められる（35条2項）。
試験問題としての複製等 （36条）	入学試験その他の試験・検定に必要な限度で、公表された著作物を複製・公衆送信できる（翻訳も可）。ただし、営利目的の場合には著作権者への補償金の支払いが必要となり、また、著作権者の利益を不当に害する公衆送信の場合は除く。
聴覚障害者等のための複製等 （37条の2）	聴覚障害者等の福祉事業を行う政令で定める者は、公表された聴覚著作物を、①音声を文字化するなど聴覚障害者等の利用に必要な方式で複製し、自動公衆送信でき、②貸出しのため字幕等をつけて複製できる（翻訳・翻案も可）。
非営利目的の上演・演奏・上映・貸与等 （38条）	①営利を目的とせず、かつ観客から料金を受けない場合は、公表された著作物を上演・演奏・上映・口述できる（ただし、実演家・口述者に報酬が支払われる場合は除く）。また、放送・有線放送される著作物を受信装置を使って公に伝達することができる。 ②放送・有線放送される著作物を通常の家庭用受信装置を使って公に伝達することができる。 ③営利を目的とせず、利用者から料金を受けない場合は、（映画以外の）公表された著作物のコピーを貸与できる（その他の規定あり）。
時事問題に関する論説の転載等（39条）	新聞・雑誌に掲載された時事問題に関する論説は、利用を禁ずる旨の表示がない限り、他の新聞・雑誌に掲載したり、放送・有線放送したりできる（翻訳も可）。
政治上の演説等の利用 （40条）	①公開の場で行われた政治上の演説・陳述、裁判での公開の陳述は、ある一人の著作者のものを編集して利用する場合を除いて、方法を問わず利用できる。 ②国・自治体等で行われた公開の演説・陳述は、報道のために新聞・雑誌に掲載したり、放送・有線放送したりできる（翻訳も可）。
時事の事件の報道のための利用（41条）	時事の事件を報道するために、その事件を構成したり事件の過程で見聞される著作物を利用できる（翻訳も可）。
裁判手続等における複製 （42条）	裁判手続上、もしくは立法・行政上の内部資料として、または特許審査等の手続もしくは薬事行政手続における文献の提出等のために、必要な限度で複製できる。ただし、いずれの場合も著作権者の利益を不当に害する場合は除く（翻訳も可）。

Ⅱ 音楽ビジネスの著作権【必須知識編】

放送事業者等による一時的固定（44条）	放送事業者・有線放送事業者は、放送・有線放送することができる著作物を、放送・有線放送のために一時的に録音・録画できる。
美術の著作物等の原作品の所有者による展示（45条）	美術・写真の著作物の原作品の所有者等は、所有作品を公に展示できる（ただし、美術の著作物の原作品を公開された屋外の場所に恒常的に設置する場合は除く）。
公開の美術の著作物等の利用（46条）	公開された屋外の場所に原作品が恒常的に設置された美術の著作物や、建築の著作物は、彫刻を増製するなど一定の例外を除いて、方法を問わず利用できる。
美術の著作物等の展示に伴う複製（47条）	美術・写真の著作物の原作品を適法に公に展示する者は、観覧者のための解説・紹介用の小冊子に、展示する著作物を掲載できる。
美術の著作物等の譲渡等の申し出に伴う複製等（47条の2）	美術品や写真をインターネットオークションや通信販売等で取引の申し出をするために、その作品を政令で定める措置を講じて複製し、公衆送信できる。
プログラムの著作物の複製物の所有者による複製等（47条の3）	プログラムの著作物のコピーの所有者は、自らコンピュータで利用するために必要な限度で複製・翻案できる。
保守・修理等のための一時的複製（47条の4）	記録媒体を内蔵する機器の保守・修理または製造上の欠陥等のための交換の必要がある場合には、記録されている著作物を、必要と認められる限度において、一時的に記録し、保守等の後の記録媒体に記録することができる。
送信の障害の防止等のための複製（47条の5）	他人の通信のためのサーバ管理事業者（インターネットサービスプロバイダ等）は、 ①アクセス集中による送信遅滞等の防止（ミラーリング）、 ②サーバに障害が発生した場合における復旧（バックアップ）、 ③送信の中継の効率化（キャッシング） のために必要な限度で、送信可能化等された著作物を記録できる。
送信可能化された情報の送信元識別符号の検索等のための複製等（47条の6）	検索エンジンサービス事業者は、検索サービスの提供に必要な限度で、インターネット上で送信可能化された著作物を記録、翻案し、自動公衆送信できる。
電子計算機における著作物の利用に伴う複製等（47条の8）	コンピュータ等において著作物を適法に利用する場合、当該利用を円滑・効率的に行うのに必要な限度で著作物をコンピュータ等に記録できる。

＊なお、以上は各制限規定のあくまで概要である。制限規定の多くは、著作隣接権や出版権にも準用される。
多くのケースでは利用される著作物の出所の明示が必要となり、作成された複製物の目的外使用の制限がある。
（文化庁ホームページ http://www.bunka.go.jp/ 掲載の表などを参考に作成）

105

1 音楽ビジネスにかかわる著作権
権利制限規定とは❷

　ここでは、権利制限規定のうち、私的複製、引用、非営利目的の演奏等について説明します。

🎹 私的複製

　個人的に、あるいは家庭内や家族に準じる親しい友人・知人間などで鑑賞するといった目的（「**私的使用目的**」といいます）で音楽を録音したり、テレビ番組を録画したりする行為は、**私的複製**として認められており、著作権者の許諾を得る必要がありません。

　ただし、公衆が使うことができるように設置されている自動複製機器（ダビング機）を用いて複製することは認められません。また、録音・録画できなくするコピープロテクション技術が施されているときに、それを回避して可能となったことを知りながら複製することも認められません。著作権・著作隣接権を侵害してインターネット上にアップロードされている映像・音を、そのことを知りながらダウンロードして録音・録画することも認められません。

　私的使用目的となるのは、①複製する人自身がその複製物を使用する目的の場合、②家庭内で使用する目的の場合、および③家庭内に準じる限られた範囲で使用する目的の場合の三つです。

　家庭内に準じる限られた範囲とは具体的にどの範囲までなのか、はっきりとは定められてはいませんが、家庭に準じるといえる程度の人数であること、および構成員相互の間に家族に準じる程度の強い人間関係があることが必要です。一般的な一家庭あたりの人数が数名程度であることから、10名を超えるグループの場合には家庭内に準じるとはいえません。また単に顔見知りという程度では、家族に準じる程度の人間関係があるとはいえません。

私的使用目的であっても、複製する人が「**使用する者**」でなければ自由な複製は認められません。使用する人ではない他人が代わって複製してあげることは原則としてできないのです。

デジタル方式による録音録画のうち、政令で指定された録音録画機器および記録媒体により私的使用目的の複製を行う場合には、複製自体は自由ですが、著作権者等に**私的録音録画補償金**を支払わなければならないとされています（➡ p.239「私的使用目的の録音録画と補償金問題」参照）。

引用

音楽評論文を書く際、評論の対象となっている楽曲の歌詞や曲の該当部分を示すためにその部分を引用して掲載する場合のように、公表された他人の著作物を自分の創作する著作物の中に**引用**して用いる場合には、一定の条件を満たせば適法と認められ、他人の著作物の著作権者から許諾を得る必要はありません。

引用する部分がごく短いため、その部分だけでは創作性が認められない場合（➡ p.58「著作物とは②」参照）には、そもそも著作物の利用にあたりませんので、適法な引用かどうかを議論するまでもなく自由です。

適法な引用と認められるためには、引用対象にする著作物が公表されていること、引用しての利用であること、公正な慣行に合致するものであること、報道、批評、研究その他の引用の目的上正当な範囲内で行われるものであることが必要とされています（➡ p.269「歌詞は引用して利用できる？」参照）。

非営利目的の演奏等

公表された著作物は、**営利を目的とせず**、聴衆・観衆から入場料その他名目を問わず**対価を徴収せず**、実演家・口述者に出演料などの**報酬が支払われない**場合には、著作権者の許諾を得ることなく、公に上演、演奏、上映、口述することができます。

例えば、学校の文化祭でのコンサートなどは、入場料等をとらなければ、この規定により著作権者の許諾を得ることなく行うことができます。自分たちで演奏・歌唱する場合だけでなく、音楽 CD を使って鑑賞会を開いたり、

107

BGM として使ったりすることもできます。

　入場無料でも、主催者やスポンサー企業の宣伝目的がある場合などは、営利目的と認められ、この規定の適用を受けることができません。営利企業が主催する場合には、社内運動会のような場合を除けば、基本的には営利目的ありと判断されることが多いでしょう。また、出演者に対して昼食のお弁当を提供したり、交通費の実費を支給したりする程度であれば報酬の支払いにはあたりませんが、お車代の名目でも、実費を超えている場合には報酬とみなされます。

　なお、伝達権に関しては、放送・有線放送される著作物は、営利を目的とせず、聴衆または観衆から対価を徴収しない場合には、著作権者の許諾を得ることなく、公に伝達することができます。通常の家庭用受信装置（例えばラーメン店に置かれたテレビ）を用いて公に伝達する場合は、営利目的でも可能です。

Ⅱ 音楽ビジネスの著作権【必須知識編】

1 音楽ビジネスにかかわる著作権

著作権の存続期間❶

　著作権は、著作物が創作されたときに発生し、著作者の死後50年間が経過するまで存続するのが原則です。ですから、著作権は、「**創作の時から著作者の死亡の時まで**」＋「**著作者の死亡の時から50年間**」の保護を受けることになります。漠然と50年間の保護と勘違いしている人もいますので、注意が必要です。

　ところで、2016年にTPP（環太平洋パートナーシップ）協定が締結されたことを受け、日本でも、著作権の存続期間を著作者の死後50年から死後70年（公表後50年から公表後70年）に延長することが予定されています。本書改訂版の原稿執筆時にはまだ決まっていませんが、著作権法などを改正する法律（**環太平洋パートナーシップ協定の締結に伴う関係法律の整備に関する法律**）が国会で審議されています。しかしこの法律が制定されてもただちに施行されるわけではありません。その施行は、TPP協定の発効時とされる見込みです。そこで本書改訂版では、原則として2016年3月現在の法律で記述することにします。

　著作者が若い頃に創作した作品は、「創作の時から著作者の死亡の時まで」が長くなりますので、結果として著作権の存続期間が長くなります。盧溝橋事件が発生した1937年に淡谷のり子の歌う『別れのブルース』が大ヒットしました。この曲の作曲者である服部良一は、1993年に85歳で亡くなりましたから、『別れのブルース』の曲の著作権は1937年から2043年までの100年間以上にわたり保護されます。他方、1983年に発表された尾崎豊の『I LOVE YOU』の著作権は、尾崎豊は1992年に亡くなりましたから、彼の死から50年後の2042年までしか保護されません。戦前のヒット曲『別れのブルース』よりも先に、著作権が消滅してしまいます。著作者の生存期間によって、このような「逆転現象」が起こるのです。

著作権の存続期間のバリエーション

　著作権の存続期間は、著作者名義の表示や著作物の種類によって次のように変わってきます。

実名等で公表された著作物

　自然人（会社などの法人ではない、普通の意味での人）が創作した著作物のうち、著作者の**実名や周知されている変名**（特定の人物のものであることが広く知られているペンネームなど）で公表されたものの著作権は、原則どおり**著作者の死後50年**まで保護されます（TPP協定関係法律整備法が制定・施行された場合は**死後70年**。以下、この法律が制定・施行された場合の年数を【　】で示します）。2人以上の著作者が共同で創作した共同著作物については、最後に死亡した著作者を基準に、その著作者の死後50年【70年】まで保護されます。

無名または変名で公表された著作物

　自然人が創作した著作物のうち、氏名表示なし（**無名**）で、あるいは**周知されていない変名**で公表された場合には、著作者が特定できず、いつから50年【70年】を起算すればよいのかがわからないため、**著作物の公表後50年【70年】**まで保護されます。ただし、その前に著作者の死後50年【70年】を経過していると認められるときは、死後50年【70年】を経過したと認められる時までとなります。上記の期間内に実名の登録（➡ p.79）をしたり、実名・周知の変名を表示して公表すれば、死後50年【70年】まで保護されます。

団体名義の著作物

　法人などの団体は「死亡」しませんから、自然人のように著作者の死亡時を基準にすることができません。そこで団体の著作名義で公表された著作物については、著作物の公表時を基準に、**公表後50年【70年】**までとなります。本当は著作者が個人でも、公表名義が団体なら、団体名義の著作物になります。創作後50年【70年】以内に公表されなかった場合には、**創作後50年【70年】**までとなります。ただし、本当の著作者が個人なら、上記の各期間内に個人の実名・周知の変名を表示して公表すれば、死後50年【70年】まで保護されます。

Ⅱ 音楽ビジネスの著作権【必須知識編】

表8│著作権の存続期間

①	著作権存続期間の原則 (②、③、④以外の場合)	著作者の死後50年【70年】
②	無名・変名（周知の変名を除く）の著作物	・公表後50年【70年】 ・著作者の死後50年【70年】の経過が認められれば、その時まで ・上記期間内に実名登録、または実名・周知の変名を表示して公表すれば、①に戻る。
③	団体名義の著作物 （本当の著作者が個人でも名義が団体なら団体名義）	・公表後50年【70年】 ・創作後50年【70年】以内に公表されなければ創作後50年【70年】 ・本当の著作者が個人で、上記各期間内に実名・周知の変名を表示して公表すれば、①に戻る。
④	映画の著作物	・公表後70年 ・創作後70年以内に公表されなければ創作後70年

＊【　】内の年数は、TPP 協定関係法律整備法が制定・施行された場合の年数

■ 映画の著作物

　映画の著作物の著作権存続期間は、かつては団体名義の著作物と同様に公表後50年（創作後50年以内に公表されなかった場合には創作後50年）だったのですが、2004年1月1日から、**公表後70年**（創作後70年以内に公表されなかったときは、**創作後70年**）までに延長されました。他の著作物では「創作から著作者の死亡の時まで」にプラスして50年間の保護が認められていることと比較すると、映画の著作物の存続期間は結果として短くなっていました。そこでこの不均衡を是正するために、映画の著作物については、公表後50年ではなく、公表後70年とされたのです。

　2004年1月1日に改正法が施行された際にすでに著作権が消滅していた映画の著作物はこの延長の対象になりません。そこで、改正がなければ2003年12月31日に著作権が消滅するはずの作品（つまり1953年公表の作品）の著作権が、改正法による70年の保護を受けることになるのか、それとも2003年12月31日に存続期間50年のまま消滅してしまったことになるのか

が争われましたが、2003 年 12 月 31 日で存続期間が終了したと裁判所で判断されました。

■旧著作権法時代の著作物および歌唱

現在の著作権法が施行されたのは 1971 年 1 月 1 日からですが、それよりも前に公表された著作物につき、旧著作権法による存続期間の方が現在の著作権法による存続期間よりも長いときは、**旧著作権法による存続期間が適用**されます。旧著作権法では、原則として**著作者の死後 38 年間**（著作者の死後に公表された著作物については、**公表後 38 年間**）とされていましたので、現在の著作権法よりも存続期間が短くなる場合がほとんどですが、例外的に、逆転する場合があります。例えば、①独創性のある映画の著作物で、監督等の著作者の死後 38 年間が現在の著作権法での存続期間よりも長くなる場合、②著作者の死後に公表され、公表後 38 年間が死後 50 年間よりも長くなる場合、などです。黒澤明監督の映画『羅生門』は、1950 年の公表ですが、黒澤明監督が亡くなったのは 1998 年であり、それから 38 年間の方が公表後 70年間よりも長くなりますので、『羅生門』の著作権は、少なくとも 2036 年の12 月 31 日まで存続します。

また、旧著作権法では、「演奏歌唱」も著作物として保護されており、存続期間は演奏・歌唱を行った歌手等（当時は著作者）の**死後 30 年間**とされていました。現在の著作権法では、演奏・歌唱は実演とされ、実演を行った時から 50 年間【70 年間】の保護を受けますが、これと比べて、旧著作権法による保護の方が長くなる場合があります（歌手等が歌唱後 21 年【41 年】以上生存した場合）。この場合、**1970 年 12 月 31 日**までに行われた演奏・歌唱については、旧著作権法による存続期間が適用されます。ただし、歌手等がどんなに長生きをしても、この存続期間は、現行著作権法とのバランスを考慮して、2020 年 12 月 31 日までとされていますが、TPP 協定関係法律整備法が制定・施行された場合は、この期限も 2040 年 12 月 31 日までに延長されることになります。

Ⅱ　音楽ビジネスの著作権【必須知識編】

1 音楽ビジネスにかかわる著作権
著作権の存続期間❷

🎹 存続期間の特例

　前項では著作権存続期間の原則等について説明しましたが、複数の国にまたがって著作物の保護が問題になる場合には、存続期間の相互主義、戦時加算のような特例が適用されることがあります。

■ 存続期間の相互主義

　著作物の本国の存続期間が、その著作物の保護を受ける国における存続期間より短い場合には、その本国の存続期間しか保護されないことになっており、このことを**存続期間の相互主義**といいます。例えば、中国の著作権法は、映画の著作物の存続期間を公表後 50 年間としていますので、中国を本国とする映画の著作物は、日本で公表後 50 年の保護しか受けられません。

■ 戦時加算

　これはかなり特殊な制度なので、このような制度もあるということを簡単に説明します。第 2 次世界大戦の連合国（英米仏など。サンフランシスコ平和条約に署名していないロシア［ソ連］や中国は除きます）の国民が第 2 次大戦前または大戦中に取得した著作権については、通常の存続期間に戦争期間（真珠湾攻撃があった 1941 年 12 月 8 日からサンフランシスコ平和条約発効の前日［国によって異なる。英米仏については 1952 年 4 月 27 日］までの期間。）を加算（戦争期間中に取得された著作権については、取得の日からサンフランシスコ平和条約発効の前日までの期間を加算）して保護することになっています。これは、戦争期間中は、日本で著作権の侵害行為が行われていたとしても、戦争相手国の著作権者が著作権を行使して報酬相当額を請求したり、差止請求をしたりすることができず十分保護されていなかったであろうことを根拠としています。

113

存続期間の計算方法

存続期間の計算は、簡単にするため、公表・著作者の死亡等があった日の属する年の**翌年の1月1日から起算する**ことになっています。例えば、2000年4月に死亡した著作者の実名の著作物の存続期間も、同じ年の10月に公表された団体名義の著作物の存続期間も、同じく2001年1月1日から起算されるので、2050年【2070年】12月31日まで保護されます。ただし戦時加算は日数で行われます（【　】内の年数は、TPP協定関係法律整備法が制定・施行された場合の年数。以下も同じ）。

著作隣接権の存続期間

実演、放送および有線放送についての著作隣接権の保護は、それぞれが行われた時から始まり、その日の属する年の翌年1月1日から起算して**50年【実演について70年】**を経過した時をもって満了します。レコードについての著作隣接権の保護は、音が最初に固定された時から始まり、レコードが発行された日の属する年の翌年1月1日から起算して**50年【70年】**を経過した時をもって満了します。ただし、音が最初に固定された日の属する年の翌年1月1日から起算して50年【70年】が経過する時までにレコードが発行されなかったときは、その時をもってレコードの著作隣接権が消滅します。

死後の人格的利益の保護

「著作権・著作者人格権とは①」（➡ p.64）で説明したとおり、著作権は財産権なので、著作者が死亡した場合には相続の対象になります。なお、著作者の生前に、すでに著作権が第三者に譲渡されている場合には、その譲受人が著作権者になっていますので、その場合には著作者の死亡によって著作権の相続が生じるわけではありません（➡ p.82「著作者と著作権者①」参照）。

これに対し、著作者人格権や実演家人格権は**一身専属**であり、著作者や実演家に固有のものとして譲渡や相続の対象になりませんので、著作者や実演家の死亡とともに消滅します。しかし、公衆に提供・提示する場合に、著作者や実演家が生存していたら著作者人格権や実演家人格権を侵害することに

Ⅱ 音楽ビジネスの著作権【必須知識編】

なった行為は、死後といえども原則として禁止され、**差止請求**（➡ p.122）や**名誉回復等措置請求**の対象になります（➡ p.124）。この差止請求権などを行使できるのは、著作者または実演家が遺言で指定した者がいればその者、そのような指定がなければ、著作者または実演家の遺族です。具体的には、配偶者がいる場合は配偶者、配偶者がいない場合には子、子もいない場合には父母、父母もいない場合は孫、孫もいない場合は祖父母、祖父母もいない場合は兄弟、といった順序で行使できる人が決まります（➡ p.76「著作権・著作者人格権とは⑤」参照）。相続の場合には配偶者と子が同一順位になるのとは異なり、配偶者がいる場合には、配偶者のみが権利を行使できます。

115

column 02

リマスタリング、リミックスと
レコードの保護期間

　レコードの著作隣接権の保護は、音が最初に固定された時から始まり、レコード
が発行された日の属する年の翌年1月1日から起算して50年（TPP協定関係法律
整備法が施行されたあとは70年）を経過した時をもって終了します。ではレコード
がリマスタリングされたり、リミックスされたりした場合は、その後のレコードの
保護期間はどうなるのでしょうか？

　リマスタリングやリミックスによって、元のレコードとは別の、新しいレコード
が製作されたことになるなら、元のレコードの保護期間が過ぎても、新しいレコー
ドは、そのレコードの発行後50年間の保護を受けることになります。他方、新しい
レコードが製作されたことにはならないのなら、リマスタリングやリミックスされ
たあとのレコードも、元のレコードの保護期間が過ぎれば著作隣接権が保護されな
いことになります。

　まずリマスタリングやリミックスの言葉の意味を明らかにしておきましょう。一
般的な定義ではないかもしれませんが、ここでは次のような意味でこれらの言葉を
使うことにしたいと思います。**リマスタリング**とは、マルチテープからミックスダ
ウンされたあとのマスターテープの音に、音質調整やノイズ除去などを行うことを
いうものとします。これに対して**リミックス**とは、ミックスダウンする前のマルチ
テープからミックスダウンし直すことをいい、一部の音を差し替えたり、別の音を
加えたりすることを含むものとします。モノラル音源をステレオ音源にすることも、
リミックスに含めたいと思います。

　リミックスのうち、一部の音を差し替えたり、別の音を加えたりした場合には、
新たなレコードが製作されたことになるでしょう。別の音を加えたりせずにミック
スダウンをし直した場合でも、ミックスダウンのやり方が異なる（例えばボーカル
や各楽器の音のバランスを変更する）と、ミックスダウン「後」の音は、全体とし
てはそれまでこの世になかったもので、元のレコードに固定されている音とは異な
る音ですから、新たなレコードが製作されたと考えてよいと私（前田）は思います。
モノラル音源をステレオ音源にすることも、ステレオ音源の音はそれまでこの世に
なかった新たな音ですから、同様に考えてよいと思います。

　これに対し、リマスタリングが行われたにすぎない場合には、レコードに固定さ

れている既存の音にいわば「お化粧」をしたにすぎませんから、新たなレコード製作にはあたらないことが多いと思います。もっとも、世間でリマスタリング盤と呼ばれているものには、ここでいうリミックスを行っているものも含まれているようです。

1 音楽ビジネスにかかわる著作権
著作権の侵害とは❶

🎹 著作権の侵害とは

著作権の侵害は、支分権の対象となる行為（複製、公の上演・演奏、公衆送信、翻案など）を、著作権者でない人が勝手に行った場合に生じます。

注意が必要なのは、「複製」や「翻案」などは、他人の著作物に「**依拠**」していた場合だけに生じることです。音楽をインターネットからダウンロードするように、機械を使ったコピーの場合には、「依拠」をとりたてて問題にするまでもなく、当然「複製」にあたります。しかし、このような機械的なコピーだけが「複製」なのではありません。どこかで聴いたことのある音楽の著作物を楽譜に書き起こした場合も、著作物の「複製」になります。このように記憶を通じて複製する場合には、「依拠」があったときだけが「複製」になります。つまり、楽譜を書き起こす行為は、以前に聴いた他人の著作物の記憶にもとづいているなら「依拠」があり、「複製」になりますが、自分が独自に創作したなら、結果として他人の作品と同じものになっても、「複製」にはあたらないのです。

他方、他人の著作物を知って、それを参考にしたとしても、できあがったものがまったく別の作品と評価される場合には、侵害になりません。したがって、「依拠」だけではなく、「**類似性**」が問題とされます。

また、そもそも著作物でなければ、いくらまねしようとも著作権侵害にはなりません。「著作物とは③」（➡ p.59）で説明しましたが、例えば、単なるアイディアは著作物としては保護されないため、他人のアイディアをまねしただけでは著作権侵害にはなりません。

著作権の存続期間（➡ p.109 〜 113）がすでに過ぎている場合には、そもそも著作権がありませんので、複製、翻案など支分権の対象となる行為をして

も、著作権侵害にはなりません。例えば、18世紀に作曲されたクラシック音楽を公に演奏する行為などは、著作権侵害にはなりません。

■ 依拠

依拠は、前に説明したように、他人の著作物の表現を知って、その実質的な影響のもとで利用することをいいます。同じ知的財産権でも、例えば特許権の場合には、依拠がなくても侵害となります。特許として登録されている発明と同じ発明を偶然思いついて、その発明を実施すると特許権侵害になりますが、著作権の場合には、依拠があった場合にだけ侵害となります。偶然に同じ著作物を別の人が創作した場合には、著作権侵害にはなりませんし、それどころか、その別の人の著作権も同じように保護されます。

裁判になったとき、依拠があったことは、著作権侵害があったと主張する人（原告）が立証しなければなりません。訴えられた人（被告）が依拠していないと否認すれば、原告は、いろいろな事情から間接的に依拠を立証するしかありません。被告が原告の著作物に接する機会があって、しかも、誰が見てもまねしたとしか思えないほど、独創性のある作品が瓜二つであるなどの事実があるときは、依拠があったと事実上推定されることになります。

■ 類似性

他人の著作物と同一のもの（いわゆる**デッドコピー**）を無断で作成したり、公衆送信等の支分権対象行為をする場合だけでなく、**類似**しているものでも著作権の侵害になることがあります。似ている程度が高く、実質的に「同じ」だといえれば、多少の違いがあっても「複製」にあたります。また実質的に同じといえるほどでなくても、他人の著作物の「**表現上の本質的な特徴**」が「**直接感じとれる**」ほど類似していれば、翻案権等と二次的著作物の利用に関する原著作者の権利の侵害になります。同じ人が複製権と翻案権等、二次的著作物の利用に関する原著作者の権利をもっているときは、複製権侵害でも翻案権等の侵害でも結果は同じですので、結局、侵害になるかどうかの分水嶺は、翻案権等の侵害になるかどうかの点です。

「表現上の本質的な特徴」がもはや直接感じとれないほど別の作品になっていれば、翻案権等の侵害ではありません。他人の著作物を知り、それを出発点として創作したとすれば、「依拠」があったことは認められるでしょうが、

それがただちに著作権侵害になるわけではありません。依拠があって、しかも、表現上の本質的な特徴を直接感じとれる（類似している）場合だけが、翻案権等の侵害になるのです。まったく別の作品になっていれば新たな作品の著作者名だけを表示すれば足り、出発点となった作品の著作者名を表示しなくても氏名表示権の侵害にはなりません。また同一性保持権を侵害することにもなりません。

　何が「表現上の本質的な特徴」なのか？　どこまで似ていればそれを直接感じとれることになるのか？　逆にいうと、どれだけ違っていればまったく別の著作物と判断されるのかという境界線は、それほどはっきりせず、ケース・バイ・ケースで裁判所が決めることになります。

　ところで、著作権の保護はもともと「創作的」な「表現」にしか及びません。創作性がない「ありふれた」表現の部分は「表現上の本質的な特徴」にはなりませんので、比較の対象から除かれます。また、「事実そのもの」や表現の背後にある「思想・アイディア」なども、著作権の保護対象ではなく、「表現上の本質的な特徴」ではないため、やはり比較の対象から除かれます。「除いて比較する」といっても、思想・アイディアと表現とをはっきり分けることは難しいのですが（とくに音楽の場合はそうです）、考え方としてはこういうことになります。

著作者人格権の侵害とは

　未公表の著作物を他人が勝手に公表したり（**公表権侵害**）、作品を公衆に提示・提供するなどにあたって著作者の氏名を表示しなかったり（**氏名表示権侵害**）、著作者の意に反して著作物や題号を改変したり（**同一性保持権侵害**）すると、**著作者人格権侵害**になります。

著作隣接権等の侵害とは

　著作隣接権についても、例えば無断で音楽 CD をインターネットで送信可能化する場合のように、実演家・レコード製作者・（有線）放送事業者に与えられた支分権の対象となっている行為を勝手にすれば、**著作隣接権侵害**となります。

II 音楽ビジネスの著作権【必須知識編】

　注意が必要なのは、著作隣接権は、実演・レコードに固定された音・放送等そのものにはたらく権利であり、それと**似た実演等には及んでいない**点です。他人の実演をまねしたり、まねた実演をレコードに固定したりしても、他人の著作隣接権を侵害することにはなりませんし、むしろ新たな著作隣接権が発生します。物理的な存在としての実演・音などを機械的に利用することだけが著作隣接権の侵害となりますので、依拠性や類似性が問題となることもありません。

　実演家の名誉を傷つけるような実演の改変等を勝手にしたり、実演を公衆に提示・提供するにあたり実演家の氏名表示を勝手に削除等したりすると、**実演家人格権の侵害**になります。

🎹 みなし侵害

　著作権・著作者人格権や著作隣接権侵害そのものではないのに、**「侵害」とみなされる行為**がいくつかあります。

　例えば、著作権などを侵害する行為によって作成された複製物（海賊版）であることを知りながら、不特定多数の人に譲渡・貸与する目的で所持する行為です。海賊版をつくった人は複製権侵害になり、また不特定多数の人に実際に海賊版を譲渡・貸与すれば譲渡権・貸与権（映画の場合は頒布権）侵害になりますが、譲渡する目的で所持しているだけでは、どの支分権の侵害でもありません。しかし、著作権などの侵害とみなされるとされています。

　また、著作者人格権とは公表権・氏名表示権・同一性保持権の三つで、その三つの侵害にあたらなければ著作者人格権の侵害にならないはずです。しかし、「著作者の名誉又は声望を害する方法」で著作物を利用する行為は、著作者人格権の侵害とみなされています。芸術的なヌード写真を改変せずに（改変すれば同一性保持権侵害となります）、そのままストリップ小屋の看板に利用したような場合などです。

　そのほか、国外で頒布する目的の商業用レコードが国外で適法に販売されている場合、それを輸入する行為は、どの支分権侵害でもありませんが、一定の場合、著作権・著作隣接権侵害とみなされます（➡ p.248 column 09「還流防止措置」参照）。

121

1 音楽ビジネスにかかわる著作権
著作権の侵害とは❷

　ここでは、著作権・著作隣接権、著作者人格権・実演家人格権が侵害された場合に、侵害された権利者が、侵害した者に対して何を主張できるかを説明します。

著作権・著作隣接権の侵害に対する民事上の効果

　民事上の効果として、著作権者・著作隣接権者は侵害者に対し、差止・廃棄等請求権と損害賠償請求権または不当利得返還請求権をもちます。

■ 差止請求権・廃棄等請求権

　差止請求権とは、侵害者が侵害行為をやめるように求めることができる権利です。また、差止請求とあわせて、侵害者が所持している侵害物などの廃棄等を求めることもできます（**廃棄等請求権**）。差止請求権・廃棄等請求権は、侵害者に、著作権等を侵害したことに関する故意または過失がなくても（まったく落ち度がなくても）認められます。

■ 損害賠償請求権

　損害賠償請求権とは、侵害者の著作権等の侵害によって権利者が被った損害を賠償するよう侵害者に求める権利です。差止請求などの場合と異なり、著作権等の侵害について侵害者に故意または過失があることが必要です。

　損害額は、本来は、侵害行為によって失われた権利者の利益額（例えば、海賊版を販売されたために正規品の売上が落ち、それによって失った利益など）です。しかし、これを立証するのはなかなか難しいため、著作権法によって、次の①・②・③のどれかを選択して主張してもよいことになっています。

① 「侵害者が販売した海賊版などの数量」×「正規品一つあたりの権利者の利益額」

② 侵害者が侵害行為によって得た利益の額

③侵害者にライセンスするとしたら支払われたライセンス料相当額（友好関係にある場合のライセンス料ではなく、侵害行為であることも考慮に入れたライセンス料相当額）

ただし①・②を主張するには、自ら正規品の販売等を行う能力をもっていることが必要です。著作権・著作隣接権侵害事件では、③が主張されることが多いようです。

なお著作権等の侵害が生じた場合に裁判で権利救済を求める場合には、訴訟の専門家である弁護士に依頼することが実際には多いでしょう。そのため、著作権者等が訴訟で勝訴した場合には、裁判所が認めた損害額の1割程度の金額が、弁護士費用として上乗せされるのが一般的です。

損害賠償請求権は、損害および加害者を知った時から**3年以内**に行使しないと時効で消滅してしまいます。

■ 不当利得返還請求権

不当利得返還請求権は、侵害者が法律上の根拠がないのに得た利益と権利者の損失との間に因果関係があるとき、その利益の返還を求めるものです。勝手に他人の著作物を利用したときは、侵害者はライセンス料相当額の利益を受けており、他方、権利者にはそのお金を受け取っていないという損失がありますので、権利者は、ライセンス料相当額の支払いを不当利得返還請求権として求めることができます。

これは、損害賠償請求と二重に請求できるものではなく、どちらかを選択しなくてはなりません。不当利得返還請求の方が時効については有利（権利を行使できる時から**10年間**）ですし、侵害者の故意・過失も必要でないのですが、弁護士費用の上乗せをすることはできません。

著作者人格権・実演家人格権の侵害に対する民事上の効果

■ 差止請求権・廃棄等請求権

これは著作権・著作隣接権の侵害の場合と同様です。

■ 損害賠償請求権

著作者人格権・実演家人格権侵害の場合の損害賠償請求は、基本的には、**慰謝料**の請求となります。侵害者に故意または過失があったことが必要とな

ります。弁護士費用の上乗せも可能です。なお、不当利得返還請求権は、著作者人格権・実演家人格権侵害については考えられません。

■ 名誉回復等措置請求権

　著作者人格権・実演家人格権が侵害された場合、著作者等であることを確保し、または訂正その他名誉・声望を回復するのに適当な措置を請求できます。この請求をするには侵害者に故意または過失があったことが必要です。

　謝罪広告の掲載などの請求がこれにあたります。謝罪広告の請求は、それが「適当な措置」と認められる場合にだけ可能です。裁判所がそこまでの必要はないと考えれば、謝罪広告の掲載は命令されません。

　なお、著作者・実演家の死後に、もし著作者等が生きていれば著作者人格権等の侵害となった行為があった場合には、遺族は、**差止請求・廃棄等請求**と**名誉回復等措置請求**をすることができます。遺族としての独自の精神的苦痛があったと評価できる場合には、その**慰謝料**を請求できることもあります（亡くなった著作者がもし生きていたなら受けただろう精神的苦痛の慰謝料を請求できるわけではありません）。

刑事罰

　著作権法に違反した者にはさまざまな**刑事罰**が定められています。

　まず著作権または著作隣接権を侵害した者は **10 年以下の懲役**もしくは **1000 万円以下の罰金**またはその双方に処せられる可能性があります（法人が処罰される場合の罰金刑は **3 億円以下**）。私的使用目的の複製でも、公衆が使うことができるように設置されている自動複製機器（ダビング機）を用いる場合や、コピープロテクション技術を回避して可能となったことを知りながら行う場合は、複製権の侵害となりますが、刑事罰の対象からは除外されています。著作権・著作隣接権を侵害してインターネットにアップロードされている映像や音を、そのことを知りながらダウンロードして行う録音・録画は、私的使用目的でも侵害行為になります（➡ p.106、253）が、そのうち、侵害された著作物やレコード等が有償で公衆に提供等されているものの場合には、**2 年以下の懲役**もしくは **200 万円以下の罰金**またはその双方に処せられる可能性があります。それ以外の場合には刑事罰の対象にはなりません。

124

また映画館等で有料上映されている映画の著作物（国内での最初の有料上映後8カ月経過前のもの）を盗撮して録音・録画することは、私的使用目的でも**10年以下の懲役**もしくは**1000万円以下の罰金**またはその双方に処せられる可能性があります（映画の盗撮の防止に関する法律）。

著作者人格権または実演家人格権を侵害した者は**5年以下の懲役**もしくは**500万円以下の罰金**またはその双方に処せられる可能性があります。著作権・著作隣接権侵害とみなされる行為をした者（いくつか例外があります）は**5年以下の懲役**もしくは**500万円以下の罰金**またはその双方に処せられる可能性があります（法人が処罰される場合の罰金刑は**3億円以下**）。

これらの刑事罰は**親告罪**とされており、犯人が起訴されるのは、著作権者や著作者などが警察や検察に告訴した場合だけです。ただしTPP協定関係法律整備法が施行されたあとは、財産上の利益を受ける目的又は権利者の利益を害する目的で、有償で公衆に提供等されている著作物等をデッドコピーして公衆譲渡、公衆送信を行うなどの侵害は、一定範囲で親告罪ではなくなります。いわゆる二次創作行為などは親告罪にとどまる見込みです。

著作者・実演家が死亡後に、もし著作者等が生きていれば著作者人格権等の侵害になっただろう行為をした人は、**500万円以下の罰金刑**に処せられる可能性があります。この刑事罰は親告罪とはされていませんが、実際に事件になるとすれば、遺族等が告発をした場合でしょう。

🎹 海賊版対策

著作権や著作隣接権侵害であることが明らかな**海賊版の販売**や、ファイル共有ソフトを使ったインターネット上での公衆送信・送信可能化については、著作権者・著作隣接権者の告訴にもとづき、多数の刑事事件が警察によって摘発されています。2015年には日本全国で239件の著作権法違反事件（海賊版事犯等）が摘発されました。これは、民事事件として裁判所に提起される著作権法事件の数を大きく上回っています。しかも、民事では海賊版等事件ではない著作権法事件も含まれていますので、海賊版等対策の中心は、民事裁判ではなく刑事事件になっているといってよいでしょう。他方、海賊版のようなデッドコピーではなく、著作権侵害にあたるかどうかが微妙なケー

スでは、いきなり刑事事件になることは多くはないでしょう。

　海賊版販売などで得た収益は、**組織犯罪処罰法**（組織的な犯罪の処罰及び犯罪収益の規制等に関する法律）にもとづく犯罪収益の没収等の対象にもなります。被告人には、「懲役刑」と「罰金刑」と「没収」の三つすべてが科せられることもあります。さらに、刑事事件で裁判所に提出された証拠にもとづいて、著作権者等から民事事件で損害賠償請求がなされることもあります。

Ⅱ 音楽ビジネスの著作権【必須知識編】

1 音楽ビジネスにかかわる著作権

著作権・著作隣接権の国際的保護

🎹 条約による保護

　音楽に国境はないといわれます。ある国の著作物や実演・レコードは国境を越えて別の国でも利用されます。

　著作権や著作隣接権は、基本的にはそれぞれの国の法律で保護されます。日本の著作権法にもとづく保護は、日本国内だけにしか及んでいません（このような考え方を「**属地主義**」と呼んでいます）。日本の著作者がアメリカ合衆国で著作権を主張するためには、アメリカ合衆国の著作権法での保護を受けていなければなりません。著作物等は国境を越えて流通することから、お互いに相手の国の著作物を保護しあう関係を築く必要があり、そのために国際条約が締結されているのです。

　著作権に関する条約としてとくに重要なのは、「**ベルヌ条約**」と **WTO**（世界貿易機関）設立協定の附属書一C「**知的所有権の貿易関連の側面に関する協定**」（**TRIPS 協定**）です。このほかインターネットの発展などを意識した「**WIPO 著作権条約**」（**WCT**）にも注意が必要です。

　著作隣接権については、「**実演家等保護条約**」（ローマ条約）、「**TRIPS 協定**」、「**WIPO 実演・レコード条約**」（**WPPT**）、「**視聴覚的実演北京条約**」の四つが重要です。

　2016 年に「**TPP（環太平洋パートナーシップ）協定**」が締結されており、この協定が発効したあとは、これも著作権・著作隣接権に関する重要な条約となります（➡ p.109）。

🎹 ベルヌ条約

　著作権に関する条約で最も重要なのが**ベルヌ条約**です。同条約に加盟して

127

表9 日本が加盟している主な著作権関連条約

条約の名称	採択年	日本の締結年	締約国数 （2016 年 1 月末現在）
ベルヌ条約	1886	1899	168
実演家等保護条約	1961	1989	92
TRIPS 協定	1994	1994（発効 1996）	162
WIPO 著作権条約	1996	2000（発効 2002）	93
WIPO 実演・レコード条約	1996	2002	94

いなくても、WTO に加盟していれば著作権（著作者人格権を除く）に関しては同じことになりますから、現在では世界中のほとんどの国との関係でベルヌ条約にもとづく保護関係が発生しています。かつてアメリカ合衆国がベルヌ条約に加盟していなかったのですが、1989 年に加盟するに至りました。

■ 保護される著作物

ベルヌ条約同盟国（加盟国のこと）の国民や法人の著作物はベルヌ条約によって保護されます。著作者がベルヌ条約同盟国の国民でなくても、ベルヌ条約同盟国内で著作物が最初に発行されれば保護対象になります。

■ 内国民待遇

ベルヌ条約同盟国は、他の同盟国の著作物に対して、自国民の著作物に与える保護と同一の保護を与えなくてはなりません。自国民に与える保護が条約の定める最低水準を下回っている場合は、条約の定め以上の保護を与えなくてはなりません。

■ 適用される法律

「保護が要求される国」の著作権法が適用されます。アメリカ人の楽曲を日本で音楽 CD として製造販売するのなら、日本が「保護が要求される国」となり、適用されるのは日本の法律です。そしてアメリカ人著作者は、内国民待遇により、日本の著作権法にもとづき、日本人と同じ保護を受けます。

■無方式主義

著作権の発生には、登録や©表示の付記などのいかなる方式も必要としないという原則です。

■遡及効

ベルヌ条約は、ある国がベルヌ条約に加盟して、その国においてベルヌ条約が効力をもつようになったあとに創作された著作物だけでなく、それ以前に創作された著作物にも適用されます。このことを**遡及の原則**といいます。もっとも、それぞれの同盟国におけるベルヌ条約の発効時に、その国において存続期間がすでに満了している著作物は保護の対象から除かれます。

実演家等保護条約（ローマ条約）

著作隣接権に関する基本的な条約ですが、著作隣接権制度をとっていないアメリカ合衆国は加盟していません。

この条約では条約に定める権利についてのみ内国民待遇をとることになっています。遡及効はありません。

知的所有権の貿易関連の側面に関する協定（TRIPS協定）

これは「世界貿易機関を設立するマラケシュ協定」の附属書の一つです。世界貿易機関（WTO）に加盟している国や独立関税地域（台湾など）との間で効力があり、著作権と著作隣接権の両方に関係しています。著作権（著作者人格権を除く）についてはベルヌ条約の保護関係を発生させますので、WTOに加盟している国であれば、ベルヌ条約に加盟していなくても、ほぼ同じ効力が生じます。さらに**TRIPS協定**は、①コンピュータ・プログラムの保護の確認、②編集物・データベースの保護、③コンピュータ・プログラム、映画の著作物に関する貸与権の保護などについても定めていますので、著作権については、ベルヌ条約のみに加盟している国との間よりも充実した保護関係がWTO加盟国間で発生していることになります。

著作隣接権については①実演家・レコード製作者の録音録画権等・複製権の保護、②レコードの貸与権の保護などを定めています。

この条約は、内国民待遇（ただし著作隣接権に関しては条約に定める権利

についてのみ）をとり、遡及効があります。遡及効がある点で実演家等保護
条約とは異なっています。

🎹 WIPO 著作権条約（WCT）、WIPO 実演・レコード条約（WPPT）、視聴覚的実演北京条約

WIPO（World Intellectual Property Organization）は、**世界知的所有権機関**のことです。全世界にわたって知的所有権の保護を促進することを目的として設立された組織で、本部をスイスのジュネーブにおく国連の専門機関です。ベルヌ条約などの国際事務局としての役割を担っています。

ベルヌ条約はこれまでに何度か改正されていますが、加盟国の全会一致でないと改正できないため、加盟国の増加に伴って、事実上改正が困難になっています。そのため、社会のデジタル化、ネットワーク化の進展などに対応して、より高い保護を行える国のみが批准・加入するベルヌ条約の「特別の取極」として策定されたのが「**WIPO 著作権条約**」（**WCT**）です（1996 年 12 月採択、2002 年 3 月発効）。現在、日本を含め 90 以上の国が締結しています。

WCT は、ベルヌ条約の「特別の取極」という性質上、ベルヌ条約の義務を前提としたうえで、デジタル化、ネットワーク化の進展などに対応する新たな規定を設けています。新たに取り入れられた規定は、①コンピュータ・プログラムや編集物・データベースの保護の確認、②譲渡権の保護、③コンピュータ・プログラム、映画の著作物、レコードに関する貸与権の保護、④インタラクティブに送信することを含む公衆伝達権の保護、⑤コピープロテクション等の技術的手段の回避を防ぐための適当な保護等（➡ p.242「私的使用目的の録音録画とコピープロテクション技術」参照）、⑥権利管理情報の故意による除去・改変等に対する適当・効果的な救済などです。

また音の実演とレコードに関しては、WCT と同時に、**WIPO 実演・レコード条約**（**WPPT**）が採択されました。こちらはローマ条約を基本とするものの、アメリカ合衆国がローマ条約に加盟していないため、独立した新たな条約となっています。この条約は、音に関する実演家に実演家人格権を与えました（➡ p.93「著作隣接権とは③」参照）。また、音に関する実演家とレコード製作者について、①譲渡権の保護、②レコードに関する貸与権の保護、③イ

II 音楽ビジネスの著作権【必須知識編】

ンタラクティブに送信することに関する利用可能化権の保護、④放送・有線放送等に係る報酬請求権の付与、⑤コピープロテクション等の技術的手段の回避を防ぐための適当な保護等、⑥権利管理情報の故意による除去・改変等に対する適当・効果的な救済などを定めています。

音の実演以外の実演（視聴覚的実演）の保護については2012年6月に**視聴覚的実演北京条約**が採択されました。内容的には音の実演に関するWPPTとほぼ同じですが、実演家が実演を視聴覚的固定物に固定することに同意した場合は実演家の権利が映画製作者に移転すること等を国内法で定めることができるとされています。そのため、実演家の権利に関するワンチャンス主義（➡ p.90）に影響はありません。日本は2014年6月にこの条約に加入しましたが、条約はまだ発効していません。

放送事業者の保護に関する新たな条約は、現在検討中です。

2 音楽ビジネスの各プレーヤーと著作権

作詞家・作曲家

作詞家・作曲家とは

作詞家・作曲家は、音楽を生み出す「親」ということができるでしょう。**作詞家**は歌詞を創作する人であり、**作曲家**は曲を創作する人です。

作曲家には、メロディ（だけ）を創作するメロディメーカーもいれば、フルスコアを作曲するコンポーザーもいます。メロディメーカーの創作するメロディに編曲を加える人は**編曲家（アレンジャー）**です。ただメロディメーカーが純粋にメロディ部分しか創作せず、あとは編曲家任せにしている場合には、編曲家も実質的には作曲家ではないかという疑問が生じてきます。

楽器の弾けない作曲家、譜面の書けない作曲家も、メロディメーカーの中には存在しています。それらのことは作曲家の創作の才能において必要条件ではありませんから、問題はないのですが、自分の創作した曲を他の人に知らしめるためには何らかの手段が必要であり、その場合の手段が限られてしまうというデメリットがあります。

職業作家と呼ばれる、専門の作詞家・作曲家もいれば、歌手・実演家でもあるシンガー・ソングライターもいます。いずれの場合も、作詞家・作曲家としては著作権等管理事業者や音楽出版社と契約をし、自身の作品の管理や利用開発を依頼することが普通です。

作詞家・作曲家の著作権の管理

作詞家・作曲家は、日頃から作品づくりをし、それらをストック曲として貯めていることが多いのですが、歌手やプロジェクトの目的に合うために特定のニーズを盛り込んだ作品を、注文を受けたあとで書き下ろすことも少なくありません。

132

作詞家・作曲家は、著作者として著作権の保護を受けます。作詞家・作曲家は、自分でその著作権を管理してもかまいません。しかし、音楽にはさまざまな需要があり、その需要に応えるよう円滑に利用許諾をしていくには、それなりの組織力が必要です。また無断利用に対して監視の目を光らせるのも、個人ではなかなか困難です。

そこで、多くの作詞家・作曲家から**著作権の信託**（権利を預けて管理してもらうこと）や、利用希望者への**許諾の取次ぎ・代理**による管理の委託を受ける「**著作権等管理事業者**」（➡ p.144）が必要になります。音楽に関する著作権等管理事業者の最大手は一般社団法人日本音楽著作権協会（JASRAC）ですが、2番・3番手であった株式会社イーライセンスと株式会社ジャパン・ライツ・クリアランスが2016年2月1日付けで合併し、株式会社 NexTone（ネクストーン）となりました（2017年3月まで、旧ジャパン・ライツ・クリアランスが管理していた作品は NexTone 内の JRC 事業本部で管理し、旧イーライセンスが管理していた作品は同社内のイーライセンス事業本部で管理するそうです）。NexTone は今後、JASRAC の大きな「対抗馬」になっていく可能性があります。2016年3月の NexTone の発表では、他の管理事業者からの管理移管により同年4月1日から新たに同社が管理する楽曲は、JRC 事業本部で878曲あり、イーライセンス事業本部では1197曲に加えて、エイベックス・ミュージック・パブリッシング株式会社が権利を保有している約9000曲があるそうです。それらの中には、著名楽曲も多数含まれています。ただし、本書改訂版の執筆時では JASRAC が圧倒的シェアをもっていますので、ここでは JASRAC を中心的に取り上げることにします。

作詞家・作曲家は、個人として JASRAC に権利を預けている（信託している）こともあれば、そうでないこともあります。例えば、サザンオールスターズの桑田佳祐さんは、個人としては JASRAC に著作権を信託していません。しかし、桑田さんの作詞・作曲した曲が JASRAC で管理されていないかというと、そうではありません。じつは、桑田さんの曲の著作権は、桑田さん本人から**音楽出版社**に譲渡されており、音楽出版社が JASRAC に権利を預けています（➡ p.29　図4）。ですから、桑田さんの作詞・作曲した曲も、JASRAC で管理されているのです。

井上陽水さんは、個人としても JASRAC に著作権を信託しています。し
かし、井上さんから JASRAC に直接、著作権が預けられている楽曲は、（詳
しく調べたわけではありませんが）あったとしても少ないのではないかと思
います。この場合も、実際には音楽出版社から楽曲の著作権が JASRAC に
預けられているのです。

🎹 個人でも信託する意味

　楽曲の著作権が音楽出版社から JASRAC に信託されることが多いとはい
え、作詞家・作曲家が個人としても権利を信託しているかどうかによって、
違いが出ることがあります。

　作詞家・作曲家が個人としては著作権を JASRAC に信託していない場合
には、JASRAC は、使用料の全額を音楽出版社に分配します。もちろん、音
楽出版社は、JASRAC から分配を受けた使用料を、自らの取り分を差し引
いて、作詞家・作曲家に再分配します。

　これに対して作詞家・作曲家が個人としても JASRAC に信託している場
合には、演奏使用料、放送使用料などの**無形的利用にかかる使用料**と、録音
使用料、出版使用料などの**複製にかかる使用料**とで分配方法が異なってきま
す（ただし、ミュージカルなど演劇的音楽著作物の利用にかかる使用料は、
複製にかかる使用料の分配方法と同様となっています）。後者の使用料（複
製にかかる使用料）は、作詞家・作曲家などが使用料を音楽出版社から受領
することを契約により同意しているときは、JASRAC は、その使用料の全額
を音楽出版社に分配します。そして、そのうえで、音楽出版社は、JASRAC
から分配を受けた使用料を作詞家・作曲家に再分配します。他方、前者の使
用料（無形的利用にかかる使用料）には、この取扱いは認められません。つ
まり、作詞家・作曲家へ分配される使用料は、つねに JASRAC から作詞家・
作曲家へ直接分配されるのです。

🎹 作詞家・作曲家の取り分

　JASRAC は、預かった作品の利用を第三者に許諾し、その使用料を徴収
します。そして管理手数料を控除して、残りを権利者（音楽出版社、作詞家・

作曲家など）に分配します。

　音楽出版社、作詞家・作曲家などそれぞれの権利者の取り分の割合は、あらかじめ権利者間で合意して JASRAC へ届け出られます。普通は作詞家・作曲家から音楽出版社への**著作権譲渡契約**の中で割合が決められます。この割合は自由に決められるのではなく、JASRAC が用意しているいくつかのメニューの中から選択しなければなりません。

　歌詞と曲とは分離して利用することができるため、共同著作物にはあたりません（➡ p.62）。作詞家には歌詞の部分の、作曲家には曲の部分の著作権が生じます。しかし、JASRAC では両者を共同著作物のように取り扱い、曲のみの利用の場合の使用料を作詞家にも分配しています。ただし、曲のみからなる著作物に作曲家の許諾を得て歌詞を付したものが利用された場合は、その作詞家は、その歌詞が利用されたときに限り、分配の対象者となります。もっとも、その場合でも、他の権利者が認めた場合には、作詞家がつねに（その歌詞が利用された場合でなくても）分配の対象者となることがあります。編曲者・訳詞者は、その編曲・訳詞が利用されたときに分配の対象となります。

2 音楽ビジネスの各プレーヤーと著作権

編曲家（アレンジャー）

編曲家の位置づけ

　編曲には、二つのものがあります。

　一つは、「**アレンジ**」とも呼ばれる作業です。すでに世に出せる形に完成している作品を、さらに特定の歌手やプロジェクトのニーズに合わせるべく調整する作業のことです。ちょっとテンポを早くしてみたり、コード展開を変えてみたり、キーを高くしてみたり、バック演奏の楽器編成を変えてみたりすることなどのほか、オーケストラ曲を吹奏楽で演奏できるようにするなど既存の曲をオリジナルと異なる楽器編成やスタイルで演奏できるようにすることなどがこれに含まれます。

　もうひとつは、作品が世に出る前の、もっと初期的な作業です。歌謡曲やポピュラー音楽などでは、作曲家は、メロディラインだけをつくることが少なくありません（そのような作曲家を「**メロディメーカー**」と呼ぶことがあります）。このような「裸」の作品に、バック伴奏のコード展開（ハーモニー）をつくったり、イントロ・間奏・エンディングを付け足したり、作品の構成を変えたり（サビの部分を最初にもってきたり）、リズムを整えたりなどして、**作品を世に出せる形にする**作業のことです。

　両方とも編曲家の才能の見せどころですが、とくに後者は、その作業なくしてはそもそも作品が完成しなかった（世に出せる形にならなかった）のですから、より作曲に近いといえます。既存の曲の単なる微調整にすぎないものや、誰が編曲しても同じようになるものなど創作性がない場合を除いては、編曲は、**二次的著作物の創作**にあたると思います。

　しかし、JASRAC の管理実務では、編曲家の著作権を管理することは、比較的最近まで広くは行われていませんでした。

136

Ⅱ 音楽ビジネスの著作権【必須知識編】

公表時編曲

JASRAC の管理実務では、1998 年から「**公表時編曲**」（曲が音楽 CD など として発行されるときに付された編曲）と呼ばれる制度が導入され、事態が 変わりました。先ほどの二つの編曲のうち後者のものについては、「**作品届**」 が JASRAC に提出されたときに公表時編曲者として届け出られた編曲家に は、カラオケ（歌唱・伴奏）による演奏使用料および業務用通信カラオケ使 用料の公衆送信相当分の一部が分配されています。つまり、部分的にではあ りますが、作詞家・作曲家と並ぶ著作者の一人として扱われるということで す。

編曲審査委員会

二つの編曲のうち前者のものについても、JASRAC がその著作権を管理 しているケースがあります。

既存の曲を編曲した場合にその権利を JASRAC に管理してもらうために は、まず**編曲届**を提出しなければなりません。編曲届には、編曲対象となる 曲（原曲）の著作権が消滅していない限り、原曲のすべての著作権者（作詞 家・作曲家など）の承認印をもらわなければなりません。一人でも反対した 場合には、編曲届を提出すること自体ができなくなるのです。そして、「**編 曲審査委員会**」での審査を経て、理事会で承認されると JASRAC に管理し てもらえるようになります。

もっとも、編曲審査委員会での承認や公表時編曲の届け出がなければ編曲 家が著作者として認められないということではなく、あくまで JASRAC か ら使用料の分配を受けるためにはそれらが必要ということです。

なぜアレンジャーの立場は弱いか

実際には、編曲家が著作者として扱われない場合も、少なくありません。 その背景には、編曲家は委託を受けてアレンジを請け負う場合が多いという 事情があります。編曲家の創作部分は音楽出版社などによって「買い取られ て」いて、編曲家には権利が残っていないケースも多いのです。

もっとも、最近は売れっ子の編曲家であればあるほど、「買取り」ではなく、音楽 CD などの売上に応じてパーセンテージで支払われる印税方式の場合が増えてきています。

これは私（前田）の想像にすぎませんが、著作者として扱われにくい理由には、実演との対比という観点があるのかもしれません。楽曲を演奏したり、歌唱したりする場合には、演奏者や歌手の解釈や工夫が加わりますが、著作権法は、その解釈や工夫を著作物の「創作」と見ていません。そのかわり、「準」創作的行為を行っていると評価して、「著作隣接権」を実演家に認めています。アレンジャーが付け加える創作性も、実演家の「準」創作的行為と同じようなものという感覚が音楽ビジネスの世界にあるのかもしれません。

アレンジャーの権利主張

作品の利用者としては、編曲家の創作部分が音楽出版社に買い取られていても、公表時編曲者として届け出られて編曲家に分配がされていても、とくにそのことを意識することなく、JASRAC から許諾を受けて使用料を支払うことで、作品の利用が可能になります。

しかし、音楽出版社が権利を買い取ったつもりになっていた（そのため公表時編曲者として作品届を提出していない）のに、編曲家が買取りを否認して権利主張をしたら、どうなるのでしょうか。

買取りが存在しないのなら、編曲家の創作が二次的著作物の作成にあたる限り、編曲家は、作品の利用者に対して、権利を行使できることになるのが原則でしょう。しかし、その権利行使が認められると、利用者の立場からすると、まったく「寝耳に水」です。JASRAC から許諾を受け、使用料を支払って利用していた利用者としては、作品利用の中止や損害賠償を求められることに納得できないでしょう。

編曲家は、買取りに応じていないとすれば、音楽出版社や作詞家・作曲家に対し、自らの取り分を主張できると思います。しかし、利用者に対して直接に権利行使することは、その利用者が音楽出版社や著作権等管理事業者から適法に許諾を得ている限り、認めるべきではないと私（前田）は思います。

II 音楽ビジネスの著作権【必須知識編】

column 03

トラックメーカーの権利

　本文（➡ p.136）でも説明しましたように、伝統的にはメロディを創作した人が作曲家とされ、編曲家がどんなに素晴らしいアレンジをしても、曲の代名詞になるような魅力的なイントロを書き足しても、それは「作曲」とはされず、シンプルであってもメロディを書いた人（メロディメーカー）が作曲家とされてきました。

　しかし、作品をはじめて世に出せる形にする編曲は作曲に近いため、メロディ担当者と編曲担当者とが仲間うちの場合などには、編曲担当者を共同作曲者として著作権等管理事業者に届け出たり、世間に発表したりするケースもあります。

　メロディメーカーだけが作曲家とはいえない典型的な例は、ラップ曲です。ラップ曲は、まず**トラックメーカー**と呼ばれる担当者が基本となるリズムとハーモニー展開などを創作し、それをバックにかけながら、ラッパーが（そのリズムに乗せながら）自分の歌うラップをつくっていくという過程で生み出されることが少なくありません。この場合、ラッパーは詞を創作していますので作詞家となるのですが、（ラップをメロディと呼ぶなら）同時にメロディも創作していることになり、作曲家でもあります。ラッパーがメロディメーカー＝作曲家となるなら、もともとバックで流れ、この作詞家兼作曲家であるラッパーに創作のインスピレーションを与えていたトラックメーカーは、どういう立場になるのでしょうか？

　現実にはトラックメーカーとラッパーとを共同作曲者とすることが多いのですが、このこと自体、メロディメーカーを作曲家とする旧来の考え方からすでに乖離しているといえるでしょう。トラックメーカーとラッパーとが仲間うちの関係ならよいのですが、あるときその仲間がけんか別れしたり、もともと深い結び付きのない者どうしで共同作業を行ったりする場合には、「作曲とは何か」についてお互いに理解を統一しておかないと、問題のタネになります。

　メロディメーカーを作曲家とする従来の考え方の背景には、メロディこそが音楽の中心とする考え方があるのでしょう。それは過去のある時点までは当たり前だったのかもしれませんが、現在の音楽業界では、少なくとも音楽のジャンルによってはその考え方がなじまなくなってきています。新しいクリエイターの活躍を阻害しないためにも、この古い考え方にかわる、誰もが納得できるような「作曲」の概念を議論していくことが必要だと思います。

2 音楽ビジネスの各プレーヤーと著作権

音楽出版社

🎹 音楽出版社とは

音楽出版社とは、作詞家・作曲家などと楽曲ごとに**著作権譲渡契約**を締結し、その著作権者となって、音楽作品の著作権の管理や利用開発（音楽作品の利用の促進）などを行っている事業者です。音楽出版社は、著作権の管理については、作詞家・作曲家から譲渡を受けた著作権の大部分を JASRACなどの**著作権等管理事業者**に預けています。

音楽出版社は、もともとは作曲家などから著作権の譲渡を受け、楽譜を印刷物として出版する事業者でした。しかし、音楽を利用するビジネスの中心は、しだいに楽譜出版から録音・演奏等に移ってきたため、今でも名前は音楽「出版」社（ミュージック・パブリッシャー）ですが、現実の事業の中心は、最初に述べたように著作権の管理や利用開発などになっています。

音楽出版社が作詞家・作曲家から著作権の譲渡を受け、その管理や利用開発を行う地位・権利のことを「**音楽出版権**」と実務では呼んでいます。まぎらわしいのですが、これは著作権法に定められた出版権（文書・図画として出版し、または文書・図画として表示される方式の複製物を公衆送信する権利）とはまったく違う内容の権利です。

主な音楽出版社は、**一般社団法人日本音楽出版社協会**（略称 **MPA**）のメンバーになっていますが、同協会の会員数は、2016 年 4 月 1 日現在で正会員 244 社、準会員 71 社だそうです。

🎹 音楽出版社の業務

音楽出版社の行う「**利用開発**」とは、楽曲ができるだけ多くのメディア等で使われ、普及させるために必要な業務のことをいいます。最近はコマーシャ

140

ルやテレビ番組などとタイアップして楽曲をプロモートすることが広く行われています。そのようなタイアップの獲得も、音楽出版社の重要な仕事です。

　音楽出版社は、作詞家・作曲家から譲渡を受けた著作権の大部分を、JASRACなどの著作権等管理事業者に預け、そこから使用料の分配を受けます。そして、分配を受けた使用料を作詞家・作曲家に再分配します。これが、音楽出版社の行う**「著作権の管理」**です。もっとも、特定の利用形態についてはJASRACなどの著作権等管理事業者に権利を預けず、自分で管理することもあります。実際にも、「映画への録音」「ビデオグラム等への録音」「コマーシャル送信用録音」「ゲームソフトへの録音」などの権利を著作権等管理事業者に預けていない音楽出版社やその事業部もあります。

　「コマーシャル送信用録音」「ゲームソフトへの録音」の権利をJASRACに預けている場合でも、それらの利用の対価などは、JASRACの使用料規程では定められていません。利用希望者は、音楽出版社に事前確認して使用料の指定を受ける必要があります（➡ p.177「権利者への事前確認が必要な場合」参照）。こうした利用への対応も音楽出版社の業務です。

　また音楽出版社は、外国の音楽出版社から日本での著作権の管理を委託されることがあります。この場合、外国の音楽出版社を**「オリジナル・パブリッシャー（OP）」**といい、そこから委託を受けた日本の音楽出版社を**「サブ・パブリッシャー（SP）」**といいます。

　「権利者への事前確認が必要な場合」（➡ p.177）で詳しく述べますが、外国曲の利用においては、「映画への録音」「ビデオグラム等（カラオケ用のビデオグラムを除く）への録音」「出版」についても、JASRACの使用料規程によるのではなく、音楽出版社に事前確認して使用料の指定を受けることになっていることがよくあります。このような場合、SPとしての音楽出版社は、OPの日本での代理人として行動し、利用者からの事前確認に応じています。

　音楽出版社は、著作権の管理や利用開発だけではなく、**レコード原盤を制作すること**も増えています。単独で原盤を制作する場合のほか、プロダクションやレコード会社と共同出資してレコード原盤を制作する場合も少なくありません。ただし、音楽出版社がCD商品などの製造・発売元になることはあまりありません。音楽出版社は、レコード原盤を制作したうえで、その権利

をレコード会社に譲渡したり、ライセンスしたりすることが多いようです。

♫ 著作権譲渡契約の内容

　一般社団法人日本音楽出版社協会（MPA）では、音楽出版社が作詞家・作曲家から著作権の譲渡を受ける際の、**著作権譲渡契約書**のひな形をつくっています（➡ p.293 参照）。同協会では、契約書用紙を販売しているほか、ホームページ（http://mpaj.or.jp/）に契約書の解説を掲載していますので、大変参考になります。実際の著作権譲渡契約においても、MPA のひな形が多く使われているようです。

　音楽出版社が作詞家・作曲家から譲渡を受けている権利の中には、**編曲・翻案権**が含まれています。著作権を譲渡する契約では、編曲・翻案権（著作物を編曲したり、改変を加えて別の作品を創作する権利）と、編曲・翻案等により創作された**二次的著作物の利用に関する原著作者の権利**とは、それらも譲渡の対象とすることが契約書で明記されていない限り、譲渡人に留保されたものと推定されます。MPA の著作権譲渡契約書ひな形では、これらの権利を譲渡対象として明記しているのです。

　ところで音楽出版社から JASRAC へは、二次的著作物の利用に関する原著作者の権利は預けられていますが、編曲・翻案権は預けられていません。ですから、編曲や翻案を許諾する権利は、音楽出版社にあります。ただ二次的著作物の利用に関する原著作者の権利が JASRAC にあるということは、編曲・翻案された音楽作品がある場合、その利用（録音、放送、演奏など）の許諾は、JASRAC の権限内になるということです。

　編曲・翻案権が音楽出版社にあるというのは、著作権（財産権）としての編曲・翻案権が音楽出版社にあるということです。著作者人格権の一つである同一性保持権はなお、作詞家・作曲家本人にあります。そして著作権とは異なり、著作者人格権は譲渡できませんので、音楽出版社が編曲・翻案権を行使するにも、作詞家・作曲家の同一性保持権に配慮しなくてはなりません。実際には、音楽出版社は作詞家・作曲家の意向を確認しながら編曲・翻案を第三者に許諾することになるでしょう。ただ、もし音楽出版社が作詞家・作曲家の意に反する改変（編曲・翻案）を第三者に許諾してしまったら、その

II 音楽ビジネスの著作権【必須知識編】

許諾を信頼した第三者に対して作詞家・作曲家が同一性保持権侵害の主張をするのは不当だと思います。法的には、第三者がいわゆる「表見法理」によって救済される可能性があります。

音楽出版社が作詞家・作曲家から著作権譲渡を受ける場合には、期間限定付きで譲渡を受ける場合と、その音楽著作物の著作権存続期間にわたって譲渡を受ける場合とがあります。また分配率についてはあらかじめ作詞家・作曲家との間で決めておき、それをJASRACへ届けます。最近は50%を音楽出版社の取り分とすることが多いようです。

2 音楽ビジネスの各プレーヤーと著作権
著作権等管理事業者

著作権等管理事業とは

　著作権等管理事業とは、他人から委託されて著作権等の管理を行う事業のうち、権利行使に関する判断が管理者に一任されていて、使用料の額を管理者側で決定することができるものをいいます。管理の委託を受ける方法としては、①著作権自体を管理のために譲り受ける（信託を受ける）方法と、②利用許諾の取次ぎまたは代理をする方法の、二つがあります。

　音楽の著作権の多くは、一般社団法人日本音楽著作権協会（JASRAC）などの著作権等管理事業者によって管理されています。音楽ビジネス全般にわたって、著作権等管理事業者は大きな役割を果たしているのです。音楽作品の利用者から見ると、権利者を探し出して利用許諾を得るのは大変な労力がいる作業ですし、他方、権利者や音楽出版社にしても、1件ごとの利用許諾の申請に対して、条件の設定や交渉をするのは現実的ではありません。そこで、権利者と利用者とのお互いの利便のために、多数の権利者の権利を包括して取り扱う窓口が必要となります。その役割を果たすのが**著作権等管理事業者**です。

　他人の著作権を管理する事業を行うには、かつては「著作権仲介業務法」（「著作権ニ関スル仲介業務ニ関スル法律」）という法律によって、文化庁長官の許可を受けなければならないとされていました。しかも一つの分野では原則として一つの団体にしか許可が与えられないとされ、音楽の分野では、JASRACだけがこの事業を行うことができました。しかし、他の事業者も新規参入できるようにするため、2001年に著作権仲介業務法が廃止され、そのかわりに「**著作権等管理事業法**」が施行されました。

　新しい法律では、文化庁長官に「**登録**」することで、一定の要件さえ満た

II 音楽ビジネスの著作権【必須知識編】

表10 | 音楽の著作物を取り扱っている著作権等管理事業者 (登録順)

(2016 年 3 月 1 日現在)

	名称	URL
1	一般社団法人 日本音楽著作権協会	http://www.jasrac.or.jp
2	株式会社 NexTone	http://www.nex-tone.co.jp
3	公益社団法人 日本複製権センター	http://www.jrrc.or.jp
4	一般社団法人 学術著作権協会	http://www.jaacc.jp
5	一般社団法人 教科書著作権協会	http://www.jactex.jp
6	株式会社 International Copyright Association	http://ica-j.com
7	株式会社 アイ・シー・エージェンシー	http://www.icagency.net
8	一般社団法人 ワールドミュージックインターネット放送協会	http://www.wmiba.com

表11 | JASRAC へ著作権を預けている権利者の数

(2016 年 4 月 1 日現在)

作詞者	作曲者	作詞・作曲者	音楽出版社	その他 (承継者など)	合計
3,173	2,609	5,000	2,943	3,543	17,268

せば株式会社なども著作権等管理事業に参入できるようになりました。現在、音楽の著作権を取り扱っている著作権等管理事業者としては、JASRAC のほか、株式会社 NexTone（ネクストーン）（2016 年 2 月 1 日付けで株式会社イーライセンスと株式会社ジャパン・ライツ・クリアランスが合併した会社）などがあります。

もっとも JASRAC は、現時点では圧倒的な数の作品を取り扱っており、規模的にも最大です。そこで、著作権等管理事業者の業務を理解するためには、まず、JASRAC のしくみを知ることが有益です。

JASRAC が管理している音楽作品

2016 年 4 月 1 日現在、JASRAC と契約を結んで著作権を預けている（信託している）日本国内の作詞家・作曲家、音楽出版社等の数は、表11 のとおりです。

145

また、JASRAC は、海外の著作権管理団体とそれぞれが管理している音楽作品を相互に管理し合う契約（**相互管理契約**）を結んでいます。2015 年 4 月 1 日現在、93 カ国 4 地域の 122 団体と相互管理契約を締結しているとのことです。

　こうした契約によって JASRAC が著作権を管理している音楽作品の数は、2016 年 3 月 31 日現在、作品データベース「J‐WID」で公開されている管理作品だけで内国作品が約 147 万作品、外国作品が約 203 万作品だそうです。

　音楽出版社を経由しないで、作詞家・作曲家から直接 JASRAC へ権利が預けられる音楽作品もありますが、最近のヒット曲のほとんどは、音楽出版社経由で JASRAC に信託されています。

　前にも説明したように（➡ p.133「作詞家・作曲家」参照）、サザンオールスターズの桑田佳祐さんのように、たくさんのヒット曲の作詞・作曲家でありながら、個人としては JASRAC に信託していない人もいます。しかし、桑田さんが作詞・作曲した作品の著作権は桑田さんから音楽出版社に譲渡されており、音楽出版社が JASRAC に信託しているので、JASRAC が管理できるのです。

　スピッツの草野正宗さんが作詞・作曲した作品には、『ロビンソン』のようにすべての権利が JASRAC で管理されている楽曲もあります。しかし、多くの楽曲については、演奏、CD レンタル、通信カラオケなどの権利は JASRAC に信託されているものの、録音、放送・有線放送、インタラクティブ配信などの権利については、音楽出版社から別の管理事業者（株式会社 NexTone）に管理が委託されています。

　このようなスピッツの作品を、通信カラオケに使うには JASRAC から許諾を得ることになりますが、同じ作品を音楽配信に使いたいと思えば、JASRAC ではなく、株式会社 NexTone JRC 事業本部から許諾を得ることになります。

🎹 JASRAC の管理のしくみ

　JASRAC は、日本国内の権利者とは**著作権の信託を受ける**（著作権を預かって管理するために著作権そのものを譲り受ける）**契約**によって著作権の

146

図7 | JASRACの管理委託範囲の選択ができる支分権、利用形態の区分

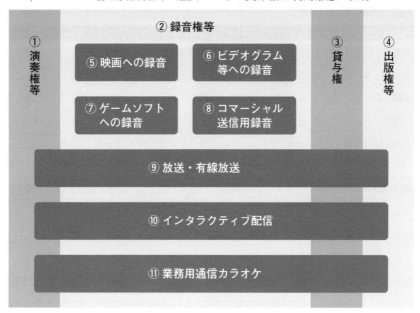

（JASRAC「著作権信託契約約款」より）

管理を行っています。JASRACは本来の著作権者ではありませんが、管理を円滑に行うため、本来の著作権者から著作権の譲渡を受け、対外的にはJASRAC自身が著作権者の立場になって管理を行っているのです。

ですから、著作物の利用許諾を行ったり、著作権侵害に対して民事裁判を起こしたり、刑事告訴をしたりするのはJASRACであり、作詞家・作曲家や音楽出版社ではありません（ただしJASRACに権利を預けている人［＝**信託者**］は、自分で訴訟を提起したいときは、相当の理由があり、JASRACの著作権管理事業の適正な遂行を妨げない場合に限り、JASRACから権利の返還を受けることができます）。

管理委託の期間は、未来永劫ではなく、原則として **3年間** です。ただし、双方からとくに通知がなかった場合は、原則として自動的に更新されることとなっています。

管理委託の範囲は、編曲権、翻案権等を除くすべての著作権を預ける（信

表12　JASRAC の管理手数料率
（2016 年 6 月分配期から 2017 年 3 月分配期に実際に適用される実施料率）

使用料の区分	料率	使用料の区分	料率
演奏等・映画上映	25%	業務用通信カラオケ	10%
放送等・有線放送	10%	インタラクティブ配信	10%
映画録音	20%	BGM	12%
出版等	20%	CD グラフィックス等	6%
オーディオ録音・オルゴール	6%	カラオケ用 IC メモリーカード	6%
ビデオグラム	10%	外国入金	5%
貸与（レンタル CD）	10%		（一部省略）

託する）のが原則ですが、特定の利用態様に関係する権利を除外することが認められています（➡図 7 参照）。除外する権利を自由に選択することはできません。JASRAC の**信託契約約款**で認められた範囲の中で、除外するかどうかを選択することになります。信託者が個人の場合には、ある作品については信託するけれども別の作品については信託しないという選択はできません。信託者が法人である音楽出版社であるときは、複数の事業部を設け、事業部単位で信託から除外する権利を選択できます。

　JASRAC は、著作権者として作品の利用を第三者に許諾し、原則として**使用料規程**にもとづく使用料を徴収したうえ、音楽出版社や作詞家・作曲家に分配します。もちろん管理にはコストがかかりますので、JASRAC は徴収した使用料から**管理手数料**を控除したうえ、残りを分配することになります。

　管理手数料率（➡表 12 参照）は、利用形態ごとに定められています。演奏等（カラオケ歌唱や演奏会における演奏など）のように、25％という高率な場合もあれば、オーディオ録音のように 6％という場合もあります。演奏権の管理では、全国のカラオケ店を回って無断利用がないかどうかを調べ、もし無断利用があれば使用料を支払うよう交渉し、交渉に応じなければ訴訟も提起しなくてはなりません。気が遠くなるような作業が必要ですので、オーディオ

録音に比べて管理手数料率が高くなるのもうなずけます。

　ある音楽作品について、JASRAC に権利を信託している A 音楽出版社と B 音楽出版社との間で、どちらが本当の権利者かどうかで争いが生じたとしましょう。このような場合、どちらが本当の権利者であっても対外的には JASRAC が著作権者であることに変わりはありません。ですから、その音楽作品の利用申込みがあれば、JASRAC は、A 社と B 社の争いにかかわらず、利用許諾を行って使用料を徴収し、A 社と B 社との間で決着がつくまでは、その使用料の分配を保留する扱いをすることができます。

2 音楽ビジネスの各プレーヤーと著作権

アーティスト（実演家）と
プロダクション❶

🎹 アーティストとは

　国語辞典で「アーチスト（アーティスト）」を引いてみますと、「芸術家。特に美術家や演奏家・歌手をいう」とされています（小学館『デジタル大辞泉』）。作詞家・作曲家も「芸術家」ですが、音楽業界で「**アーティスト**」という場合には、「歌手・演奏家」の意味で使うことが多いようです。

　歌手・演奏家は、著作権法上の「**実演家**」ですから、その権利は、著作権ではなく、**著作隣接権**によって保護を受けます。もっともシンガー・ソングライターの場合には、同一人物が作詞・作曲家であり、実演家も兼ねています。

　歌手などの実演家の権利が著作隣接権として保護される理由は、実演家は著作物を創作しているとはいえないものの、それに準じる行為を行っており、著作物を公衆に伝達する重要な役割を担っているからです（➡ p.86）。

　現代では、楽曲そのものよりも、どの歌手が歌うかという要素の方がヒット曲づくりに大きく影響する場合もあります。例えば、AKB48の新しいシングルが来月発売になると聞いただけで、まだその楽曲を聴いてもいないのに、「じゃあ買わなくちゃ」と思う人がいます。このように歌手は、著作物の伝達者としての役割を超える力を発揮することがありますが、著作権法上は「実演家」として、作詞家・作曲家の作品である楽曲を伝達する者あるいは準創作者としての保護を受けるだけです。そのため、楽曲を利用するだけで実演そのものを利用しない場合（カラオケ音源など）には、作詞家・作曲家からは許諾を得る必要がありますが、その楽曲を最初に歌って有名にした歌手の許諾を得る必要はないとされています。

150

Ⅱ 音楽ビジネスの著作権【必須知識編】

🎹 アーティストとプロダクションとの契約

アーティストのマネジメントを行う事業を一般に**プロダクション**と呼びます。プロダクションと呼ばれるのは、単にスケジュール管理などの事務をしているだけでなく、そのアーティストの総合的なプロデュースを行っているからでしょう。

アーティストの多くは、プロダクションに「所属」しています。「所属」の形態はさまざまです。プロダクションから月額固定給与の形で報酬が支払われている場合もありますし、プロダクションが外部から得た対価のうち一定パーセントをマネジメント料として取得し、残りがアーティスト本人に支払われるという場合もあります。前者の場合には、アーティストとプロダクションとの契約は雇用契約（労働契約）と見られることが多いでしょう。後者の場合には、実態によって歩合制の雇用契約と見られることもありうるでしょうが、準委任または請負契約あるいはそれらに近い契約と見られることも多いでしょう。

アーティストとプロダクションとの間では、一定期間の「**専属契約**」が締結されるのが普通です。専属契約期間内には、アーティストは、所属プロダクションのためだけに実演を行うものとされています。そして、専属契約期間内に行われた実演に関しては、プロダクションに実演家の著作隣接権が帰属する（プロダクションに譲渡される）とされることが多いようです。

プロダクションは、外部のレコード製作者や放送局などと契約を締結し、アーティストに実演を行わせる権限をもちます。

海外では、アーティストがマネージャーやマネジメント会社を「雇う」のが当然とされているようですが、日本では逆に、プロダクションが歌手を「雇う」ように見えます（法律的にも雇用契約を締結している場合もあります）。そのかわりに、日本のプロダクションは、新人アーティストに「給料」を支払い、キャリア形成や売り込みに努力をします。歴史的にも、日本のプロダクションが音楽業界に対し果たしてきた寄与は大きく、音楽出版社を兼ねて音楽著作権の管理をし、自らレコード原盤を制作し、さらにはテレビ番組や舞台・コンサートを制作するなどの活躍をしています。

シンガー・ソングライターとの著作権譲渡契約

　アーティストとプロダクションとの契約では、著作隣接権だけでなく、アーティスト活動に関して発生した著作権も、プロダクションに帰属すると定められていることがよくあります。この場合、アーティストがシンガー・ソングライターだとすると、その音楽作品の著作権もプロダクションに帰属するのでしょうか？

　多くの場合、当然にプロダクションに帰属するのは実演家としての活動に伴う権利だけと理解されています。作詞家・作曲家としての権利については、別途**著作権譲渡契約**を締結することにより著作権がプロダクションや第三者に移転するのです。ですから、専属契約の報酬が月額固定給与だとしても、著作物使用料の（再）分配金は、それとは別に支払われることが多いでしょう。

　ただし、プロダクションの指定する音楽出版社（プロダクションが音楽出版社を兼ねることも多い）との間で著作権譲渡契約を締結することがアーティストに義務づけられているケースが多いでしょう。

音楽ビジネスの著作権【必須知識編】

② 音楽ビジネスの各プレーヤーと著作権

アーティスト（実演家）と
プロダクション❷

レコード製作者との契約

　レコード原盤が制作されるとき、アーティストがそのレコードのための実演（歌唱・演奏）を行うことに関する契約が必要になります。この契約は、（アーティスト本人ではなく）プロダクションが自らの権限にもとづき、レコード製作者と締結します。

　もっとも、アーティストがその契約内容に同意したことを明らかにする趣旨で、アーティストもその契約の末尾にサインすることがあります。またレコード製作者、プロダクション、アーティスト本人の三者契約を締結することもあります。

　レコード製作者との契約では、①特定のレコード原盤を制作するための実演を行う「**ワンショット契約**」と、②一定期間中、特定のレコード製作者（だけ）のレコード原盤を制作するための実演を行う「**期間契約**」（「**専属実演家契約**」とも呼びます）とがあります。

　上の①および②のどちらの場合にも、レコード原盤に固定された実演の著作隣接権は、契約によってレコード製作者に譲渡され、レコード製作者の著作隣接権と一本化されます。実演の著作隣接権の対価は、**アーティスト印税**（**実演家印税**）という形で、レコード製作者から所属プロダクションへ支払われるのが普通です（➡ p.97）。あとに詳しく述べますが（➡ p.210「原盤譲渡契約の不思議①」参照）、実演の著作隣接権の譲渡の対価は、一定額ではなく、そのレコード原盤を使って製造・販売された音楽 CD 1 枚あたりいくらという形で、あるいは配信ビジネスなどによって得られた収益の何パーセントという形で支払われます。

　所属プロダクションとレコード製作者との間で締結される契約により、

153

アーティストはさまざまな拘束を受けます。例えば、

① 同一曲を他のレコード製作者のレコード原盤のために実演すること（いわ
　ゆる**セルフカバー**すること）は、一定期間禁止される

② 期間契約中（あるいは契約終了後も一定期間）、契約先のレコード製作者
　以外のレコード原盤制作のために実演をしてはならない

③ 一定期間内に一定枚数のレコード原盤を制作するに足りる実演を行うこ
　と

などです（①の拘束が課される理由は、著作隣接権がレコード原盤に固定された実演・音そのものにしか及んでおらず、新たに実演してそれを固定すれば、別の権利の対象となってしまうからです）。

　なお、プロダクションが自ら、レコード製作者になることもあります。このことについては、「レコード製作者とレコード会社との関係」（➡ p.208）で解説します。

🎹 専属契約が終了した場合の専属実演家契約の取扱い

　アーティストとプロダクションとの契約は、永久ではありません。その契約が終了したあとには、レコードに固定された実演の著作隣接権や、上に説明したレコード製作者との契約上の拘束は、どうなるのでしょうか？

　レコードに固定された実演の著作隣接権は、レコード製作者に譲渡されていますから、アーティストに戻ってくることはありません。また、上の①の拘束は、継続すると考えられるでしょう。

　かつて、あるアーティスト、所属プロダクション、レコード製作者の三者間で締結されていた**専属実演家契約**の契約期間中にプロダクションの脱税事件が発覚しました。そこでアーティストは、プロダクションとの信頼関係が破壊されたとして専属契約を解除し、その解除によって、レコード製作者との専属実演家契約も終了したと主張しました。東京地裁は、専属実演家契約が続くとなると、アーティストはプロダクションから報酬を受け取ることができないのに、レコード製作者に対する義務だけを負担することになることを主な理由とし、専属契約の解除がプロダクション側の落ち度によるものであったことも考慮して、レコード製作者との専属実演家契約も失効したと判

断しました（レコード製作者が控訴し、高裁で和解成立）。

　東京地裁の判決の前提には、レコード製作者からアーティスト印税を受領する権限は、アーティストとプロダクションとの専属契約が終了したあとにもなお、プロダクションにあるという判断があります。しかし、法律上の根拠は明確ではありませんが、実務上は、アーティストとプロダクションの専属契約終了後に発生したアーティスト印税のうち、専属契約期間中にはアーティストがプロダクションから受領していた部分については、アーティスト側からの要求があれば、レコード製作者からアーティストに直接支払われることがあります。このように、アーティスト印税の少なくとも一部はレコード製作者からアーティストに直接支払われるとしたうえで、アーティストとレコード製作者の契約関係を存続させるのが一番スムーズなやり方でしょうし、そうするのが実務の知恵ではないでしょうか。

　なお、法律上の根拠が明確でない点については、当初のプロダクションとレコード製作者との専属実演家契約の中で、契約期間中にアーティストとプロダクション間の専属契約が終了した場合には、レコード製作者は、アーティストからの要求があるときは、以後発生するアーティスト印税の一定割合をアーティストに直接支払うことができ、その支払いによってプロダクションに対する支払義務を免れると記載しておけばよいでしょう。

2 音楽ビジネスの各プレーヤーと著作権

プロデューサー

プロデューサーの役割とその権利

音楽 CD のレコード原盤を制作し、価値ある原盤として存在させるためには、いつ、どこで、誰が、何を歌ってレコーディングするか、バックミュージシャンは誰を使うのか、どのようなアレンジにするか、制作予算はどれぐらいにするかなどを適切に決定していくことが必要です。

その決定を行うことで原盤を価値あるものとして存在させる責任をもつ人が**プロデューサー**です。奥田民生さん、中田ヤスタカさんのように、その人がプロデューサーとなるかどうかが作品の人気を直接左右するブランドとして成立する例も、少なくありません。このプロデューサーの手にかかればヒット間違いなし、と賞賛される人たちもいます。

プロデューサーは音楽面での責任をもつ人をいいますが、それだけでなく、そのレコード原盤の宣伝展開や、さらにはそのアーティストの全般的な活動についても責任をもつ人も出てきました。このような人を**総合プロデューサー**と呼び、音楽についてのみ専門的にプロデュースする人を**音楽プロデューサー**と呼んで区別する場合もあります。

さらに、音楽プロデューサーのもと、レコーディングスタジオで行われるレコーディング作業（とその準備）についてのみ責任をもち、レコーディングが滞りなく行われ、高品質の原盤が制作されることを取りしきる「**ディレクター**」と呼ばれる専門職もいます。

プロデューサーは、契約によって、どのような権利をもつのかが定められます。プロデューサーが音楽 CD などの商品の売上に応じた印税による収入を契約により得ていることもあります。

II 音楽ビジネスの著作権【必須知識編】

2 音楽ビジネスの各プレーヤーと著作権
レコード会社

レコード会社の位置づけ

　レコード会社は、音楽 CD やミュージックビデオの製造・販売（いわゆるパッケージビジネス）を行う事業者ですが、最近は音楽配信が重要な市場になっています。また、パッケージビジネスでも、ミュージックビデオの比率が高くなりつつあり、音楽 CD と DVD がセットになった CD ＋ DVD 商品も多くなっています。

　音楽 CD の製造・販売や音楽配信を行うには、まずアーティストによる実演（歌唱や演奏）を固定した、**レコード原盤**を制作する必要があります。レコード原盤を制作する者がレコード製作者ですが、「レコード製作者とレコード会社との関係」（➡ p.208）で詳しく述べるように、レコード会社がレコード製作者であるとは限りません。レコード会社は、

① 自らレコード製作者としてレコード原盤を制作する

② 音楽出版社やプロダクションが制作したレコード原盤の譲渡を受ける

③ 音楽出版社やプロダクションと共同してレコード原盤を制作する

④ 音楽 CD として製造・販売し、音楽配信をする許諾（ライセンス）を原盤権者から得る

などの場合があります。

　なお、音楽 CD の製造・販売や音楽配信を行うためには、音楽作品の作詞家・作曲家の著作権について著作権等管理事業者等から利用許諾を得る必要があります。作詞家・作曲家の著作権との関係では、レコード会社は利用者の立場になります。

　レコード会社が音楽 CD の「製造」を行うといっても、近年では製造工場を社内にもつことは少なくなり、製造会社に外注することが多くなりました。

157

また音楽CDの物流業務も自社では行わず、専門業者に外注するのが通常です。このようにレコード会社は、音楽CDの製造や流通に関する経済的なリスクは負っているものの、実務としては宣伝、販売、営業のみに専念することも多く見られます。なかには販売・営業さえ他社に委ねるレコード会社もあります。

また**音楽配信**については、「プラットフォーム」をもっている音楽配信事業者と契約し、そのプラットフォームで行われることが一般的です。レコード会社と音楽配信事業者との関係は、「音楽配信事業を行う」（➡ p.202）で説明します。

レコード会社と原盤権

「原盤権とは」（➡ p.206）で詳しく述べますが、レコード原盤に関する著作隣接権などの権利のことを**原盤権**といいます。

上で説明した①、②の場合には、原盤権を保有し、行使するのはレコード会社です。この場合、レコード会社は、音楽CDを製造・販売するだけでなく、自ら音楽配信ビジネスを展開したり、音楽配信会社に配信を許諾したりすることができます。また、映画やビデオ、コマーシャル、ゲームソフトなどに原盤を使いたい人に、原盤の利用を許諾して許諾料を得るビジネスを展開できます。他のレコード会社の製造・販売するコンピレーションCDにレコード原盤を貸す（ライセンスする）というビジネスも行われています。

コマーシャルやゲームソフトなどに音楽作品を使いたいときは、著作権等管理事業者の許諾に先立って、音楽出版社に事前確認が必要ですし、外国曲については映画やビデオなどに使う場合も同様です（➡ p.177「権利者への事前確認が必要な場合」参照）。ただし、これは、あくまで著作権の利用許諾の問題です。その音楽作品を新たに演奏して録音する場合は著作権の利用許諾だけでよいのですが、他人のレコード原盤を使いたいときには、これとは別に、原盤権者の利用許諾を得る必要があります（なお、レコードに収録されている実演に関するアーティストの著作隣接権は、レコード製作者に譲渡されているのが普通ですから［➡ p.153「アーティスト（実演家）とプロダクション②」参照］、原盤権者が与える許諾には、アーティストの著作隣接権にもとづく許諾も含

まれます）。

③の原盤が共同制作の場合にも、プロダクション等の著作隣接権の持ち分がレコード会社に譲渡され、第三者に利用許諾するのはレコード会社とされているケースが多いようです。

これに対して、④のレコード会社が原盤権者からライセンスを受けているにすぎない場合には、レコード会社が第三者に利用許諾することはできません。この場合には、レコード会社にライセンスをしている原盤権者が第三者に利用許諾をすることになります。

以上のように、レコード会社は、本来は音楽CDの製造・販売を行う事業者ですが、原盤権を保有している場合には、音楽配信や第三者への利用許諾など、その原盤を利用するビジネスの中核として機能することになります。

レコード会社の受託ビジネス

レコード会社がレコード原盤に関する権利をまったくもたないというケースがあります。それは**受託ビジネス**といわれるものです。

受託ビジネスでは、原盤権者がレコード会社に、①音楽CDをプレス（製造）すること、②完成した音楽CDの販売を行うことの両方を委託します。レコード会社は、完成した音楽CDを原盤権者から買い取りますが、売れなかったときのリスクは原盤権者が負います。ですから、レコード会社がいったん買い取った音楽CDが、レコード店からレコード会社に返品されたり、そもそもレコード店に出荷されなかったりする場合には、原盤権者がレコード会社から買い戻す義務を負います。

なおJASRAC等に対する使用料の支払いは、本来は原盤権者が行うべきですが、原盤権者から委託を受けてレコード会社が代行することがあります。

2 音楽ビジネスの各プレーヤーと著作権
コンサート・プロモーター（興行主）

コンサート・プロモーターと著作権処理

かつて音楽産業は、レコード・CD を中心とするものでしたが、最近は音楽 CD の売上が減少し、ライブビジネスが隆盛しています。一人・一組のアーティストが出演するコンサートだけでなく、複数のアーティストがライブを行い、音楽を聴くこと以外のエンタテインメントも兼ね備えた「フェス」も大変盛んです。そのライブビジネスの担い手が**コンサート・プロモーター**です。

コンサート・プロモーターという言葉は、コンサートやフェスの企画・制作・運営をする会社を指す場合と、その会社で主に企画運営やプロモーション活動を担当する個人を指す場合とがあるようです。会社を指す場合でも、コンサート・プロモーターが**興行主**（コンサート等の経済的な収支の帰属となる主体。主催者）とは限りません。コンサート・プロモーターが自ら興行主となって「**自主興行**」を行う場合もありますが、興行主（主催者）から委託を受けてコンサートの企画・制作・運営を行う「**委託興行**」も多く行われています。委託興行の場合には、アーティストの所属プロダクションやレコード会社が興行主となることも多いようです。

興行主とコンサート・プロモーターが別になる委託興行の場合、コンサート等で歌唱・演奏する楽曲の著作権処理はコンサート・プロモーターの責任でしょうか、それとも興行主の責任でしょうか？　これは、両者の間では委託契約によって決められるでしょう。ただ、もし権利処理をせずに勝手に他人の著作物を歌唱・演奏してしまったとすれば、両者が連帯責任を負うことになるでしょう。

160

II 音楽ビジネスの著作権【必須知識編】

2 音楽ビジネスの各プレーヤーと著作権

音楽配信事業者・動画投稿サイト事業者

🎹 音楽配信事業者のサービス

　音楽 CD の売上の減少につれて、**音楽配信ビジネス**が存在感を高めています。日本ではいわゆる「ガラケー」時代には携帯電話向けの音楽配信である「着うた」「着うたフル」が隆盛しましたが、スマートフォン時代となってこれらのビジネスは大幅に縮小しました。それに代わって iTunes、Mora、レコチョクなどの**デジタルダウンロード販売**、さらには Apple Music、Google Play Music、レコチョク Best、AWA などの**定額制音楽配信**（サブスクリプションサービス）が活発になってきました。海外では Spotify のように、無料会員でも聴けるサービスもあります。

　デジタルダウンロード販売や定額制音楽配信を行う事業者の中には、レコード会社が株主になっているところもありますが、その場合でも数多くのレコード会社と契約してレコード原盤の配信をしています。その契約については、「音楽配信事業を行う」（➡ p.202）で説明します。

　デジタルダウンロード販売は、ユーザーに楽曲データを「売り切る」ものです。購入したユーザーは、音楽 CD を購入したのと同じように、期間の限定なくその楽曲を聴くことができます。ユーザーがスマートフォンや PC を買い換えた場合には、再ダウンロードできるのが普通です。

　定額制音楽配信は、ユーザーが月額の対価を支払っている限り、楽曲を聴くことができるサービスです。①ユーザーが好きな楽曲を選んで好きなときに聴ける**オンデマンド型サービス**と、②事業者側で定めた曲順でしか視聴できない**ラジオ型サービス**がありますが、両方の性格を併せ持つサービスもあります。いずれの場合もストリーム方式が基本ですが、①のオンデマンド型の場合には、好みの曲を「キャッシュ」としてダウンロードしておき、月額

161

サービス契約が継続されている限りはいつでも聴けるようにすることが普通です。

🎹 動画投稿サイト事業者のサービス

　YouTube などの動画投稿サイトを運営する事業者も、ある意味では音楽配信を行っています。**動画投稿サイト事業者**は、ユーザーに動画を投稿させ、その動画をストリーム方式（ユーザーの端末にダウンロード複製させるのではなく、視聴ごとにサーバーにアクセスさせて配信する方式）によって多くの人が視聴できるようにするサービスを提供しています。その動画の中には、音楽を中心とするものも数多くあります。多くの動画投稿サイト事業者は、投稿された動画によって得られた広告収入を投稿者に分配するしくみをもっており、さらに、フィンガープリント技術により、権利者が投稿された動画を①ブロックする（視聴できないようにする）、②音声をミュートする（音声が聞こえないようにする）、③マネタイズする（投稿された動画の広告収入から権利者が配分を受ける）、④再生に関する統計情報を取得する、のいずれかを選択することができるしくみ（**コンテンツ ID システム**）をもっているところもあります。

　また、動画に関する権利者は、動画投稿サービス内に「公式チャンネル」を設けて、そこに自らの動画をアップロードし、広告収入の配分を受けることもあります。音楽を中心とする動画が多い動画投稿サイトでは、あたかもストリーム型の音楽配信と同じように音楽を楽しむこともできることになります。

　音楽配信事業者と異なるのは、配信事業者はすべてのコンテンツについてレコード会社などの権利者と契約をしなければ配信をすることはできないのに対し、動画投稿サイト事業者は、必ずしも自らは権利者と契約する必要がないという前提をとっていることです（この前提が誤りの場合もあります。➡ p.251）。他人が著作権・著作隣接権を有する動画については投稿者が権利処理をしているはずであり、違法な投稿があっても、権利者から削除要請を受けた場合に適切な対処をすれば足りるというのが、動画投稿サイト事業者の基本的な立場です。もっともコンテンツ権利者の立場からは、動画投稿サ

イトは実際にはストリーム型音楽配信に近い使われ方をされているのに、権利者が音楽配信事業者から得られる収入と、動画投稿サイト事業者から得られる広告収入との間に大きなギャップが生じているとの指摘もなされています。

　音楽著作権については、大手の動画投稿サイト事業者は著作権等管理事業者（JASRAC、NexTone）と**包括許諾契約**を締結していますが、その意味については、「音楽配信事業を行う」（➡ p.204）で説明します。

2 音楽ビジネスの各プレーヤーと著作権

通信カラオケ事業者

🎹 通信カラオケ事業者と著作権

通信カラオケ事業者は、カラオケボックスなどに設置されたカラオケ機器に通信回線を使ってカラオケ音楽・映像を配信している事業者です。音楽の著作物の利用については JASRAC などの著作権等管理事業者と契約して許諾を受け、カラオケ音源や映像を自ら製作して配信していることが多いようです。自ら製作したカラオケ音源等については通信カラオケ事業者自身がレコード製作者や映画製作者になり、著作隣接権や著作権を有することになります。

著作権等管理事業者から許諾を受ける際、**専属楽曲**（➡ p.176 column 04「専属楽曲とは？」参照）については、レコード会社から**専属開放**を受けなければなりません。カラオケでは昭和 45 年以前の古い楽曲も数多く使われるので、専属楽曲の問題は通信カラオケ事業者にとって重要です。かつて（2001 年から 2002 年にかけて）、ある有力な通信カラオケ事業者は、多くの専属楽曲を保有しているレコード会社の親会社になっていたことから、子会社であるレコード会社に、ライバルの通信カラオケ事業者には専属開放を認めない（その結果、ライバルの通信カラオケ事業者はその専属楽曲を使えない）ようにさせたという事件が起こりました。公正取引委員会は、そのような行為は独占禁止法に違反する行為であるとしましたが、その後レコード会社とライバル通信カラオケ事業者との間で交渉が開始され、2007 年頃までには専属開放を認める契約が成立しました。公正取引委員会は、今後同様の違反行為が行われるおそれが認められないことから、格別の措置を命じないとしました。

Ⅲ

音楽ビジネスの著作権
【実践編】

JASRAC が管理している音楽作品を利用するには

　著作物を利用するときは、原則として、その著作権者から利用許諾を得る必要がありますが、これまでに述べてきたように、音楽の著作物は多くの場合、**一般社団法人日本音楽著作権協会（JASRAC）**に代表される**著作権等管理事業者**によって管理されています。ここでは、音楽著作物を利用するときの手順について、JASRAC の場合を例に解説していきます。

🎵 音楽作品を利用するときの手順

　JASRAC が管理している音楽作品を利用したいときは、JASRAC へ**利用申込み手続き**をして許諾を受け、**使用料**を支払う必要があります。もちろん、JASRAC が管理しているのは著作権だけであり、レコード製作者や実演家の著作隣接権を管理しているわけではありません。したがって、音楽 CD を複製したり、レコード音源を配信したりしようと思えば、JASRAC から許諾を得るだけでなく、別途、原盤権者からも許諾を得る必要があります。もっとも音楽 CD を公の演奏に使う場合（例えば、レコードコンサートを行うなど）には、著作権者にしか演奏権が認められていないため、JASRAC の許諾だけで足りることになります。

　なお、JASRAC が著作権を管理している音楽作品であるのに、JASRAC への利用申込みだけでは足りない場合がありますが、このことについては、「権利者への事前確認が必要な場合」（➡ p.177）で説明します。

　JASRAC は、ホームページ（http://www.jasrac.or.jp）で利用申込み手続きを説明していますので、実際に利用したいときはそちらを見てください。申込み手続きは、利用形態ごとに違っていますので、注意が必要です。ネットで申込みができる場合もありますし、JASRAC の本部や各地に設けられた支部に申込書類を郵送等する必要がある場合もあります。

III 音楽ビジネスの著作権【実践編】

　JASRAC のような著作権等管理事業者は、利用申込みがあった場合、正当な理由がない限り、許諾を拒否できないとされています（**応諾義務**。著作権等管理事業法 16 条）。ですから、よほどのことがない限り、申込みが拒否されることはありません。しかし、JASRAC の許諾は、著作者人格権侵害をしないことを前提としたものですから、JASRAC から許諾を得たからといって、どのような使い方をしてもよいというわけではありません。

🎵 「使用料規程」による使用料

　著作権等管理事業者は、利用形態ごとに使用料の額を記載した「**使用料規程**」を定め、それをあらかじめ文化庁長官に届け出て、その概要を公表しなくてはいけません。そのため、音楽関係の著作権等管理事業者は、ホームページでも使用料規程を公開しています。また、著作権等管理事業者は、使用料規程の額を超えて使用料を請求してはならないとされています。利用者は、とくに減額措置が合意されない限り、使用料規程にもとづく使用料を支払うことになります。

JASRAC のデータベースを利用してみよう

検索サービス「J‐WID」

　利用したい音楽作品がそもそも JASRAC で管理されているかどうか、管理されているとしてどのような権利が管理されているのかを知りたいときは、JASRAC のホームページ（http://www.jasrac.or.jp）で提供している「**作品データベース検索サービス**」（**J‐WID**）を利用するのが便利です。

　その場合、「作品利用に関する重要なお知らせ」（その中にある「事前同意が必要な利用形態については、こちらをご覧ください。」）をよく読む必要があります。

スピッツ『ロビンソン』のケース

　「著作権等管理事業者」（➡ p.146）で例としてあげた、スピッツの草野正宗さんの作品『ロビンソン』『さわって・変わって』の 2 曲を、CD に録音し、さらに音楽配信に使いたいと考えたとします。

　J‐WID の検索で、権利者名（著作者）を「草野正宗」と入力して検索すると、草野さんの作詞・作曲した作品がたくさん表示されます。このなかから『ロビンソン』を選択してみましょう。本項執筆時点では次のように表示されます（➡図 8）。

　『ロビンソン』に関しては、「録音」や「配信」などの欄に、すべて Ｊ マークが付けられており、JASRAC がこれらの権利を管理していることがわかります。また、一番右側の「注意」のところにも、特別の記載はありません。

　次に、「作品利用に関する重要なお知らせ」（その中にある「事前同意が必要な利用形態については、こちらをご覧ください。」）を見ても、『ロビンソン』を CD に録音したり、音楽配信に利用することに当てはまりそうな事項はあ

図8│JASRAC「J－WID」による『ロビンソン』の作品データ

りません。

　ですから、『ロビンソン』をCDに録音したり、音楽配信に利用することについては、JASRACで許諾を得ることができます。

　もう一度、検索結果をよく見ていきますと、作詞・作曲の「草野正宗」さんの名前の右側の「管理状況」のところが「無信託」となっています。あれ、草野さんは、JASRACに管理を委託していないの？　とびっくりしますが、ご心配には及びません。

　草野正宗さん個人はJASRACに管理を委託していませんが、草野さんから著作権譲渡を受けた音楽出版社であるフジパシフィックミュージックがJASRACに管理委託しているからです（➡「音楽出版社」についてはp.140参照）。

　しかし、『ロビンソン』を広告目的やゲームに供する目的で複製することについては、「事前同意が必要な利用形態については、こちらをご覧ください。」の中で、次のような注意が記載されています。

・**使用料が指し値となる利用形態（2016年4月1日～）**

　　以下の利用形態については、ご利用の前に、当該楽曲の著作権の譲渡を受けている音楽出版者（外国作品については日本地域での著作権の管理権限を有する音楽出版者）を通じるなどして、利用の可否に係る著作者の意向確認とあわせて、利用可能な場合の使用料額の指定を受けてい

ただくことが必要です。

(1) 広告目的で行う複製（コマーシャル送信用録音を含む。）

　　権利者の連絡先等お手続きの詳細については複製部広告・ゲーム・映画課（TEL03-3481-2173）までお問合せください。なお、広告目的複製の範囲については、こちらをご参照ください。

(2) (1) 以外の目的で行う複製

　ア　ゲームに供する目的で行う複製

　　（影像を伴わない場合は業務用に限る。）

　　事前同意と指値額の確認のため、利用に係る権利者との合意書をご提出いただくこととなります。権利者の連絡先等お手続きの詳細については複製部広告・ゲーム・映画課（TEL03-3481-2173）までお問合せ下さい。

（以下省略）

　『ロビンソン』を広告目的やゲームに供する目的で録音したい場合には、権利者（ここでは音楽出版社であるフジパシフィックミュージックのこと）に連絡して、利用可否について著作者の意向確認を行い、使用料額の指定を受ける必要があります。使用料規程で定められた一定の金額ではなく、JASRAC などに管理を委託している音楽出版社などの権利者が使用料を指定することを「指値」といいますが、「『指値』という考え方」（➡ p.183）で説明するように、指値によって使用料額が決まらなければ、JASRAC から許諾を得ることができません。

　複製部広告・ゲーム・映画課に電話すれば、フジパシフィックミュージックの連絡先を教えてくれるはずです。

スピッツ『さわって・変わって』のケース

　次に、同じ草野さんの曲でも『さわって・変わって』を検索してみましょう（➡図9）。

　これを見ると、録音、ビデオ、映画、**CM**、ゲーム、放送、配信の欄に、❌がついており、JASRAC がこれらの権利を管理していないことがわかり

図9 | JASRAC「J－WID」による『さわって・変わって』の作品データ

作品データベース検索　J-WID

■内国作品　出典：PO(出版者作品届)

作品コード　093-3705-9　さわって、変わって

■ISWC T- 905.383.138-2

No.	権利者	識別	契約	信託状況	所属団体	演奏	録音	出版	貸与	ビデオ	映画	CM	ゲーム	放送	配信	通カラ	注意
						J	X	J	J	X	X	X	X	X	X	J	
1	草野　正宗	作詞		無信託													
2	草野　正宗	作曲		無信託													
3	ロードアンドスカイ音楽出版　第3事業部	出版者		部分信託	JASRAC		●			●	●	●	●	●	●		

ます。なぜ <X> になるかというと、草野さん自身はもともと JASRAC に信託していませんし、音楽出版社である「ロードアンドスカイ音楽出版 第3事業部」は、JASRAC に**部分信託**（一部の権利のみを信託すること）をしており、<X> がついている欄の権利を JASRAC に信託していないからです。ですから、『さわって・変わって』を録音や配信、放送等に利用しようとすれば、JASRAC では許諾を得ることができません。これに対して、演奏、出版、貸与、通信カラオケについては <J> がついていますので、JASRAC で許諾を得ることができます。

　「著作権等管理事業者」（➡ p.145）で説明したように、JASRAC 以外の音楽著作権を管理する事業者として、株式会社 NexTone があります。同社の JRC 事業本部のホームページ（http://www.japanrights.com）にも作品検索システム（作品データベース）がありますので、これを使って『さわって・変わって』を検索してみましょう。

　すると、次ページの図10のように表示されます（本稿執筆時点）。「**支分権**」の欄で、「**CD 等**」「**ビデオグラム等**」「**その他録音**」「**インタラクティブ配信**」「**CM 送信用録音**」「**映画録音**」「**ゲーム**」「**放送・有線放送**」について NexTone の JRC 事業本部に管理が委託されていることがわかります。『さわって・変わって』を録音や配信、放送に利用したいときは、NexTone の JRC 事業本部へ申し込めばよいのです。

図10 NexTone JRC 事業本部による『さわって・変わって』の作品データ

JRC 作品コード	JASRAC 作品コード	作品名	権利者
0001110JRC	09337059	さわって・変わって	

作詞	草野　正宗
訳詞	
作曲	草野　正宗
編曲	
公表時編曲	
代表出版	有限会社　ロードアンドスカイ音楽出版　第3事業部

　ただし、「録音」の中でも「映画等上映する映像」に映像とともに音楽を録音する場合とコマーシャル送信用録音については、権利者に事前確認をして、「**指値**」による使用料の指定を受ける必要があります。そのことが、NexTone の JRC 事業本部のホームページに明記されています。

美空ひばり『柔』のケース

　今度は、美空ひばりが歌って大ヒットした関沢新一作詞・古賀政男作曲の『柔』を JASRAC の J - WID で検索してみましょう（➡図11）。

　この曲の管理状況は、すべての支分権・利用形態で、Ｊマークがついており、JASRAC がこれらの権利を管理していることがわかります。しかし、「注意」の欄に 専属 マークがついています。この部分にカーソルを合わせると、

図11 JASRAC「J - WID」による『柔』の作品データ

作品データベース検索　　　　J－WID

■内国作品 ■ 出典：JJ(作家作品届)

作品コード　088-0148-7 柔

■ISWC T- 101.570.686-0

No.	権利者情報					管理状況		演奏	録音	出版	貸与	ビデオ	映画	CM	ゲーム	放送	配信	通カラ	注意
	権利者		識別	契約	信託状況	所属団体		Ｊ	Ｊ	Ｊ	Ｊ	Ｊ	Ｊ	Ｊ	Ｊ	Ｊ	Ｊ	Ｊ	
1	関沢　新一		作詞		全信託	JASRAC													専属コロムビア (DV)
2	古賀　政男		作曲		全信託	JASRAC													専属コロムビア (D)

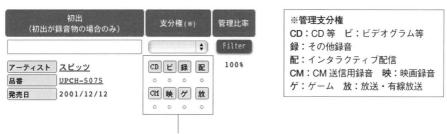

※○のついている各支分権の管理が委託されている。

歌詞については「著作者とレコード会社との間に専属契約があります。**D：オーディオ録音、V：ビデオグラム**」と、曲については「著作者とレコード会社との間に専属契約があります。**D：オーディオ録音**」と表示されます。

この曲は、日本コロムビア株式会社の「**専属楽曲**」（➡ p.176 column 04「専属楽曲とは？」参照）なのです。

専属楽曲については、JASRAC が勝手に専属の対象となっているオーディオ録音やビデオグラム録音を許諾することができません。『柔』では、歌詞については音楽 CD などのオーディオ録音とビデオグラム録音の両方が、曲についてはオーディオ録音のみが、それぞれ専属の対象となっています。そのような利用をするには、日本コロムビア株式会社から「**専属開放**」を得なくてはなりません。

外国曲のケース

最後に、外国曲を検索して調べてみましょう。

ビージーズの『HOW DEEP IS YOUR LOVE』（愛はきらめきの中に）を検索してみると、次のように表示されます（➡次ページの図 12）。

出版社やサブ出版社が複数になってややこしいですが、「映画」「**CM**」には ❌ がついており、それ以外の支分権・利用形態には Ⓙ がついています。「注意」欄には、特別の記載がありません。

この楽曲を「映画」「**CM**」に利用する権利は、そもそも JASRAC で管理していません。この楽曲の**オリジナル・パブリッシャー**（**OP**）と呼

図12 | JASRAC「J－WID」による『HOW DEEP IS YOUR LOVE』の作品データ

作品データベース検索　　**J－WID**

■外国作品■ 出典：PJ(サブ出版者作品届)

作品コード 0HO-9252-4 HOW DEEP IS YOUR LOVE

No.	権利者	識別	契約	信託状況	所属団体	演奏 J	録音 J	出版 J	貸与 J	ビデオ J	映画 ✗	CM ✗	ゲーム J	放送 J	配信 J	通カラ J	注意
1	GIBB BARRY ALAN	作曲作詞		演奏M	演:PRS 録:NS												
2	GIBB MAURICE ERNEST	作曲作詞		演奏M	演:PRS 録:NS												
3	GIBB ROBIN HUGH	作曲作詞		演奏M	演:PRS 録:NS												
4	CROMPTON SONGS	出版者		演奏M	演:BMI 録:NS												
	ワーナー・チャペル音楽出版 株式会社 Synch事業部	サブ出版		部分信託	JASRAC						#	#					
	ヤマハミュージックパブリッシング	サブ出版		全信託	JASRAC												
5	UNIVERSAL MUS PUB INT L MGB LTD	出版者		演録M	演:PRS 録:MCPS												
	ユニバーサル・ミュージック・パブリッシング Synch事業部	サブ出版		部分信託	JASRAC						#	#					
	シンコーミュージック・エンタテイメント	サブ出版		全信託	JASRAC												

ばれる本来の音楽出版社は、CROMPTON SONGS と UNIVERSAL MUS PUB INT L MGB LTD と表記される音楽出版社です。そして、OP である CROMPTON SONGS から日本における権利の行使を委託されている音楽出版社（**サブ・パブリッシャー［SP］**）がワーナー・チャペル音楽出版株式会社 Synch 事業部（出版以外に関して）、およびヤマハミュージックパブリッシング（出版と配信に関して）です。OP である UNIVERSAL MUS PUB INT L MGB LTD から日本における権利の行使を委託されている SP がユニバーサル・ミュージック・パブリッシング Synch 事業部（出版以外に関して）、およびシンコーミュージック・エンタテイメント（出版と配信に関して）です。ワーナー・チャペル音楽出版株式会社 Synch 事業部とユニバーサル・ミュー

ジック・パブリッシング Synch 事業部は、どちらも「映画」「CM」の権利をJASRAC に預けていません。ですから、この楽曲を「映画」「CM」に使いたいときは、JASRAC をとおさず、ワーナー・チャペル音楽出版株式会社 Synch 事業部およびユニバーサル・ミュージック・パブリッシング Synch 事業部と交渉して許諾を得ることになります。

　この楽曲を「ビデオ」「ゲーム」に使いたいときは、どうすればよいのでしょうか。データベースの検索結果では、「ビデオ」「ゲーム」の欄には Ｊ がついていますので、JASRAC で許諾を得られそうです。しかし、「事前同意が必要な利用形態については、こちらをご覧ください。」を見てください。この曲は外国作品ですので、ゲームはもちろん、ビデオグラム等（カラオケ用のビデオグラムを除く）への録音についても、原則として SP に事前に連絡して、利用可否について著作者の意向確認を行い、使用料額の指定を受ける必要があります。

　このほか、データベースでは注意書きが表示されないのですが、外国曲をオペラ・バレエ・ミュージカルなどに利用することについても、JASRAC では許諾を得ることができない場合があります。「演奏」のところに Ｊ マークがついていますので、オペラなどで演奏・歌唱することも JASRAC で許諾を得られるように思われるかもしれません。しかし、オペラ・バレエ・ミュージカルなどのように、「演劇的な演奏・歌唱をする権利」は、上演権の対象となり、「大権利（グランド・ライツ）」と呼ばれていて、国際的には、JASRAC のような著作権等管理事業者による管理の対象となっておらず、音楽出版社等の権利者が自ら管理していることも多いのです。

　ですから、外国曲をオペラ・バレエ・ミュージカルなどで利用しようとする場合には、音楽出版社（OP または SP）などとの個別交渉が必要となることもあります（➡詳しくは、このシリーズの第 1 巻『ライブイベント・ビジネスの著作権』を参照してください）。

175

column 04

専属楽曲とは？

　専属楽曲とは、著作者とレコード会社との**専属作家契約**によって、特定のレコード会社が CD・DVD・ビデオなどへの録音について独占できる権利をもっている楽曲のことです。最近の楽曲には専属楽曲はほとんどありませんが、1971 年に現在の著作権法が施行される前には、レコード会社は、有名な作詞家・作曲家の作品の録音権を自社で独占しようとして、作詞家・作曲家と専属作家契約を結ぶことがよくありました。

　イギリスなどの諸外国では、特定のレコード会社が作詞家・作曲家の作品を独占することを防止する制度が古くからありましたが、旧著作権法時代の日本にはその制度がありませんでした。そこで日本では専属作家制が生まれたわけですが、著作権法改正の際に、特定のレコード会社が長期間にわたり録音権を独占することは音楽文化の普及・向上のためには好ましくないと判断されました。

　しかし、専属楽曲であっても第三者の利用を事実上認める方向で話し合いが進んでいたことや長年の慣行を尊重して、著作権法改正の際に、

①レコード会社が録音権を独占できる期間の上限を、商業用レコードの国内での発売後 3 年間とし、その期間を経過した後には、別の商業用レコードに録音したい人が現れた場合には、文化庁長官の裁定によって強制的に利用できる制度を著作権法上設ける

②ただし、①の裁定制度は、現在の著作権法が施行される前（1970 年 12 月 31 日以前）に日本ですでに販売された商業用レコードに録音されている楽曲には適用しない

とされました。

　実務的に大きな意味をもっているのは、この②の部分です。旧著作権法時代の楽曲のうち、おおよそ 8 万 5000 曲について、現在でもレコード会社が録音権を独占する権利が認められています。そして、これらについては、①の文化庁長官による裁定の対象にもなりません。もっとも現実には、専属楽曲であっても、録音権を独占しているレコード会社から専属開放を受けることによって、録音利用を認められることが多いようです（➡専属開放を認めないことが独占禁止法上の問題となったケースを、p.164 で紹介しています）。

権利者への事前確認が必要な場合

「JASRACのデータベースを利用してみよう」(➡p.170)で、音楽CDやレコードに音楽を録音して利用する場合にはJASRACから許諾を得るだけで利用できるのに、広告目的やゲームに供する目的での録音などの利用には、事前に権利者に確認して、使用料の指定を受けなければならない場合があると述べました。そのような場合について詳しく説明したいと思います。

CM送信用録音など広告目的での複製

音楽作品を**CM放送・配信**に用いるために録音するなど、広告目的で複製する場合には、内国曲であっても外国曲であっても、著作者または著作者から著作権譲渡を受けている**音楽出版社**に事前に問い合わせ、同意を得る必要があります。その同意なしではJASRACから許諾を得ることはできません。特定の企業や商品の広告目的で音楽作品が利用される場合には、著作者人格権に対する配慮が必要であるというのがその理由です。この場合、使用料は「**指値**」(使用料規程であらかじめ使用料額が定められておらず、著作権等管理事業者に管理を委託している権利者が使用料を指定すること)となります(➡指値については、p.183「『指値』という考え方」参照)。

なお、広告目的での「複製」にあたる**CM送信用録音**と、その**CMを送信(放送・配信)**することは別です。録音することの許諾と、録音されたものを放送・配信することの許諾との、両方を得る必要があります。事前確認が必要になるのは、そのうち録音することの許諾の部分です。放送・配信については、事前確認は不要であり、使用料も使用料規程の定める額が適用されます。

かつては広告目的での複製のうち事前確認が必要なのは、CM送信用録音についてでしたが、2013年の**信託契約約款**(作詞家・作曲家や音楽出版社などがJASRACに著作権の管理を委託する際の契約条件)の改正により、

CM送信用録音のほかに、広告に利用する目的で行う出版が追加され、さらに2015年の改正で、広告目的で行う複製全般について、内国曲であっても外国曲であっても、著作者または著作者から著作権譲渡を受けている音楽出版社に問い合わせ、利用可否についての著作者の意向確認と、使用料額の指定を受けることが必要となりました。

映画、ビデオグラム等への録音とシンクロナイゼーション・ライツ

　音楽作品を映画やDVDなどのビデオグラム等（カラオケ用を除く）に録音する場合には、日本国内の作品（内国曲）と外国の作品（外国曲）とで取扱いが異なっています。**内国曲**については原則としてJASRACだけで許諾を得ることができますし、その場合の使用料は使用料規程によって算定されます。

　しかし、**外国曲**については、そうではありません。まず**権利者（SP＝サブ・パブリッシャー）**に問い合わせ、利用可否についての著作者の意向確認と、使用料額の指定を受けることが必要となります。

　広告目的での複製の場合に権利者の事前同意が必要なのは内国曲・外国曲共通なのに、映画やビデオグラムに音楽を録音することについては、内国曲と外国曲とで取扱いが変わるのはなぜでしょうか？

　じつは、外国（といってもすべての外国ではありませんが）では、映画やビデオグラムに音楽を録音することには、「**シンクロナイゼーション・ライツ**」という特殊な権利がはたらくとされています。

　著作権法に出てくる言葉で考えますと、映画に録音しようが、音楽CDに録音しようが、どちらも録音であり、複製権の対象であることに違いはありません。著作権法の中に、シンクロナイゼーション・ライツに相当する言葉は出てこないのです。

　この権利は、音楽を映像と同期させて録音することに関する権利であると説明されています。音楽を映像と同期させて録音する場合には、単に音楽を音だけで録音する場合とは異なり、映像によって音楽の印象が強い影響を受けることがあるため、外国曲については、音楽作品の印象を保持する観点から事前に権利者の同意を得る必要があるとされているのです。外国では、シ

音楽ビジネスの著作権【実践編】

図13 | 権利者への事前確認が必要となるケース

音楽作品を広告目的で複製して利用する場合
➡ 著作者または著作権譲渡を受けている音楽出版社など権利者への事前確認が必要、使用料は指値となる。

外国曲を映画に録音する場合
➡ シンクロナイゼーション・ライツがはたらくため、音楽出版社（SP）への事前確認が必要、使用料は指値となる。

外国曲をビデオグラム（カラオケ用を除く）に録音する場合
➡ シンクロナイゼーション・ライツがはたらくため、音楽出版社（SP）への事前確認が必要、基本使用料は指値となる（複製使用料は、使用料規程にもとづき、別途支払う）。
（注）BIEM（録音権協会国際事務局）加盟の22の外国団体レパートリーについては、事前協議は不要、指値にならない。

映像を伴うゲーム（業務用・非業務用を問わない）や映像を伴わない業務用ゲームに音楽作品を録音する場合
➡ 内国曲・外国曲とも、権利者への事前確認が必要、使用料は指値となる。

出版物に外国曲を掲載する場合
➡ 音楽出版社（SP）への事前確認が必要、使用料は指値となる。

ンクロナイゼーション・ライツについては、そもそもJASRACのような管理事業者に委ねられていないケースが多いようです。

　日本では、2001年まで著作権仲介業務法が施行されており、その当時、音楽出版社は、すべての権利をJASRACに信託しなければなりませんでした。映画やビデオグラムに録音する権利も、例外ではなかったのです。しかし、外国ではシンクロナイゼーション・ライツが管理事業者による管理の対象ではないことから、何らかの調整をはかる必要がありました。そこで、外国曲を映画やビデオグラムに録音する場合については、管理自体はJASRACが行うけれども、使用料はJASRACへの管理委託者である音楽出版社等が指

定する（指値で使用料を決定する）こととされたのです。

　著作権等管理事業法が施行された 2001 年以降、JASRAC の著作権信託契約約款も変更され、音楽出版社は、映画やビデオグラムへ録音する権利を JASRAC に委ねないという選択ができるようになりました。その選択がされている場合には、内国曲でも、JASRAC で映画やビデオグラムへの録音について許諾を得ることはできません。音楽出版社から直接許諾を得る必要があります。

　JASRAC の信託契約約款が変更されて以降、外国曲について映画やビデオグラムへ録音する権利が JASRAC の管理対象からはずされた例が大半かというと、映画録音についてははずされているケースが多くなったと思いますが、ビデオグラムについては、現時点でも管理自体は JASRAC が行うけれども、使用料は音楽出版社等が指定するとされている外国曲が比較的多いようです。この場合には、まず音楽出版社等に事前確認して使用料額の指定を受けたうえで、その後に JASRAC から許諾を得ることになります。音楽出版社等から指定を受けた使用料の支払先も、JASRAC になります。

ビデオグラムの「基本使用料」と「複製使用料」

　ビデオグラムに音楽を録音する場合の使用料は、「**基本使用料**」と「**複製使用料**」の二つに分かれていますが、外国曲を DVD や Blu‐ray などのビデオグラムに録音して利用する場合、権利者に事前確認して指定を受けるのは、「基本使用料」の部分だけです。基本使用料は、映像に音楽を同期させて固定すること自体の対価であり、複製使用料はそれを増製・頒布することの対価（製造する DVD・Blu‐ray など 1 個ごとに発生する）であるといってもよいでしょう。

　基本使用料は映像に音楽を同期させて固定すること自体の対価ですから、既存の劇場用映画を DVD 化、Blu‐ray 化する場合には、基本使用料は不要です。劇場用映画の製作の段階で映像との同期が終わっており、その対価が支払われているからです。DVD 化、Blu‐ray 化にあたっては、DVD・Blu‐ray を増製・頒布することに対する複製使用料だけが発生します。

　外国曲について権利者に事前確認することが必要なのは、「基本使用料」

だけですが、さらに、この「基本使用料」の部分も、J‐WID「作品利用に関する重要なお知らせ」の「事前同意が必要な利用形態については、こちらをご覧ください。」によれば、「主に BIEM（録音権協会国際事務局）加盟の 22 の外国団体の楽曲は、広告目的を除き、基本使用料を JASRAC の使用料規程で算出する旨、外国団体から了承を得ており、指し値にならない場合があります。」とされています。

映像を伴うゲームソフトへの録音、映像を伴わない業務用ゲームに供する機器等への録音

　映像を伴う**ゲームソフトへの録音**には、内国曲、外国曲ともに、権利者に事前確認して使用料額の指定を受ける必要があります。

　外国曲に関しては、映画やビデオグラムへの録音と同じ考え方が成立します。映像を伴うゲームソフトへの録音も、**シンクロナイゼーション・ライツ**の対象だからです。

　内国曲については、ビデオグラムなら JASRAC だけで許諾を得られますが、映像の伴うゲームソフトへの録音については、事前確認が必要です。ビデオグラムとゲームソフトとで区別する根拠はあまりないように思いますが、ゲームソフトに関してはもともと使用料規程に定めがありませんし、ゲームソフトの種類にもさまざまなものがあり、音楽の利用態様も一様ではありませんから、結局、ゲームソフトごとに使用料を個別に決定するほかないのかもしれません。

　2015 年の信託契約約款改正により、映像を伴うゲームソフトへの録音にあたらなくても（つまりゲームソフトの映像に音楽を同期させない場合でも）、**業務用ゲームに供する機器等への録音**については、内国曲、外国曲ともに、事前確認をして使用料額の指定を受ける必要があることになりました。映像を伴うときは非業務用でもその必要があるのに対し、映像を伴わないときは業務用の場合のみ必要となるのです。

出版利用

　広告目的で行う出版以外の出版について外国曲を利用する場合は、音楽出

版社（SP）に事前確認をして使用料額の指定を受ける必要があります（日本にSPがいない場合にはJASRACで許諾を得ることができません）。これは、シンクロナイゼーション・ライツと同じように、外国では出版利用については JASRAC のような管理事業者に委ねられていない（音楽出版社が直接管理している）ことに由来しています。

　そもそも音楽「出版」社は、楽譜出版を本業としていたのですから（➡ p.140「音楽出版社」参照）、出版に関する権利を管理事業者に預けないで直接管理するのは、当然のことかもしれません。もっとも内国曲については、権利者がとくに除外していない限り、出版利用についても JASRAC で管理されていますし、その場合、広告目的で行う出版を除き、権利者への事前確認なしでJASRAC から利用許諾を得られます。

「指値」という考え方

指値の支払い先は著作権等管理事業者

前項で説明したように、使用料規程で定められた一定の金額ではなく、JASRAC などに管理を委託している音楽出版社などの権利者が使用料を指定することを「**指値**」といいます。この「指値」という考え方について、もうすこし詳しく解説しましょう。

外国曲をビデオグラム（カラオケ用を除く）に録音する場合の**基本使用料**は「指値」となり、音楽出版社などの権利者への事前確認をして使用料額の指定を受ける必要があります。しかし、そうして定めた金額を支払う先は、やはり JASRAC です。

指値とされている場合についても、JASRAC は正当な理由がない限り、許諾を拒否できない（**応諾義務**。著作権等管理事業法 16 条）のでしょうか？もし音楽出版社などの権利者が提示する指値が高額であれば、結果として使用できないという事態もあり得ます。また著作権等管理事業者は、使用料規程を定めなければならず、使用料規程を超える使用料を請求することが禁止されています。「指値」は、このようなルールに反しないのでしょうか？

指値と「管理委託契約」の関係

そもそも著作権等管理事業法の対象となる「**管理委託契約**」とは、委託者が使用料の額を決定することとされているもの以外をいうと定められています（著作権等管理事業法 2 条 1 項）。したがって、委託者が使用料の額を決定する「指値」の場合には、同法にいう「管理委託契約」にあたらない➡「管理委託契約」にあたらない業務の委託を受けることは「著作権等管理事業」ではない➡「著作権等管理事業」ではない業務の委託の部分については、

JASRACといえども「著作権等管理事業者」ではない ➡ したがって、使用料規程を定める義務も応諾義務も負わない、という考え方が一応成り立ちます。ですから、形式的には問題がないともいえます。

このような考え方からすると、現在、JASRACが「著作権等管理事業者として」文化庁に届け出ている信託契約約款や使用料規程の中には、じつは、著作権等管理事業者としてではなく定めている部分（つまり指値に関する部分）が混在していると説明することになるでしょう。

また、使用料規程の中には、「使用料を委託者が指定することとしているときはその額による」とありますから、「指値」の場合にも一応は使用料規程の定めがあるという理解もできます。

たしかに、著作権等管理事業者が、「著作権管理事業」以外の業務をしてはならないということでもないでしょうが、現に「著作権等管理事業者」として大規模に事業を営んでいるJASRACが何らかの形で管理している音楽作品である以上、できるだけ一律の対価で、かつ個々の権利者と個別交渉をしなくても利用できることが好ましいと私（前田）は思います。

他方、JASRACの使用料規程から「指値」という考え方を少なくしようとすれば、JASRACに権利が預けられる利用形態が少なくなってしまい、外国曲を利用することなどがかえって困難になってしまうことも考えられます。そういう意味では、現在の取扱いは、権利者の立場と利用の円滑とのバランスをとったものと評価することもできるでしょう。

静止画と音楽を同期させる場合にも事前確認が必要か？
―― シンクロナイゼーション・ライツを考える(1)

 **静止画と音楽を同期させることは
シンクロナイゼーション・ライツの対象か**

　映画やビデオグラムに外国曲を録音することは、**シンクロナイゼーション・ライツ**の対象となり、権利者への事前確認が必要になる場合があることを説明してきましたが、そのような事前確認が必要な利用にあたるのか、微妙なケースがあります。例えば、**静止画像と音楽を同期させる**場合や、映像では**ない機械などの動き**（例えばスロットマシンの機械の動き）**と音楽を同期させる**ような場合です。このような場合にも、権利者への事前確認が必要なのでしょうか？

　このような場合には、「映像と同期」させているわけではありませんので、シンクロナイゼーション・ライツの本来の意味からはずれるものといえそうです。しかし、シンクロナイゼーション・ライツは、もともと法律に定められた権利ではなく、厳密な定義があるわけではありません。あくまでJASRACで許諾を得るのに権利者への事前確認が必要とされている利用形態の一つにすぎないのです。

　そこで、権利者への事前確認が必要かは、JASRACの使用料規程や著作権信託契約約款でどのように判断できるのかという観点から考えた方が近道です。

JASRACの手続きだけで許諾を得られるか

　まず、JASRACの手続きだけで許諾を得られるためには、JASRAC自身がその権限を有している場合でなければなりません。JASRACが権利者（作詞家・作曲家、音楽出版社など）から管理の委託を受けるにあたり、委託の

対象になっていない支分権・利用形態については、そもそも JASRAC で許諾を得ることはできません。

　管理委託の対象に含まれている支分権・利用形態に関して許諾を与える権限は、JASRAC にあります。しかし、**著作権信託契約約款**では、次の八つの場合には権利者が使用料を指定することができるとされており、そのため権利者への事前確認が必要になるのです。

　すなわち、

①コマーシャル送信用録音

②広告に利用する目的（以下「広告目的」という。）で行う出版

③広告目的で行う複製（①・②に該当するものを除く。）

④（映像を伴う）ゲームソフトへの録音

⑤業務用ゲームに供する機器等への録音（④に該当するものを除く。）

⑥映画への録音

⑦ビデオグラム等（カラオケ用のビデオグラムを除く。）への録音（著作物の固定に係る使用料（基本使用料）に限る。）

⑧②に該当するもの以外の出版

の八つの場合であり、このうち⑥・⑦・⑧は、外国作品が利用される場合に限られています。なお「③広告目的で行う複製」には、「①コマーシャル送信用録音」や「②広告目的で行う出版」が含まれますが、もともと指値が認められていた利用形態と著作権信託契約約款の改正により新たに指値が認められた利用形態とでは施行期日の区別をする必要があるために書き分けられているのです。

　また逆にいうと、この八つにあたらない場合には、JASRAC に権利が預けられている支分権・利用形態である限り、JASRAC の手続きだけで許諾が得られることになります。

　このうち、④の「ゲームソフトへの録音」は、映像を伴う（映像と同期させる）ゲームソフトへの録音をいうものと考えられます。また⑦の「ビデオグラム等への録音」には「等」がついていますが、著作権信託契約約款では、「ビデオグラム等への録音」とは、「ビデオテープ、ビデオディスク等の記録媒体に連続した影像とともに著作物を固定し、その固定物を増製し、又はそ

れらの固定物により頒布すること。」とされています。ということは、「連続した影像」にあたらない静止画像と音楽を同期させる場合には、「ビデオグラム等への録音」には当てはまりません。さらに「映画への録音」にもあたりません。したがって、静止画像と音楽を同期させることは、広告目的で行う複製、業務用ゲームに供する機器等への録音にあたらない限りは、外国曲であっても JASRAC の手続きだけで許諾を得られるといえます。

　では、スロットマシンのように、機械の動きと音楽を同期させる場合はどうでしょうか。この場合も、「ビデオグラム等への録音」にはあたりません。しかし、スロットマシンが「業務用ゲーム」であるとすれば、「⑤業務用ゲームに供する機器等への録音」に該当することとなり、内国曲・外国曲ともに、権利者への事前確認が必要になると考えられます。

外国で製作されたビデオグラムを
日本で複製する場合
── シンクロナイゼーション・ライツを考える(2)

許諾対象地域に日本が含まれていない場合の処理

　外国で許諾を得て製作された映画やビデオグラムを日本でDVDやBlu-rayとして複製する場合には、日本では複製物を増製（たくさん製造して増やすこと）するだけですから、外国曲が録音されていてもシンクロナイゼーション・ライツの対象にはならないのが原則です。

　例えば、イギリスでビデオグラムを製作する際に、権利者の許諾のもとで外国曲が録音されたとしましょう。そのビデオグラムのマスターテープをもとに日本でDVDやBlu-rayとして複製する場合には、複製使用料は発生しますが、基本使用料は発生しないはずです。したがって、JASRACの手続きだけで許諾が得られることになります。

　しかし、もしイギリスでの録音許諾が、許諾対象地域をイギリスに限定していた場合はどうなるのでしょうか？　その場合にも、日本で行われているのは複製物の増製だけだから、複製使用料だけでよいはずだという解釈があるかもしれません。そうであるならば、この場合にもJASRACの手続きだけで許諾が得られることになります。これに対して、録音許諾の対象地域に日本が含まれていなかった以上、日本でDVDやBlu-rayとして複製するには、シンクロナイゼーション・ライツの処理が必要だという解釈もできるでしょう。そうすると、日本でDVDやBlu-rayとして複製するには、やはり「基本使用料」の支払いが必要になり、外国曲については権利者への事前確認が必要となります。実務的には、こちらの方の取扱いで処理されているようです。

外国の権利処理方法に注意

　映画やビデオグラムを製作する際のシンクロナイゼーション・ライツの処

理は、かつては期間・地域の限定なしで行われることが多かったのですが、最近は、権利処理費用を安くするため、期間・地域を限定した処理が行われることもあります。

　逆に、映像と同期させることだけでなく、DVD や Blu‐ray として複製することまで含めた権利処理を、元の国でしている場合もあり得ます。この場合には、日本で DVD や Blu‐ray として複製するにあたって、基本使用料が必要でないばかりか、複製使用料も必要でないという理解もできます。

　このように、外国の映画やビデオグラムについての権利処理にはさまざまなケースがありますので、日本で複製する場合は、どのような対応が必要になるのか、注意が必要です。

放送・有線放送番組への利用と
そのDVD化
── シンクロナイゼーション・ライツを考える(3)

放送・有線放送番組への利用

　音楽を放送・有線放送番組に利用する場合は、外国曲についてもシンクロナイゼーション・ライツの対象にはなりません。ドラマに外国曲を使う場合でもです。映画やビデオグラムに外国曲を使うことと、放送ドラマに使うことは同じようなことともいえますが、シンクロナイゼーション・ライツの対象になるかどうかの点では、大きな違いがあります。放送というのは本来、その場で消えゆくものという考え方があるからなのでしょう。

　多くの放送局は、JASRAC および株式会社 NexTone との間で**包括許諾契約**を締結しており、1曲1曲の放送使用について個別に許諾申請をしなくてもよいことになっています。各放送局は、前年度の放送事業収入の一定パーセントを JASRAC および株式会社 NexTone に音楽の使用料として支払っています（➡ JASRAC 管理楽曲と株式会社 NexTone 管理楽曲との使用割合の反映については p.198 column 05「放送ブランケットライセンスの独占禁止法の問題」で解説します）。

　包括許諾契約による放送番組への利用許諾には、放送そのものだけでなく、放送用の録音も、放送に付随するものとして対象に含まれています。放送局自身が製作する番組に一時的に録音し、**6カ月**を超えないで保存することは著作権法44条で認められていますので、ここでの放送用録音の許諾とは、6カ月を超える保存と放送局以外の番組製作会社による放送用の録音のことです。この点については、外国曲であっても別途確認は不要で、JASRAC との包括許諾契約だけで処理されています。

III 音楽ビジネスの著作権【実践編】

放送番組を DVD 化する場合

このように、JASRAC が管理している音楽作品を利用した放送番組を放送すること、および放送のために録音することについては、包括許諾契約の中で一括処理ができます。しかし、その放送番組を DVD 化する場合は、包括許諾契約で処理することはできません。

したがって、DVD 化にあたっては、**基本使用料**および**複製使用料**を別に支払わなくてはなりません。劇場用映画の DVD 化の場合には「基本使用料」が不要で「複製使用料」だけが発生しますが、放送番組の DVD 化の場合には、その両方が発生します。放送番組の製作段階では「放送用」録音は許諾されているものの、ビデオグラムへの録音の際に問題になる**シンクロナイゼーション・ライツ**の処理が行われていないからです。

放送の段階では意識しなくてよかった外国曲利用の問題が、放送番組を DVD 化する段階で表面化します。その段階で、権利者と「指値（さしね）」交渉をする必要があります。使用料交渉が妥結せず、結局、放送のときとは異なる楽曲に差し替えられて DVD が発売されるということもあります。外国曲の権利者から見ると、放送には文句はいえず、放送のための録音も放送に付随するものとして容認せざるを得ませんが、DVD 化の段階では、シンクロナイゼーション・ライツの対価として自ら希望する使用料を提示することができるのです。

放送番組をインターネット配信する場合

放送番組をインターネット配信することは、基本的には放送局と JASRAC との包括許諾契約の中には含まれていないため、配信のためには別途、**インタラクティブ配信**の許諾を得なければなりません。そこで放送番組に外国曲が利用されている場合には、インターネット配信の際にも、DVD 化の場合と同じようにシンクロナイゼーション・ライツの問題が生じそうです。しかし、放送番組の配信は、DVD 化と違って放送と同時か、その直後に行われることも多く、また DVD 化以上に多種・多様な放送番組が対象になります。放送番組の配信のためにシンクロナイゼーション・ライツの処理をすること

には実務上無理があり、その処理が不可欠であるとすると、放送番組の配信が事実上進められなくなってしまうおそれがあります。また、放送番組の配信は、放送の延長線上のものと見ることも不可能ではありません。このようなことから、放送番組のストリーム配信に限っては、外国曲でも多くの場合にはシンクロナイゼーション・ライツの処理を不要とする運用がされています。ただし、一部の外国作品はこの運用の対象外とされ、その処理が必要となります。詳細はJASRACのホームページに掲載されている「放送番組・映画の2次利用ストリーム配信のための外国作品判定リスト」（http://www2.jasrac.or.jp/eJwid/info/stream.html）を参照してください。

III　音楽ビジネスの著作権【実践編】

「委嘱・タイアップ楽曲」の取扱い

一定の支分権・利用形態を委託範囲から除外できる

　JASRAC の信託契約約款では、委託者は「有する全ての著作権及び将来取得する全ての著作権」を JASRAC に預けるのが原則です。ただし、一定の**支分権**（演奏権等、録音権等、貸与権、出版権等）・**利用形態**（映画への録音、ビデオグラム等への録音、ゲームソフトへの録音、コマーシャル送信用録音、放送・有線放送、インタラクティブ配信、業務用通信カラオケ）を預ける範囲から除外することができるとされています。また法人である音楽出版社は、JASRAC の承諾を得て、事業部ごとに除外する支分権・利用形態を変えることもできます。

　このことを逆からいうと、音楽出版社であれ、個人の作詞家・作曲家であれ、JASRAC に預けることは、**曲単位ではできない**ということです。

　JASRAC の立場からすると、曲単位での管理委託を認めてしまうと業務が煩雑になりすぎるということかもしれません。しかし、この原則を徹底していくと不都合が生じることもあります。例えば、創業 50 周年を迎える A 株式会社がその記念に社歌をつくろうと企画して、JASRAC に権利を預けている作曲家 B に作曲を依頼したとします。その社歌の著作権も、作曲と同時に作曲家 B に帰属しますから、作曲家 B は、その著作権も JASRAC に預けなければなりません。作曲家 B は、社歌としてつくった曲ですから、A 株式会社の行事で斉唱されるなどは当然 OK しているはずですが、それを認める権利も JASRAC に預けなければならないのが原則です。しかし、それでは A 株式会社が社内行事などで社歌を利用するたびに JASRAC に許諾申請をしなければいけないことになります。これは現実的ではありません。そこで JASRAC の信託契約約款では、「社歌、校歌等特別の依頼により著作

193

する著作物」については、その著作権を依頼者（上記の例では A 株式会社）に譲渡することができるとされています。また、音楽出版社以外の委託者（上記の例では作曲家 B）は、依頼者に対し、その依頼目的として掲げられた一定の範囲の利用（上記の例では社歌としての利用）を認める権限を自分に残すこともできます。

　また、(1) 著作者（例えば作曲家）が他の関係権利者（作詞家など）全員の同意を得て、楽曲の利用開発のために、日本国内で対価を得ないで利用することや、(2) 音楽出版社が関係権利者全員の同意を得て、楽曲の利用開発のために、日本国内で対価を得ないで、技術的保護手段を講じてインタラクティブ配信をすることなどについても、委託者自身の権限に残すことが可能です。

🎵 その他の「当分の間」の経過措置

　このほかにも、「当分の間」の経過措置として、

① 依頼により広告目的のために著作する著作物について、依頼者である広告主に対し、(1) 放送権を譲渡することや、(2) 依頼目的として掲げられた一定範囲の利用を認めること

② 依頼により著作する放送番組のテーマ音楽・背景音楽の著作物について、依頼者である番組製作者に対し、(1) 放送権を譲渡することや、(2) 依頼目的として掲げられた一定範囲の利用を認めること

③ 依頼により著作する劇場用映画のテーマ音楽・背景音楽の著作物について、依頼者である映画製作者に対し、(1) 上映権を譲渡することや、(2) 依頼目的として掲げられた一定範囲の利用を認めること

④ 依頼により著作する演劇のテーマ音楽・背景音楽の著作物または演劇的音楽著作物について、依頼者である公演の製作者・主催者に一定範囲の利用を認めること

⑤ 依頼により著作するゲーム用著作物について、依頼者であるゲーム製作者に対し、その依頼目的として掲げられた一定範囲の利用を認めること

を委託者が行えるようになっています（①・②・③のうち一定範囲の利用を認めること、および④・⑤は、音楽出版社以外の委託者のみ）。

III 音楽ビジネスの著作権【実践編】

　さらに、市販用録音物または商用配信ではじめて利用される楽曲をプロモーション目的でコマーシャルや劇場用映画とタイアップする場合に、当分の間、一定の条件で、発売日から一定期間、タイアップ目的実現のための利用を委託者が認めることができるようになっています（音楽出版社も可）。

ブランケットライセンス（包括許諾）とは？

ブランケットライセンスの二つのパターン

　音楽の著作物を扱う著作権等管理事業者は、自らが管理している楽曲（管理楽曲）全部について、利用者に一定の利用を包括的に許諾することがよくあります。このような包括許諾のことを**ブランケットライセンス**といいますが、これには二つのパターンがあります。

　一つめのパターンは、月間または年間契約をし、その期間中、個別の申込みをしなくても、著作権等管理事業者の管理楽曲を自由に利用することができ、使用料も、利用実績に連動しない定額の月額あるいは年額で定められるパターンです。放送事業者に対する放送許諾、カラオケボックス等・ダンス教授所・宿泊施設の宴会場・フィットネスクラブ・カルチャーセンターなどに対する演奏等許諾、レコードレンタル店に対する貸与許諾等を包括的に行う場合などが、これにあたります。月額あるいは年額使用料は、許諾先の事業収入や店舗面積、教師の数・教授料、月会費などに応じて定められます。これが典型的なブランケットライセンスですので、ここでは「**真正ブランケットライセンス**」と名づけることにしましょう。実際に利用した楽曲を事後的に報告することが必要な場合（放送事業者に対する放送許諾等）と、そのような報告も不要な場合とがあります。利用楽曲の事後的な報告が必要な場合も、それに連動して使用料の額が調整されるのではありません。著作権等管理事業者が委託者に使用料を分配する際にどの楽曲がどの程度使われたかの資料が必要なことや、他の管理事業者との利用割合の算出等のために報告が求められているにすぎません。

　二つめのパターンは、個別の申込みをしなくても管理楽曲を自由に利用してよい点では真正ブランケットライセンスに似ていますが、事後的に利用実

Ⅲ 音楽ビジネスの著作権【実践編】

績や得られた情報料・広告料等収入を報告し、その利用実績などに応じた使用料を著作権等管理事業者に支払うパターンです。商用目的のインタラクティブ配信許諾を包括的に行う場合などがその例です。このようなブランケットライセンスを、ここでは「**非真正ブランケットライセンス**」と名づけることにしましょう。

また、一定の利用実績のあるレコード会社やビデオ会社とJASRACとの間で、事後的な報告によって録音使用料を支払う契約が締結されることがあります。これも「非真正ブランケットライセンス」の一種ともいえますが、これはお互いの信頼関係にもとづき個別許諾の事務手続を簡素化するためのものと考えられます。

ブランケットライセンスで利用できる範囲

真正にせよ、非真正にせよ、ブランケットライセンスは利用者にとって大変便利な方法です。とくに放送事業者は、いろいろな番組で膨大な数の楽曲を日常的に利用するので、ブランケットライセンスは不可欠といってよいでしょう。言うまでもありませんが、ブランケットライセンスで利用可能になるのは、その著作権等管理事業者が管理している楽曲、支分権・利用形態についてだけです。どの著作権等管理事業者によっても管理されていない楽曲や、管理されていない支分権・利用形態については、ブランケットライセンスで利用可能になることはありません。例えば、カラオケなどでよく利用される『上を向いて歩こう』の演奏、放送、配信などの権利はJASRACが管理していますが、録音や通信カラオケについては、どの管理事業者も管理していないようです。

column 05

放送ブランケットライセンスの
独占禁止法の問題

　「真正ブランケットライセンス」のうち放送事業者とJASRACとの間で締結されている契約について独占禁止法上の問題があると指摘される事件がありました。公正取引委員会での排除措置命令、審決、東京高裁判決、最高裁判決と、事件は複雑な経緯をたどり、現在（2016年3月）でも終わっていません。この事件で問題にされたのは、次の点です。放送で利用される音楽のうち、JASRAC以外の著作権等管理事業者の管理する楽曲の比率が増加しても、放送事業者がブランケットライセンスにもとづきJASRACに支払う使用料は変わらない。だから、放送事業者は、他の管理事業者の管理楽曲を利用すると、その使用料分だけ音楽の使用料総額が増加する。放送事業者がそれを回避しようとすれば、他の管理事業者の管理楽曲を放送で利用しようとしなくなる。そのため他の管理事業者の放送分野への参入が著しく困難になっている。こういう問題が指摘されたのです。

　この指摘は、放送のブランケットライセンスがいけないというものではなく、JASRAC管理楽曲の放送全体での利用割合がブランケットライセンスの使用料に反映されないことがいけないというものです。JASRACとしては、これまでも利用割合を考慮してブランケットライセンスの使用料が定められてきたと主張したのでしょうが、この主張は認められていません。

　このような問題点が指摘されていたなか、JASRAC、イーライセンス、ジャパン・ライツ・クリアランスの3団体（2016年2月にイーライセンスとジャパン・ライツ・クリアランスは合併して株式会社NexTone）は、2015年9月18日、放送分野で使用料を包括徴収するにあたっての、各管理事業者の管理作品の利用割合を算出する方法を合意しました。合意された算出方法は、「全管理事業者が放送分野で管理する楽曲の総放送利用時間（秒単位）を分母とし、各管理事業者が管理する楽曲の利用時間を分子とする」というものです。放送事業者は、全利用楽曲のデータをそれぞれの管理事業者に提供し、それぞれの管理事業者は、データの中から自らの管理楽曲を特定してその利用時間を各放送事業者へ通知します。各放送事業者は、各管理事業者から通知のあった時間を合算して分母とし、管理事業者ごとの利用割合を算出して各管理事業者に通知します。今後は、この方法を適用することによって、指摘されていた独占禁止法上の問題点が解消されると予想されます。

有線音楽放送と BGM

　飲食店などの店舗で BGM として音楽が利用されることはよくあります。BGM を流す方法としては、

① 「**USEN**」などの有線音楽放送を受信して流す場合

②**BGM** 音源貸出事業者の提供する音源を使って流す場合

③市販の音楽 **CD** やデジタルダウンロード音源を使って流す場合

④インターネットラジオなどインターネット上の送信を受信して流す場合

などが考えられます。これらすべてについて JASRAC など音楽の著作権者から許諾を得ることが原則として必要になりますが、その根拠は、それぞれ違っています。少しややこしくなってしまいますが、場合分けをして説明していきます。

　まず、どの支分権の対象になるかについてですが、①と④は、音楽の著作権者の「**伝達権**」（➡ p.69）の対象となり、②と③は「**演奏権**」（➡ p.67）の対象となります。

演奏権の対象となる場合

　かつて著作権法の「附則」により、音楽 CD など適法録音物を再生することは、「当分の間」の経過措置として、音楽喫茶など音楽を鑑賞させる営業を行う場合などにだけ演奏権が及ぶとされていました。その頃は一般の店舗で BGM として音楽 CD を流すことは「演奏権」の対象にならなかったのですが、1999 年の著作権法改正でこの「附則」が撤廃され、演奏権の対象になったのです。「演奏権」は、営利を目的とせず、聴衆から料金をとらず、実演家に報酬が支払われない場合には権利制限規定によって制限されます（➡ p.107）が、店舗で BGM として流すことは「営利目的」ですので、②と③の利用には、音楽の著作権者から許諾を得ることが必要となります。

伝達権の対象となる場合

次に①・④で問題となる「伝達権」は、「放送・有線放送される」著作物を「通常の家庭用受信装置を用いて」伝達する場合には、営利目的でも、権利制限規定によって制限されます（➡ p.108）。しかし④の利用は、（放送・有線放送される著作物でなく）「自動公衆送信」される著作物の伝達になりますから、伝達権は制限されません。また①の利用につき、店舗で有線音楽放送を受信してBGMとして流す場合は、「通常の家庭用受信装置」を用いたものではなくなるのが普通でしょうから、そうであれば、音楽の著作権者から許諾を得ることが必要となります。

簡易な許諾方法

このように、①から④のいずれの方法でも、音楽を店舗でBGMとして利用するには、原則として音楽の著作権者から許諾を得ることが必要となりますが、実際には、個々の店舗がJASRACなどと許諾契約を締結するのはなかなか大変です。そこで有線音楽放送事業者やBGM音源貸出事業者がJASRACと契約し、店舗に代わって伝達権・演奏権の使用料を支払うことが行われています。JASRACと契約した事業者のサービスを受ければ、店舗がJASRACに許諾申請をする必要はありません。なお教育機関、福祉・医療施設でのBGM利用や、事務所・工場等での主として従業員のみを対象としたBGM利用などについては、JASRACは当分の間、営利目的でも使用料を免除する取扱いをしています。

著作隣接権との関係

以上は音楽の著作権のことをお話ししてきました。実演家やレコード製作者の著作隣接権の関係ではどうなるのでしょうか？　実演家やレコード製作者には、「演奏権」「伝達権」に相当する権利がありません（➡ p.93、97）。ですから、BGMとして流すこと自体には、①から④のいずれの場合にも、実演家やレコード製作者から許諾を得る必要はありません。しかし、店舗等でBGMを流すために音楽CDやインターネット配信などからPCや携帯端末

音楽ビジネスの著作権【実践編】

にコピーすることは、勝手にはできません。なぜなら、そのようなコピーは、「私的使用目的」（➡ p.106）ではなく、権利者の許諾がない限り、実演家の録音権やレコード製作者の複製権の侵害になるからです。

音楽配信事業を行う

音楽配信事業を行う場合の許諾

インターネットで音楽配信を行うには、楽曲の著作権については、JASRAC などの著作権等管理事業者などから「**インタラクティブ配信**」の許諾を得る必要があります。

作詞家・作曲家や音楽出版社は、JASRAC に権利を預けるとき、インターネット等で音楽の「インタラクティブ配信」する権利を、預ける権利から除外することができます。除外されている場合には、その楽曲をインタラクティブ配信する許諾を JASRAC で得ることはできません。JASRAC ではなく、株式会社 NexTone（ネクストーン）にインタラクティブ配信に関する権利が預けられている場合には、同社から許諾を得る必要があります。

インタラクティブ配信を行う際に、レコード音源を使用するには、楽曲の著作権者とは別に、**原盤権者**から許諾を得る必要があります。なお、原盤権者は、通常その原盤に固定されている実演について実演家から権利の譲渡を受けているので（➡ p.153「アーティスト（実演）とプロダクション②」参照）、実演家からの許諾を別に得る必要はありません。対価は原盤権者に支払い、実演家には原盤権者からアーティスト印税として支払われることになります（➡原盤権については、p.206「原盤権とは」以降で詳しく述べます）。

ところで有料音楽配信には、(1) デジタルダウンロード販売と (2) 定額制音楽配信とがあり、(2) の定額制音楽配信には、①オンデマンド型、②ラジオ型、③ハイブリッド型があります（➡ p.161 参照）。

デジタルダウンロード販売の場合、配信事業者がレコード会社から原盤提供を受ける契約のパターンとしては、①配信事業者がレコード会社から委託を受けてそのレコード原盤の配信を行う場合と、②配信事業者がレコード会

社から許諾（ライセンス）を受けて配信を行う場合とがあるようです。①の場合には、配信事業者はユーザーから受け取った対価から配信手数料を控除し、残りをレコード会社に支払うことになります。「委託販売」の考え方に立っていますので、ユーザーに販売する価格を決定するのはレコード会社となります。ただし実際にはレコード会社が自由に価格を決定することはできず、配信事業者が設定した範囲で選択できるにすぎない場合が多いようです。この場合、配信事業者とレコード会社との間ではレコード会社が販売主体となりますが、楽曲の著作権について著作権等管理事業者と契約して許諾を得るのは、配信事業者であることが普通です。

　以上に対して②の場合には、レコード会社からライセンスを受けた配信事業者が販売主体となって、ユーザーに販売することになります。この場合にはユーザーへの販売価格は配信事業者が決定し、レコード会社がそれを拘束することはできません。楽曲の著作権について著作権等管理事業者と契約をするのも、もちろん配信事業者です。

　定額制音楽配信の場合には、ユーザーへの提供価格は配信事業者が決定するほかはなく、レコード会社は、配信事業者から再生回数などに応じてライセンス料を受け取ることになります。デジタルダウンロード販売での二つの契約パターンのうち、定額制音楽配信では必然的に②になるのです。

インタラクティブ配信の許諾を得る際の注意点

　JASRAC 管理の外国曲について、インターネット上での歌詞・楽譜の**可視的利用**（ダウンロード形式または印刷可能なストリーム形式で利用すること）については、JASRAC がインタラクティブ配信の権利を管理している場合でも、JASRAC では許諾を得られない作品や、音楽出版社への連絡が必要な作品、コピライト表示（ⓒ［マルシー］表示）を行うことが必要な作品などがあります。JASRAC のホームページに掲載されている「外国作品のインタラクティブ配信可視的利用可否判定リスト」(http://www2.jasrac.or.jp/eJwid/info/kashiteki.html) に照らし合わせて利用許諾を得られるかどうか、また、どのような利用条件があるのかを確認する必要があります。

　なお、有料音楽配信サイト（定額制音楽配信サイトを除く）などで、既存

の音楽配信や市販 CD 等のサンプルデータを、利用促進を目的として、情報料や広告料などの収入を得ないで「**試聴**」させることについては、再生時間が 45 秒以内のストリーム形式によるなど一定の要件を満たす場合には、事前に届出書を提出することで JASRAC の使用料が免除されます。

🎵 動画投稿サイトやブログサイトにおける音楽利用

YouTube やニコニコ動画などの動画投稿サイトに投稿される動画に音楽が使われている場合には、投稿によって、その音楽がインタラクティブ配信されることになります。p.162 でも申し上げましたが、音楽を中心とする動画が多い動画投稿サイトでは、ストリーム型の音楽配信事業と同じように音楽を楽しめることになります。

動画投稿サイトでは、他人が著作権・著作隣接権を有する動画をユーザーが投稿する場合、運営者側の立場・姿勢としては、投稿ユーザーが権利処理をしているはずであり、そうでないとしても、権利者から権利侵害を理由とする削除要請を受けた場合にだけ適切に対処すれば足りるという前提がとられています（➡ p.162）。その前提自体が誤りの場合もあります（➡ p.251）が、その前提が正しいとしても、個人が投稿に先立って権利処理を行うことはあまり現実的ではなく、実際には、大量の動画が違法にアップロードされることになります。そこで、この問題を軽減するため、音楽の著作権を取り扱う著作権等管理事業者は、ストリーム形式の動画投稿サイトと**包括許諾契約**を締結するようになりました。動画投稿サイトは自ら動画を送信する主体ではないというタテマエが正しいとすれば、この包括許諾契約は、投稿ユーザーに代わって著作権等管理事業者から許諾を得るためのものと位置づけられることになるでしょう。包括許諾契約が締結されている動画投稿サイトでは、投稿者は、著作権等管理事業者が管理する楽曲の「歌ってみた」・「演奏してみた」動画などを適法に投稿できるようになります（➡編曲権や著作者人格権との関係については p.264「編曲と著作権・著作者人格権」参照）。しかし、特定の企業や商品、サービスについて宣伝する動画には、別途**広告目的複製の許諾**が（場合によっては配信の許諾も）必要となります。またこの包括許諾契約は、映像作品の著作権や原盤権（著作隣接権）の許諾を含むものではありま

せんので、それらの権利処理は別途必要となります。

　さらに個人ではない企業や団体が投稿する場合、外国曲については別途シンクロナイゼーション・ライツの処理（➡ p.178）をすることが必要となる場合があります。個人が外国曲を利用する場合もシンクロナイゼーション・ライツの対象になるのが本来なのかもしれませんが、その処理手続を求めるのは現実的ではないため、動画投稿サイトが締結する包括許諾契約によって、非営利目的の個人ユーザーが行うシンクロ（映像と同期させて行う録音）についても包括的な許諾が与えられています。ただし、このシンクロ許諾は、あくまで管理事業者側が「ビデオグラム等への録音」の権利を管理していることが前提となりますので、そうでない楽曲については、非営利目的の個人であっても、別途、権利者からシンクロ許諾を得ることが必要となります。私（前田）の意見としては、この点をあまり厳格に考えると、包括許諾契約の意義がちょっと低下してしまうようにも思います。

　原盤権については、**コンテンツ ID システム**（➡ p.162）を使って事後的に原盤権者がマネタイズを選択するという手段は用意されていますが、著作権等管理事業者が原盤権について包括許諾をすることはありません。

　なお、2016 年 4 月 15 日現在、アメーバブログなどのブログサイトや「Yahoo! 知恵袋」などで歌詞を掲載することについても、JASRAC はブログサイト運営会社などと包括許諾契約を締結しているそうです。

原盤権とは

原盤権の中に含まれる権利

　「原盤権」という言葉は、音楽ビジネスの世界では日常的に使われています。しかし、著作権法の中にこの言葉はありません。また、この世界では誰もが使っている言葉なのに、人によってすこしずつ違った意味で使っているようにも思えます。この原盤権という言葉を、すこし整理しておきましょう。

　まず、著作権法の中で定められている**レコード製作者の著作隣接権**、これは原盤権の中核部分です。人によっては、原盤権とはレコード製作者の著作隣接権のことだと理解していることもあります。しかし、原盤権という言葉の中には、著作隣接権には含まれないレコード製作者の**二次使用料請求権**、商業用レコードレンタルに対する**報酬請求権**も含まれると考えてよいでしょう（➡ p.96「著作隣接権とは④」参照）。

　原盤権の中に含まれる権利には、もうひとつ大きなものがあります。それは、レコードに固定されている**実演家の著作隣接権**です。一つのレコードに含まれるレコード製作者の著作隣接権と実演家の著作隣接権とは、独立した別々の権利であることは、すでに説明しました（➡ p.97「著作隣接権とは④」参照）。しかし、二つの権利が別々に行使されると、実務上の権利処理が難しくなります。そこで、契約によって実演家の著作隣接権はレコード製作者に譲渡され、そのかわりに、実演家には**実演家印税（アーティスト印税）**が支払われることも説明しました。

　以上のことから、原盤権という言葉は、レコード製作者の著作隣接権、二次使用料請求権などだけでなく、契約によってレコード製作者に譲渡されている実演家の著作隣接権（アーティスト印税を支払うという契約上の負担つきのもの）を含む、レコード製作者が当該原盤に対してもっている権利・義

務の総体を指していると理解するのが一番適切であるように思います。

　原盤権には、以上で説明したこととはすこし違う意味合いで使われることがありますが、その点はあとで説明します（➡ p.211）。

　なお、実演家の著作隣接権はレコード製作者に譲渡されていると説明しましたが、商業用レコードの放送・有線放送に関する二次使用料請求権、商業用レコードレンタルに対する報酬請求権、および私的録音補償金請求権等は、レコード製作者に譲渡されないのが普通です。これらの権利は、実演家の団体（公益社団法人日本芸能実演家団体協議会［芸団協］）や一般社団法人私的録音補償金管理協会(sarah)という団体によって行使されます。また、レコード製作者が本来的にもっている二次使用料請求権、商業用レコードレンタルに対する報酬請求権、および私的録音補償金請求権は、レコード製作者の団体である一般社団法人日本レコード協会や sarah によって行使されます。

レコード製作者と
レコード会社との関係

ケース別原盤権の取扱い

　すでに「著作隣接権とは④」（➡ p.95）で説明したとおり、**レコード製作者**とは「レコードに固定されている音を最初に固定した者」をいいます。音楽CD という商品を製造・販売する会社ではなく、その音源となる最初の録音物（レコード原盤）を制作した者（会社）がレコード製作者であり、レコード製作者が**原盤権**をもちます。ここでは音楽 CD を製造・販売する会社（その会社は、音楽配信ビジネスでも配信事業者に原盤を提供する主体ともなります）を「**レコード会社**」と呼ぶことにして、レコード製作者とは区別したいと思います。

　レコード会社が音楽 CD を製造・販売する（音楽配信事業者へ原盤提供をする）ケースには、

① レコード会社が実演家（歌手や演奏家）の所属プロダクションと契約して実演家に実演（歌唱や演奏）してもらい、自らレコード製作者としてレコード原盤を制作する場合

② 第三者がレコード製作者として制作したレコードの原盤権を、レコード会社が契約（原盤譲渡契約）によって譲り受ける場合

③ 第三者がレコード製作者として制作したレコードの原盤について、レコード会社が契約（ライセンス契約）によって許諾を受ける場合

④ レコード会社と第三者とが契約（共同原盤契約）によって、共同でレコード原盤を制作する場合

があります。

　レコード会社以外のレコード製作者としては、プロダクションや音楽出版社などさまざまな会社がありますが、以下では説明を簡単にするため、プロ

ダクションがレコード製作者となる場合を想定しましょう。

②の**原盤譲渡契約**には、さらに二つの場合があります。レコード会社がプロダクションから原盤権の永久譲渡を受けている場合と、期間限定譲渡を受けている場合です。この「譲渡」は、普通の意味での譲渡と違うところがありますので、このことについては「原盤譲渡契約の不思議①・②」（➡ p.210 ～ 214）で詳しく説明します。

③の**ライセンス契約**は、原盤権自体は移転させずに、契約によって原盤の利用をレコード会社に許諾する契約です。いわば原盤権をレコード会社に「貸す」契約です。アパートの賃貸借契約には期間の定めがあるのと同じように、ライセンス契約にも期間の定めがあります。

実務では、あるアーティストのレコード原盤を一定期間継続的に制作し、その原盤の利用をレコード会社に独占的にライセンスする契約のことを「**原盤供給契約**」ということがあるようです。もっとも、原盤譲渡の場合も原盤「供給」といわれることがあるようです。いずれにしても「供給」という言葉では、「独占的ライセンス」なのか「譲渡」なのかの法律関係がよくわかりませんので、本書では「原盤供給契約」という言葉を使わないこととします。

④の**共同原盤契約**には、組み合わせ方によっていろいろな形が考えられますが、重要なのは①と②の組み合わせです。つまり、レコード会社とプロダクションとが費用を負担しあって原盤を共同制作し、いったん原盤権を共有したうえ、プロダクション側の共有持ち分について、②の原盤譲渡契約をするというパターンです。このように、いったん原盤権を共有としながら、同時にその共有持ち分をレコード会社に譲渡するのなら、最初から共同制作の形をとる必要はないのではないか、と思われる読者の方がいらっしゃるでしょう。この疑問は、原盤譲渡契約の特徴を理解しないと解消できませんので、次項でまず原盤譲渡契約について説明し、その後「共同原盤契約」（➡ p.221）の項でお答えしましょう。

そのほか、①と③の組み合わせや、②と③の組み合わせも理論上は考えられますが、実務上、共同原盤契約といえば、①と②の組み合わせであることが多いようです。

原盤譲渡契約の不思議❶

原盤譲渡契約は、不動産など一般の財産の譲渡契約とは大きく異なっています。原盤譲渡契約の特徴を、一般の財産の譲渡契約と比較しながら見ていきましょう。

請負に近い

一般の財産の譲渡契約では、譲渡対象となる財産がすでに存在しており、それを譲渡するという契約が普通です。原盤についても、すでに製作された原盤が売り買いされることがあり、それももちろん原盤譲渡契約ですが、日常的によく締結されている原盤譲渡契約は、これから新たに原盤を制作しそれを譲渡するというものです。このような原盤譲渡契約は、売買というより、むしろ請負（例えば建物を建築してそれを引き渡す）に近いものです。ですから、このような契約は、「**原盤制作・譲渡契約**」と呼んで、単なる譲渡契約と区別するのが正確でしょう。なお本書では、単に原盤譲渡契約という場合は、この原盤制作・譲渡契約をいうものとします。

譲渡対価が印税方式

原盤譲渡契約では、譲渡の対価が一定額ではなく、**印税方式**で支払われるのが普通です。

不動産譲渡契約の場合と比較しましょう。不動産譲渡契約では、契約のときに対価が一定額に定められ、原則として、不動産の所有権の移転と引き換えに代金が支払われます。しかし、原盤譲渡契約ではそのような契約はまれです。

原盤譲渡契約では、ライセンス契約と同じように、レコード会社が音楽CDの定価（表示小売価格）の何パーセントかを、その出荷枚数に応じて支

払う（音楽配信については原盤から得られた売上や収入の何パーセントかを支払う）と定められていることが多いのです。つまり、譲渡の対価は、不動産売買のように一定額ではなく、その原盤を利用して得られた売上や収入によって異なってくるのです。このような方式で支払われる譲渡対価のことを**「原盤印税」**と実務界では呼んでいます。

　原盤印税の支払時期は、契約時や原盤権移転のときではなく、その原盤を利用した音楽 CD などの商品を出荷したときや、原盤を利用して得られた収入があったときとされています。不動産などとは違い、原盤の経済的価値は、商品にして売り出してみないとわからないからです。原盤の価値を事前に評価し、譲渡対価を一定額で一括払いするという契約は、すでに存在している原盤の原盤権を譲渡する場合にはありますが、それ以外では、それほど締結されていないように思います。

　「原盤印税」は、原盤権譲渡の対価ですから、譲渡があった以上、原盤権は譲受人であるレコード会社に帰属していることになります。他方、「印税」という言葉は、それを受け取る人が権利をもっていることを前提としているようでもあり、その点から原盤権という言葉を、「原盤印税を受け取ることのできる地位」という意味で使う人もいるようです。この意味では、「原盤権」はプロダクションに残っていることになります。

　しかし、その原盤に関する著作隣接権等は、譲渡があった以上、譲受人（＝レコード会社）に移転していることになります。原盤権を譲渡したのに原盤権が残っているのは矛盾ですから、「原盤印税を受け取ることのできる地位」を指して「原盤権」というのは、避けた方がよいと思います。

期間限定譲渡の場合の著作隣接権

　土地や家などの取引では、「買戻し」をしない限り、いったん買主に移転した所有権は売主に戻ってきません。つまり、「譲渡」というのは、「永久に譲渡」なのが当たり前です。しかし、原盤譲渡契約では、**「期間限定譲渡」**が行われることもあります。

　期間限定で原盤権をレコード会社に譲渡すると、その期間中はレコード会社が対外的に原盤権者（著作隣接権者）としての権利行使ができるのですが、

定められた期間が過ぎてしまうと、原盤権は自動的に元のレコード製作者に戻ります。しかも、譲渡の対価が事前には確定しておらず、音楽 CD などの商品の出荷枚数等に応じて「**原盤印税**」という方法で支払われるのが普通ですから、「譲渡」契約といっても、ライセンス契約と似ています。

　ただ、海賊版やインターネット上の無許諾配信などの事件があったときに、侵害行為の差止などの請求ができるのは誰かという点でライセンス契約とは異なります。つまり、ライセンス契約の場合には、著作隣接権は移転していませんから、**ライセンサー**（ライセンスを付与する人＝この場合、レコード製作者）が著作隣接権者です。だから、ライセンサーが、海賊版業者や無許諾配信者に対して侵害行為の差止などを請求することができます。**ライセンシー**（ライセンスを付与された人＝この場合、レコード会社）は、著作隣接権者ではありませんから、原則としては、海賊版業者や無許諾配信者に対して差止請求をすることができません（独占的ライセンシーの場合には、民法の「債権者代位権」にもとづいて差止請求をすることが考えられますが、ちょっと法律的な話になってしまいますので、ここでは省略します）。

　これに対し、譲渡契約の場合には、たとえ期間限定であっても、その期間中の著作隣接権者は譲受人（＝レコード会社）ですから、レコード会社は、自らの著作隣接権が侵害されたことを理由として、海賊版業者や無許諾配信者に差止請求をすることができます。

原盤譲渡契約の不思議❷

制作資金が立て替えられる場合がある

　原盤譲渡契約とは、プロダクションなどがレコード原盤を制作し、これをレコード会社に譲渡するかわりに、レコード会社から「**原盤印税**」を受け取るという内容の契約です。ですから、レコード原盤の制作資金は、レコード製作者であるプロダクションなどが調達することになるはずです。ところが実際には、この制作資金を、レコード会社が「**立て替える**」という内容の原盤譲渡契約もあります。そして、立替金は、**原盤印税と相殺**していくのです。この場合、プロダクションなどが現実に制作資金を調達する必要はありません。

　レコード会社がレコード原盤の制作資金を立て替えてまで、いったんプロダクション側がレコード原盤を制作し、その原盤権をレコード会社に譲渡するという形式をとる意味はどこにあるのでしょうか。レコード会社が制作資金を調達するのなら、最初からレコード会社が原盤を制作すればよいともいえます。

　じつは、プロダクションから見ると、レコード会社が原盤を制作した場合にはアーティスト印税しか受け取ることができないのに対し、自らが原盤を制作しそれをレコード会社に譲渡した場合には、原盤印税を受け取ることができる点で差異が出てくるのです。アーティスト印税よりも原盤印税の方が高率なのが普通ですので、プロダクションからすると原盤印税を受け取れるようにした方が有利です。そのため、プロダクション側が原盤制作者になって、原盤権をレコード会社に譲渡する形をとることがあるのでしょう。

　レコードの場合には、映画の場合とは異なり、制作資金そのものはあまり莫大ではなく、むしろ広告宣伝費等の負担の方が重いことが多いのです。で

すから、制作資金をレコード会社が立て替えることもあるのでしょう。

🎵 原盤印税が「前払い」される場合がある

　原盤印税は、音楽 CD などの商品が出荷されたあとに支払われるのが原則ですが、その印税が契約締結時に**前払い**されることがあるのです。まだ制作されていない原盤の原盤印税が前払いで支払われることになります。「前払い金」であれば、もしその後に発生する原盤印税が前払い額に達しなかったときには、どの時点かで清算し、達しなかった部分をレコード会社に返還するのが本来のはずです。しかし、**「不返還」**（原盤印税が前払い金に達しなくても、差額をレコード会社に返還しなくてよい）という条件が定められることもあるようです。

　原盤譲渡契約において、「不返還」特約付きの原盤印税の前払いが行われ、制作資金はレコード会社が立て替え、広告宣伝費はレコード会社が負担するという内容の契約であれば、制作資金の立替金と原盤印税とが相殺されるとはいえ、そのレコード原盤についての経済的なリスクはほぼレコード会社が負っていることになります。

🎵 原盤印税以外の支払い

　原盤譲渡契約には、**ワンショット契約**（特定の原盤を制作・譲渡する契約）と、**期間契約**（一定期間、特定のレコード会社に対してだけ当該アーティストの原盤を制作・譲渡する契約。オリジナルアルバムを一定枚数以上発売するに足りる原盤を制作・譲渡することを義務づける場合も多い）とがあります。

　このうちの期間契約の場合には、原盤印税のほか、レコード会社からプロダクションに契約金、プロモーション印税、アーティスト育成金などが支払われることもあります。**契約金**とは、期間契約を締結する際にレコード会社からプロダクションに支払われる一時金です。**プロモーション印税**とは、プロダクションが音楽 CD のプロモーション活動を行い、その対価として売上等に応じて支払われるものです。**アーティスト育成金**とは、新人アーティストを育成する費用の一部をレコード会社が負担するために支払われるものです。

原盤譲渡契約の「契約期間」

専属期間と譲渡期間は違う

　原盤譲渡契約にはワンショット契約と期間契約があると述べましたが、期間契約では、あるアーティストは契約期間中には特定のレコード会社にのみ新規原盤を譲渡するという、独占期間が定められています。独占といっても、過去に制作・発表されている原盤の権利までを独占するという趣旨ではありません。今後、一定期間内に制作する原盤を、特定のレコード会社にだけ譲渡するという意味で、いわば「**専属**」です。

　この専属の「期間」と、原盤権が譲渡される「期間」とはまったく意味合いが違っています。まぎらわしいですので、ここでは前者を「**専属期間**」といい、後者を「**譲渡期間**」ということにします。

　専属期間は未来永劫ということはありませんが、譲渡期間は未来永劫（正確には著作隣接権存続期間）でもかまいません。むしろ、譲渡という以上は永久譲渡が普通であり、期間限定譲渡の方が特殊といえます。譲渡期間に限定がない場合には、専属期間終了後も、専属期間中に制作・譲渡された原盤の原盤権はレコード会社に帰属します。実際には、専属期間の定めを「**契約期間**」としておきつつ、契約期間終了後にも存続する契約条項（存続条項）を定めることによって、原盤譲渡の効果は残るようにしていることも多いようです。

譲渡期間の限定とセルオフ期間

　原盤譲渡契約では、専属期間の限定はあっても譲渡期間は無限定であることが原則といえますが、すでに「原盤譲渡契約の不思議①」（➡ p.211）で説明しましたように、原盤権の譲渡期間も限定する**期間限定譲渡契約**もありま

す。

　期間限定譲渡契約とライセンスは、実際には非常に近いものです。一定期間が経過すると、レコード会社側には原盤権がなくなってしまいます。逆に、プロダクション側からすると、その期間の経過後は、自分で直接その原盤を利用したり、あるいは別のレコード会社に提供したりすることが可能となります。

　レコード会社側からすると、一定期間経過後には原盤を利用する権利がなくなってしまいますが、契約期間中にすでに製造した音楽 CD の在庫が残っている場合に、この在庫を廃棄しなければならないとすると、経済的損失が発生してしまいます。そこで期間限定譲渡契約には「**セルオフ期間**」の定めがおかれるのが普通です。セルオフ期間（例えば 6 カ月）中は、レコード会社は契約期間中に製造済みの商品を引き続き販売することができますが、その印税は従前どおり支払うことが必要であり、また、プロダクションはセルオフ期間中にも別のレコード会社に原盤を利用させてもかまわないとされるのが普通です。なお、セルオフ期間を限定せず、在庫品の販売を継続できるという契約もあります。音楽配信では「在庫」という概念がありませんので、セルオフ期間は関係ありませんが、配信事業者に対して配信中止の手続きをするための猶予期間が設けられるケースもあるようです。またデジタルダウンロード販売については、契約期間中に購入したユーザーが再ダウンロードすることは引き続き可能とすることがあるようです。

原盤譲渡契約での利用方法の決定権

プロダクションとの協議は必要か

　レコード会社とプロダクションとの関係はさまざまですが、レコード会社に原盤権があるとして、具体的に音楽 CD をいつ、どのような形で発売するか、配信開始時期はどうするのかなどの決定はどのように行うのでしょうか。

　レコード会社とプロダクションとの関係がうまくいっているときには、このような問題は、両者の話し合いによって決定されるのが普通でしょう。問題は、両者の関係が悪化したとき、レコード会社の判断だけで決定することができるかどうかです。

　譲渡期間の限定のない原盤譲渡が行われていて、専属期間終了後に、レコード会社が今まで発売されたアルバムやシングルの中から選択してベストアルバムを発売しようとするときなどに、この問題がクローズアップされます。

　原盤権が譲渡期間の限定なく譲渡されている場合には、その原盤をどのように利用しようが、譲受人であるレコード会社の自由のはずです。しかし、原盤譲渡契約では、商品の企画等については**双方の協議**が必要と定められているケースがあります。

　その場合、専属期間の終了に伴ってその条項も終了するとされている場合には、原則に戻りレコード会社の自由になるでしょうが、逆にその条項が専属期間満了後も存続すると定められている場合には、レコード会社はベストアルバムの企画などについてもプロダクションと協議する必要が生じます。

合意が得られなかった場合

　この場合、レコード会社は、誠意をもってプロダクションと協議しなくてはなりませんが、誠実に協議をしても、どうしても合意が得られなかった場

合には、どうなるのでしょうか。合意が成立しないからといって、レコード会社が永久に発売できなくなるのは適当ではありませんので、契約書では、「協議の上、最終的にはレコード会社が決定する」という条項にしておくのがよいでしょう。

　レコード会社としては、アーティストの人気が高い時期にベストアルバムを発売したいと考えることが多いでしょう。他方、プロダクション側としては、ベストアルバムの発売によって一区切りつけるのに適切なタイミングかどうかを心配して、ベストアルバムの発売に慎重になることもあるようです。専属期間中には話し合いによって解決できる問題でしょうが、その終了後には、両者の思惑が錯綜し、紛争が生じる可能性もありますので、注意が必要です。

原盤譲渡契約と
新たな支分権の帰属先

新たな利用方法や支分権をめぐる争い

　原盤譲渡契約では、プロダクションが制作した原盤に関する「**すべての著作隣接権**」がレコード会社に譲渡されるのが原則です。またレコード会社自身がレコード製作者となる場合、プロダクションとの間で専属実演家契約などを締結して、当該レコードに収録されるその実演についてのすべての著作隣接権の譲渡を受けます（実演家の二次使用料請求権、貸与報酬請求権および私的録音補償金請求権は別）。問題が生じるのは、**原盤譲渡契約**や**専属実演家契約**にもとづき「すべての」著作隣接権の譲渡があったあとに、新たな利用方法が開発されたり、あるいは法律改正により新たな支分権（著作隣接権）が発生したりした場合です。このような場合に、**新たな利用方法に関する権利や支分権**までもが、レコード会社に譲渡されているのかどうかをめぐって争いになることがあります。

　とくに問題となったのは、**音楽配信ビジネス**の登場が予想されていなかった時代に締結された原盤譲渡契約、専属実演家契約にもとづき著作隣接権の譲渡を受けたレコード会社が、音楽配信ビジネスを行う権利を当然に取得しているかどうか、という点です。1997年の著作権法改正により、**送信可能化権**という支分権がレコード製作者と実演家に新たに認められました。送信可能化権とは、公衆からの求めに応じて自動的に送信できる状態におくことを内容とする権利ですが、音楽配信ビジネスは、まさにこの権利を利用することになります。

　プロダクションの立場からすると、譲渡する側が権利をもっているから譲渡できるのであり、譲渡の時点ではもっておらず将来もつことになるだろうと予測もできなかった権利を譲渡できるはずがない（つまり、送信可能化権

219

のように新たに発生した権利は、譲渡人側に留保されている)、ということになるでしょう。

　他方、レコード会社の立場からすると、すべての著作隣接権の譲渡を受ける契約をしたのだから、プロダクション側には何も権利が残らず、すべての権利はレコード会社側に帰属することになり、新たな利用方法や支分権が生じたなら、それもレコード会社側に帰属するはずである、また、今までは音楽CDの製造・販売によって消費者に提供していたが、音楽配信という消費者への提供ルートができただけであり、経済的実体の点では音楽配信は音楽CDの製造・販売と異ならない、ということになるでしょう。

「すべての著作隣接権」を譲渡するという契約は有効か

　契約書（とくに最近の契約書）には、将来新たに付与される権利や新たに開発される媒体および方法による利用についての権利も譲渡されることを明確にしたものがあります。このような契約も公序良俗に反するものでなく、原則として有効でしょう。契約書にそこまで明確に記載されていない場合が問題となりますが、「すべての著作隣接権」を譲渡する以上、将来新たな支分権が発生したり、新たな利用方法が開発されたりした場合には、その権利も含めて譲渡するという趣旨であるのが当事者の意思として合理的であると思います。

　裁判例でも、原盤に関してプロダクションの有する「一切の権利」を「何らの制限なく独占的に」レコード会社に譲渡する旨の契約条項がある場合に、その契約条項によってレコード会社が原盤の自由で独占的な利用が可能となったこと、そこでは著作隣接権の内容が個々に問題にはならず、一切の権利が問題になっていること、他方、プロダクションはレコード会社から収益を印税の形で受け取ることができること、このような関係は音楽業界において長年にわたる慣行として確立していることなどを総合的に考慮して、送信可能化権も含めてレコード会社に譲渡されていると判断したものがあります。

　ただ、新たな支分権や利用方法に原盤を利用した場合の原盤印税等をどのように定めるのかは、なかなか難しい問題です。

220

共同原盤契約

🎵 〈共同制作〉＋〈譲渡型〉

　共同原盤契約について説明しましょう。共同原盤契約にも、いくつかの
パターンがあり得ることは、「レコード製作者とレコード会社との関係」（➡
p.209）で説明しました。

　まず、レコード会社とプロダクションとが費用を一定割合で分担して共同
で制作し、いったん原盤権を共有したうえ、プロダクション側の共有持ち分
について、原盤譲渡契約をするというパターンです。これが共同原盤契約の
普通のパターンです。このような契約は、正確には**「共同原盤制作・譲渡契
約」**と呼ぶべきでしょう。この場合も、「譲渡」の部分があるわけですから、
レコード会社からプロダクションに対して原盤印税が支払われます。しかし、
あくまで共同制作ですから、出資比率が1対1の共同原盤であれば、2分の
1の権利はもともとレコード会社のものなので、プロダクションに支払われ
る原盤印税も2分の1になります。また、本来はアーティスト印税が原盤印
税とは別に発生し、それを双方が分担することになるのでしょうが、実際に
は、アーティスト印税は原盤印税に含まれるとしている契約が多いようです。

　このパターンの場合、譲渡が行われる結果、原盤権はレコード会社に
100％帰属することになります。なぜ、わざわざ2分の1の部分をいったん
プロダクションに帰属させ、それをまたレコード会社に譲渡するという構成
をとるかというと、2分の1の原盤印税がプロダクション側に支払われるよ
うにするためです。プロダクション側が制作資金の2分の1を負担すること
により、2分の1の「原盤印税を受け取る地位」をプロダクション側に発生
させる点に、この共同原盤契約の意義があります。

〈共同制作〉＋〈ライセンス型〉

　レコード会社とプロダクションとが費用を半分ずつ負担して共同制作をし、原盤権を共有したうえ、プロダクション側の共有持ち分について、**独占的なライセンス契約**をするというパターンも理論的には考えられます。この場合、ライセンス契約部分の期間が著作隣接権存続期間中と定められている場合には問題ありませんが、その期間が限定されている場合には、その後の利用方法について疑問が生じます。

　単純なライセンス契約では、独占的ライセンスであっても、期間終了後は、プロダクションが独自にその原盤を利用したり、あるいは別のレコード会社にライセンスしたりすることができますが、原盤権が共有になっている以上、プロダクションが自由にそうすることはできません。他方、レコード会社も、ライセンス期間が満了してしまうと、自分の共有持ち分があるからといって、利用を継続することは当然にはできません。いわば両すくみの状態となります。

　この場合には、新たな協議が成立するまでは従前と同じ利用方法がとられると解釈することができるかもしれませんが、いずれにしても、もともと無理がある契約形態であり、実務的にもあまり存在していないように思います。

〈単独制作〉＋〈一部譲渡・一部ライセンス型〉

　最後に、プロダクションが制作費を負担して原盤を制作したうえ、原盤権の一部をレコード会社に譲渡し、残りの権利について独占的なライセンス契約をするというパターンも理論的には考えられます。しかし、これもライセンス期間満了後にどうなるのかという問題が残ります。

　譲渡の部分を期間限定譲渡とし、その期間とライセンス期間とを一致させるなら、その期間終了後は、プロダクション側で自由に原盤を利用できるようになります。しかし、そうする目的ならば、譲渡部分とライセンス部分とを区別する理由に乏しくなるでしょう。この契約形態も実務的にほとんど存在しないと思います。

222

音楽ビジネスの著作権【実践編】

原盤権ビジネスの展開

　原盤権を使ったビジネスとしては、商業用レコード（音楽 CD）として製造・販売するのが最も基本的なものですが、これだけではありません。

配信ビジネス

　配信ビジネスが大きくなりつつあります。配信ビジネスには、レコード会社が配信事業者に配信を委託する形で行う場合と、配信事業者に原盤利用をライセンス（許諾）する場合とがあります（➡ p.202 〜 203）。

　配信ビジネスを行うためには、レコードを配信用サーバーに蓄積（複製）したうえ、ユーザーからの求めに応じて自動的に送信されるようにすることになります。前者は原盤権の一部である「**複製権**」の対象ですし、後者は「**送信可能化権**」の対象です。

原盤の貸与

　他のレコード会社に対し、**原盤を「貸す」**、すなわち、他社の製造・販売する商業用レコードに収録することを許諾して**ライセンス収入**を得るビジネスがあります。

　レコード会社は互いにライバル関係にあるのですが、あるレコード会社が特定のテーマに沿った曲を集めたコンピレーション CD（例えば 1980 年代にヒットしたラヴソング集）を発売しようと企画する場合、そのレコード会社 1 社の保有している原盤だけでは、テーマに沿った楽曲を十分集めることができません。そのような場合には、他社から**原盤を借りる**（ライセンスを得る）ことがよく行われています。

テレビコマーシャルや映画・ビデオグラムへの利用

そのほか、テレビコマーシャルや映画などへの利用があります。**テレビコマーシャル**や**映画・ビデオグラム**に楽曲を利用する場合に、著作権者のいわゆる**シンクロナイゼーション・ライツ**が問題となることは「権利者への事前確認が必要な場合」（➡ p.178）で説明しました。原盤権にはレコード製作者の複製権、実演家の録音権が含まれていますので、テレビコマーシャルや映画などに原盤を利用（録音）するには、著作権者の許諾だけでなく、原盤権者の許諾も必要です。楽曲の著作権は JASRAC などの著作権等管理事業者によって管理されているのに対し、原盤権は**原盤権者**がそれぞれに行使しており、管理事業者による管理は、ごく部分的にしか行われていません。一律の使用料規程があるわけでもありませんので、対価は個別交渉によって決定されます。

もっとも、音楽 CD や有料音楽配信のプロモーションの一環として、テレビコマーシャルや映画などとタイアップしてそれらに原盤が使われることもあります。この場合、原盤権者は、利用を「許諾する」という立場というよりは、一緒に盛り上げていく、あるいは「使ってもらう」という立場になります。

原盤を利用する場合の注意

レコード会社がもともとのレコード製作者でなくても、原盤譲渡を受けていれば、第三者に対して利用許諾をすることができます。しかし、第三者に配信などを許諾するには別途プロダクションとの事前協議が必要とされている場合もあり得ます。その場合、協議を行うことは、レコード会社とプロダクションとの契約上の義務にすぎませんから、仮に協議を経ないで第三者に許諾してしまったとしても、第三者の地位には影響しません（レコード会社がプロダクションに対して契約違反の責任を負うだけです）。

これに対して、レコード会社がもともとのレコード製作者からライセンスを受けているにすぎず、第三者に再許諾することがライセンスの中に含まれない場合などには、レコード会社と契約しても、第三者は原盤を利用する権

限を得られないことになりますので、注意が必要です（この場合にも、レコード会社に原盤利用を再許諾する権限があると信じ、そう信じたことに過失のない第三者は、場合によっては民法の「表見法理」により救われる可能性もあるのかもしれませんが、法律の話になってしまいますので、ここでは省略します）。

column 06

再販売価格維持

　メーカーが商品を小売業者に販売する際、その商品を小売業者から消費者に「再販売」（転売）する価格を指示して、その価格でしか再販売させないことを「**再販売価格維持**」といいます。再販売価格維持は、独占禁止法によって原則として禁止されていますが、書籍・雑誌・新聞・音楽 CD・音楽テープ・レコード盤の 6 品目は、例外的に独占禁止法の適用が除外されています（**著作物再販適用除外制度**）。つまり、メーカーが定価を定めて、小売店に定価でしか販売させないことができるのです。この 6 品目は文化の普及に必要な商品であり、全国どこでも同一の価格で購入できるようにすることに文化政策としての意味もあります。もともとは書籍・雑誌・新聞・レコード盤の 4 品目が適用除外の対象でしたが、音楽用テープ・音楽 CD はレコード盤に準ずるものとして取り扱われています。ただし、DVD、Blu‐ray などの映像商品は含まれません。最近は音楽 CD と DVD をセットにした商品が多く見られますが、公正取引委員会の見解では、「音楽 CD ＋ DVD」は音楽 CD ではないという理由で、適用除外の対象にはならないとされています。

　著作物再販適用除外制度は、廃止か存続かが議論されてきましたが、公正取引委員会は、2001 年 3 月、廃止について国民的合意が形成されていないため当面存続させるとしつつ、可能な限り弾力化等の取組みを進めるよう関係業界に要請しました。音楽 CD についても、現在では「**時限再販**」（発売から一定期間は定価販売しかできないが、その後は値引き販売が認められる）とすることが一般的になっています。

　また音楽配信ビジネスは、「音楽 CD」という「物」を販売・再販売する場合ではないので、著作物再販適用除外制度の対象にはなりません。

　なお、上記 6 品目以外の商品でも、販売店が「取次ぎ」として機能していて、実質的に見てメーカー自身が販売していると認められる委託販売などの場合には、メーカーが価格を指示しても通常は違法にならないとされています。ただし、販売店が商品の滅失・毀損や売れ残りのリスクを負わず、委託者（メーカー）のリスク負担と計算で販売されていることが必要です。音楽配信ビジネスでは、配信事業者がレコード会社から委託を受けてそのレコード原盤の配信を行うビジネスモデルがあります（➡ p.202）。音楽配信では、商品が滅失・毀損することはありませんし、配信事業者はユーザーから受け取ったお金から配信手数料を控除し、残りをレコード会社

音楽ビジネスの著作権【実践編】

に支払うことになりますので、売れ残りなどのリスクを配信事業者が負うこともありません。ですからこのビジネスモデルでは、レコード会社側が消費者への販売価格を指定しても違法になりにくいと考えられます。

原盤権者が許諾権をもたない
放送・有線放送

前項では原盤権ビジネスの対象となるものを説明しましたが、逆に、原盤権者が許諾権をもたない場合について説明しておきましょう。

レコード製作者の二次使用料請求権

まず、放送と有線放送についてです。著作権者は放送・有線放送に対する許諾権をもっていますが、レコード製作者には、もともと放送・有線放送を禁止したり許諾したりする権限は与えられていません。この点が、著作権者とレコード製作者とで大きく違っています。レコードを放送・有線放送に利用することは、その音楽 CD の売上等を妨げるどころか、かえって宣伝になるからという判断がその前提にあります。

レコード製作者に認められている権利は、音楽 CD などの商業用レコードを用いて放送・有線放送を行う事業者に対して「**二次使用料**」と呼ばれるお金の支払いを請求する権利です。この**二次使用料請求権**は文化庁長官の指定する団体である**一般社団法人日本レコード協会**を通じてしか行使できません。また、この二次使用料が発生するのは、放送等に「**商業用レコード**」が使われた場合だけであり、それにあたらないレコードの複製物が放送等に使われても、二次使用料は発生しません。なお、iTunes などで配信される配信音源は、日本の著作権法では「商業用レコード」ではありませんので、それが放送等に使われても現在のところは二次使用料が発生しません。しかし、TPP 協定関係法律整備法が成立・施行された場合には、**配信音源**（送信可能化されたレコード）も二次使用料の対象となります。

日本レコード協会は、毎年、放送局などと交渉して二次使用料の額を決定し、放送局から支払いを受けて、原盤権者に分配しています。

実演家の二次使用料

　レコード製作者には、そのレコードに収録されている実演家（アーティスト）の著作隣接権も契約により帰属しており、それも原盤権の一部になっています。

　しかし、実演家には、実演家の許諾を得て作成された複製物（レコード会社が製造販売した商業用レコードはこれにあたります）を用いて行う放送・有線放送については、これを禁止したり許諾したりする権限がありません。

　著作権法の条文を見ますと、実演家の放送権・有線放送権が支分権として定められていますが、録音権・録画権を有する者の許諾を得て録音され、または録画されている実演については放送権・有線放送権を定めた条項を適用しないと書かれています。結局、実演家の著作隣接権にもとづいても、商業用レコードの放送・有線放送を禁止することはできないことになります。

　もっとも、実演家も、レコード製作者と同様に、商業用レコードを用いて放送・有線放送を行う事業者に対して**二次使用料請求権**をもちます（実演家の著作隣接権がレコード製作者に譲渡されているといっても、二次使用料請求権まで譲渡されているわけではありません）。実演家の二次使用料請求権は、文化庁長官が指定する**公益社団法人日本芸能実演家団体協議会（芸団協**。実際の業務は芸団協におかれている**実演家著作隣接権センター[略称 CPRA**]が担当）を通じてしか行使できません。芸団協 CPRA は、毎年、放送局などと交渉して二次使用料の額を決定し、その支払いを受けて、実演家（の団体）に分配しています。

放送・有線放送と「送信可能化」の区別

　レコード製作者は、「**送信可能化**」については、禁止権・許諾権をもっています。しかし、「**放送・有線放送**」については禁止権・許諾権をもっていません。そこで、ある利用方法が、「送信可能化」なのか「放送・有線放送」なのかによって、原盤権ビジネスの対象となるのかどうかが変わってきます。

　著作権法に定められた定義は大変複雑なのですが、送信可能化とは、不特定多数の人からの求めに応じて自動的に送信できる状態におくこと（**オンデ**

マンド型）をいいます。それに対して放送・有線放送とは、多数の人に同一のコンテンツを同時に視聴させることを目的とするもの（**一斉型**）です。

　日本では、利用者がサーバーまでデータを読み取りにいくものは送信可能化の対象であり、利用者（視聴者）の手元まですでにデータが届けられているものが放送・有線放送だと理解されてきました。例えば、地上波テレビ放送では、テレビのスイッチをつけなくても、放送波は各家庭のアンテナまで届いています。これが放送なのです。これに対し、インターネット配信は、番組データを蓄積したサーバーまで視聴者の側から読み取りにいくことになりますので、送信可能化の対象なのです。この区別は、原盤権者にとって大変重要なのですが、いわゆる「**放送と通信の融合**」によって、あいまいになってきました（➡ p.232 column 08「IP マルチキャスト放送と放送番組のネット配信」参照）。

放送番組の「送信可能化」

　最近は放送番組がインターネットで配信されることが多くなりました。「radiko」や「らじる★らじる」のように、ラジオ放送を、放送と同時にインターネット経由のストリーム配信で聴取できるようにするサービスがあります。また、見逃した番組をあとからインターネット上のストリーム配信で視聴できるようにする「見逃し配信サービス」も充実してきました。レコードを放送・有線放送することにレコード製作者は禁止権・許諾権をもっていませんから、放送局は、原盤権処理のことを考えずに放送番組にレコードを使えます。しかし、その放送番組をインターネットで配信するためには、原盤権者の許諾を得ることが必要です。なぜなら、インターネット配信は、放送番組のストリーム配信であっても、著作権法上は放送・有線放送ではなく、「**送信可能化**」にあたるからです。そこで、日本レコード協会は、レコード製作者自らの音楽配信事業と競合しないと考えられる範囲で、放送番組のインターネット上でのストリーム配信に限り、原盤権者から管理の委託を受けて放送局に包括的に許諾する**著作権等管理事業**を行っています（実演家の権利について芸団協 CPRA も著作権等管理事業を行っています）。原盤権者から個別に許諾を得なくても放送番組のインターネット上でのストリーム配信を行うことができるようになるので、著作権等管理事業は、利用者にとって便利です。

III 音楽ビジネスの著作権【実践編】

column 07

スターデジオ事件

　1997 年、CS 放送の 100 チャンネルを使って音楽をジャンルごとに細分化して、音楽 CD をデジタル高音質で流し続ける有料放送（スターデジオ）が登場しました。この放送事業者は、2 時間から 4 時間のサイクルで同じ曲を同じ順番で繰り返し放送し、楽曲ごとに放送開始時刻をファックスサービスなどで視聴者に提供していました。つまり、この有料放送では、聞きたい楽曲をすぐ聴いたり録音したりはできませんが、膨大なチャンネルの中から好みのものを選択し、しばらく待っているか、ファックスサービスで目当ての楽曲の放送開始時刻を確認することで、簡単に録音等ができたのです。

　この「放送」に危機感をもったレコード会社は、1998 年に訴訟を起こしました。放送とはいえ、実質的にはオンデマンド型に近く（ニア・オンデマンド型）、視聴者はもはや音楽 CD を購入する動機がなくなる、つまり、放送が CD の宣伝になるどころか CD の売上を妨げるおそれがあると考えたからです。

　東京地方裁判所は、2000 年に、このような放送も放送であり、レコード製作者はこれを禁止できないと判断しましたが、レコード製作者と放送事業者との間に実質的な利益の不均衡が生じているとの主張も理解できなくはないと述べ、しかしそれは立法論として主張すべきだとしました。この事件では、その後、東京高等裁判所で和解が成立しました。和解の内容は、ファックスサービスなどで各楽曲の開示時刻等を表示しない、新譜を一定期間放送しないなどです。

　「放送」とはいっても、地上波テレビのような総合放送ではなく、音楽 CD だけを連続して流し続けるものは、放送のやり方によっては、音楽 CD の販売や有料音楽配信などの音楽ビジネスと衝突するおそれがあります。視聴者は、その放送を視聴することによって、音楽 CD を購入したり有料ダウンロードを受けたりするのとほぼ同様の満足を得てしまい、お金を出して購入しなくなるかもしれません。しかし他方で、音楽 CD の販売や有料音楽配信と両立する音楽放送もあるでしょう。レコード製作者と放送事業者が win‐win の関係を築いていく努力が必要であると思います。

column 08

IPマルチキャスト放送と
放送番組のネット配信

　IPマルチキャスト放送とは、光ファイバーなど高速回線を利用し、インターネットを経由して、契約した各家庭のテレビに映像コンテンツを一斉に届けるサービスです。「ひかりTV」のテレビサービスなどがこれにあたります。放送局から中継局（収容局）までは専用回線を使ってすべてのコンテンツが送り届けられ、中継局から各家庭まではインターネットを経由して視聴者の選局した番組が届けられる点に特徴があります。中継局までは放送・有線放送に似ていますが、中継局から先は「**送信可能化**」にあたります。「ひかりTV」などでは、地上テレビ放送の**同時再送信**（放送を受信して同時に「ひかりTV」などで視聴できるようにするサービス）を行っていますが、それも中継局から先は「送信可能化」になりますので、地上テレビ放送番組に利用されているレコードや実演の権利処理の問題が生じます。

　このため2006年の著作権法改正により、IPマルチキャストのような送信可能化による放送の同時再送信（元となる放送の放送対象地域内において受信されることを専らの目的とするものに限ります）について、実演家およびレコード製作者の許諾権を制限し、その許諾を要しないこととするとともに、補償金の支払いを同時再送信を行う者に義務づけることとされました。

　なお、民放ラジオ系の「radiko」やNHKの「らじる★らじる」など放送番組を放送と同時にインターネットでストリーム配信するサービスが増えてきましたが、このような放送の同時再送信は、インターネットで配信する場合には、受信地域を放送対象地域内に限定することが事実上できないため、実演家・レコード製作者の許諾権は制限されません。そのため、その許諾権の処理のために著作権等管理事業が行われているのです。

|Ⅲ　音楽ビジネスの著作権【実践編】

レコードレンタルビジネス

貸与権の創設まで

レコードレンタル店がはじめて登場したのは、1980年、東京の三鷹市でした。当時はまだ音楽CDが発売されていませんでしたので、レンタルされるのはアナログレコードでした。持ち運びが結構大変でしたが、短期間に全国に広がりました。

レンタルして聴いた曲がよかったのでレコードを購入するというユーザーが多ければよかったのですが、レコードをレンタルで借りてカセットテープに録音してしまうと、もはや買うまでもないというユーザーも少なくなく、レコードの販売に大きな悪影響が生じました。

しかし、その当時は貸与権が認められていなかったため、著作権者・実演家・レコード製作者から許諾を得なくてもレコードレンタルの営業は可能でした。そこで1983年、商業用レコードだけを対象とした「商業用レコードの公衆への貸与に関する著作者等の権利に関する暫定措置法」が議員立法によって成立し、翌1984年には、著作権法の中で新たな支分権として「**貸与権**」がすべての著作物や商業用レコードを対象にして設けられ、立法によって、レコードレンタルには著作権者・実演家・レコード製作者の許諾が必要となりました。

実演家、レコード製作者の12カ月の禁止権とその後の報酬請求権

1984年の著作権法改正で、著作権者には、その著作権の存続期間中（つまり原則として著作者の死後50年間）の貸与権が、**許諾権（禁止権）**として認められました。これに対して実演家とレコード製作者には、**商業用レコードの発売後12カ月間の許諾権（禁止権）**と、その後、実演・レコードの著

233

作隣接権が消滅するまでの期間の**貸与報酬請求権**が認められました。

つまり、実演家・レコード製作者がレコードレンタルを禁止できるのは、商業用レコード発売後 12 カ月間だけであり、その期間経過後にはレコードレンタル事業者に対して一定の「報酬」を請求できるだけとされているのです。その報酬請求権も、それぞれの権利者が独自に行使できるのではなく、放送に関する二次使用料と同じように、レコード製作者については**日本レコード協会**を、実演家については**日本芸能実演家団体協議会**（芸団協。実際の業務は芸団協におかれている**実演家著作隣接権センター［CPRA］**が担当）を通じてしか、行使することができないとされています。

では、発売後 12 カ月以内の商業用レコードはレコードレンタル店に並んでいないかというと、そうではありません。**邦盤**（日本人［日本法人］をレコード製作者とするもの）の多くは、アルバムでは発売後最長でも **3 週間**、シングルでは発売後最長でも **3 日間**の**禁止期間**が設けられているだけで、それ以降は、レンタルがレコード製作者によって「許諾」されています。なぜこのような運用になっているのでしょうか？

1984 年の著作権法改正が決議された際、衆参両議院で「著作者等の貸与権の行使に当たっては、公正な使用料によって許諾し関係者の間の円満な利用秩序の形成を図るよう指導すること。」との附帯決議がありました。これは、当時すでにレコードレンタル店が多数存在しており、その営業を廃止に追い込むようなことはできないという配慮の現れでしょう。

この附帯決議は、立法府から政府に対する要請ですので、レコード製作者らを法的に拘束するものではありません。しかし、日本のレコード製作者の多くは、附帯決議の趣旨を尊重して、12 カ月以内でもレンタルを許諾するように協力しているのです。

長らくの間、このような協力をしているのは日本のレコード製作者だけであり、海外のレコード製作者は、12 カ月の禁止権をそのまま行使していました。しかし最近は、一部の洋盤レコードについては、12 カ月以内のレンタルを許諾する動きが始まっています。

III 音楽ビジネスの著作権【実践編】

著作権者の許諾

音楽著作物の著作権者は、原則として著作者の死後 50 年間にわたる貸与権をもっています。ですから、レコードレンタルの営業を行うには、レコード製作者や実演家だけでなく著作権者からの許諾も必要です。

日本では、音楽著作物の貸与権はほとんどの場合 JASRAC によって管理されています（録音権などが他の管理事業者［NexTone］によって管理されているスピッツの曲についても、貸与権は JASRAC が管理しています。［➡ p.171「JASRAC のデータベースを利用してみよう」参照］）。そして、JASRAC のような著作権等管理事業者には**応諾義務**（➡ p.167「JASRAC が管理している音楽作品を利用するには」参照）があるため、JASRAC が貸与禁止権を行使してレンタルを許諾しないことは原則としてありません。ですから著作権者の許諾が得られないためにレンタルができないという事態は、ほとんど発生しないのです。

しかし、権利者（作詞家・作曲家等あるいは音楽出版社）は、貸与権を JASRAC などの著作権等管理事業者に管理委託しないこともできます。ほかの権利（演奏権や録音権）を JASRAC に信託しつつ、貸与権だけは信託しないという選択も可能です。その場合に権利者は、著作権存続期間中にわたり、レンタルを禁止することができます。

使用料と貸与報酬の支払い・徴収

最後に、貸与許諾の使用料や貸与報酬の実際の支払い・徴収方法を紹介しておきましょう。レコード製作者と実演家が受け取ることができるのは、商業用レコード発売後 12 カ月以内については許諾の対価としての**使用料**であり、その期間経過後については**貸与報酬**です。このうち後者（貸与報酬）は、レコード製作者については日本レコード協会を、実演家については芸団協（業務は芸団協 CPRA が担当）を通じてしか行使できません。これに対して、前者（許諾の対価としての使用料）については、各権利者が個別に請求することができます。しかし、実際には、許諾の対価としての使用料の部分も、日本レコード協会および芸団協 CPRA により、貸与報酬とまとめて徴収さ

235

れています。

　日本レコード協会の徴収は、レコードレンタル店がレンタル用音楽 CD を卸売店から仕入れる際、「使用料＋貸与報酬」（何回貸与しても 1 枚あたりの定額になっています）を卸売店に預け、卸売店経由で日本レコード協会に支払うことにより行われています。

　芸団協 CPRA の徴収は、レコードレンタル店が使用料と貸与報酬を、レコードレンタル店の団体である**日本コンパクトディスク・ビデオレンタル商業組合**を通じて芸団協 CPRA に支払う方法で行われています。この商業組合に非加盟のレコードレンタル店は、直接芸団協 CPRA に支払っています。

　また、JASRAC の徴収（著作権の使用料の徴収）も、芸団協 CPRA の徴収と同様の方法で行われています。

ミュージックビデオの原盤権

　原盤を利用した音楽ビジネスの中心は、音楽 CD の製造・販売とインターネット配信などの配信ビジネスでしょうが、忘れてはならないのはミュージックビデオです。日本レコード協会の統計によると、2015 年の CD の生産実績が 1801 億円であったのに対し、ミュージックビデオ（音楽ビデオ）の生産実績は約 719 億円であり、CD の 3 分の 1 以上になっています。

♪ ミュージックビデオとは

　ミュージックビデオには、大きく分けて、コンサートの様子を収録した**コンサートビデオ**と、音楽 CD や配信ビジネスの販売促進もかねて製作される**ミュージッククリップ**があります。

　このような映像作品は、著作権法上「**映画の著作物**」にあたります。ですから、ミュージックビデオの製作者は**映画製作者**（映画の著作物の製作に発意と責任を有する者）として、映画の著作物の**著作権者**になります。レコード製作者は著作隣接権者ですが、ミュージックビデオなどの映画の著作物の映画製作者は、著作権者なのです。

♪ ミュージックビデオとレコード会社、プロダクション

　レコード会社とプロダクションとが専属実演家契約や期間契約の原盤譲渡契約を締結する場合には、レコード原盤のほか、映画の著作物の原版も「**原盤**」の定義の中に含めるのが普通です。この場合、アーティストは、専属期間中、そのレコード会社以外の第三者が録画するために実演を行ってはならないとされていますので、プロダクションがアーティストの実演を独自に撮影して、ミュージッククリップなどを別の会社から発売することはできません。

　コンサートビデオを発売する権利も、専属関係にあるレコード会社に帰属

しています。レコード会社と専属関係にあるアーティストが劇場用映画に出演し、そのなかで歌唱や演奏するシーンなどを撮影する場合、契約上もともと許されていなければ、「**専属開放**」といって、その出演についてレコード会社の承諾を得る必要があります。

　ただし、専属関係があるといっても、コンサートでの実演そのものにレコード会社が著作隣接権をもつわけではありません。観客としてコンサート会場にこっそりビデオカメラを持ち込んでコンサートの模様を隠し撮りし、それをインターネットオークションで販売する人がいたとしましょう。その行為によって侵害されているのは実演家の著作隣接権であり、レコード会社の著作隣接権や著作権ではありません。

　ミュージックビデオは映画の著作物であり、その製作者（映画製作者）は著作権者となるため、放送や有線放送、レンタルに対しても**禁止権（許諾権）**をもっています。映画製作者は、ミュージックビデオの**公表後70年間**にわたり、放送や有線放送、レンタルを禁止することができますし、独自に対価を設定して許諾することもできます。

　なお、実演家がいったん自分の実演を映画に録音・録画することを許諾すると、その映画のその後の利用について実演家が権利を主張できなくなります（**ワンチャンス主義** ➡ p.90「著作隣接権とは②」参照）。このことはミュージックビデオでも基本的には同じですが、契約にもとづき、ミュージックビデオの売上等に応じたアーティスト印税がプロダクション側に支払われることが多いと思います。

III 音楽ビジネスの著作権【実践編】

私的使用目的の録音録画と
補償金問題

　著作権の権利制限規定について、「権利制限規定とは①・②」（➡ p.101 ～ 108 参照）で説明しました。この項と次項ではそのうち、「**私的録音**」に関する問題を取り上げてみたいと思います。

私的使用目的の複製と権利制限

　著作権法 30 条により、「個人的」「家庭内」「家庭内に準ずる限られた範囲内」において使用する目的（**私的使用目的**）の場合には、他人の著作物を、その使用する者が、権利者の許諾を得なくても複製することができるとされています。ただし、**三つの例外**があり、

①公衆の用に供された自動複製機器を用いて複製する場合

②コピープロテクションなどの技術的保護手段の回避によって可能等となった複製をその事実を知りながら行う場合

③著作権を侵害してインターネット上にアップロードされている映像・音を、その事実を知りながらダウンロードして録音・録画する場合

は、私的使用目的であっても、他人の著作物を自由に複製することはできません。

　私的使用目的の複製に関する権利制限規定は、著作隣接権にも準用されていますので、実演家およびレコード製作者の著作隣接権も同じように制限されています。

　この結果、音楽 CD を私的使用目的で使用する人が複製することは、原則として、著作権侵害にも著作隣接権侵害にもなりません。

私的録音録画補償金制度の導入と形がい化

　しかし、私的使用目的であっても、デジタル方式による複製の場合は、オ

239

リジナルと同じ品質のコピーができてしまいます。しかも、一人ひとりの行うコピーは零細でも、社会全体としては膨大な量のコピーが行われることになってしまいます。

　もともとベルヌ条約では、権利制限規定をおくためには、「（権利者による）著作物の通常の利用を妨げず、かつ権利者の正当な利益を不当に害しない、特別な場合」であるかどうかという**スリーステップテスト**を満たすことが条件とされていますが、デジタル方式により行われる私的使用目的の複製を放置することは、この条件に抵触するのではないか、との指摘が行われるようになりました。

　そこで、1992 年の著作権法改正により、政令で指定されたデジタル方式の録音録画機器により、政令で指定されたデジタル方式の記録媒体に私的使用目的の録音・録画を行うユーザーは、著作権者等に**「私的録音録画補償金」**を支払わなければならないとされました。そして、政令では、MD レコーダー、録音用 CD‐R レコーダー、録画用 DVD レコーダー、録画用 Blu‐ray レコーダーなどのデジタル方式による録音録画機器と、それらに対応する記録媒体が指定されています。

　この補償金を支払う義務を負うのはユーザーですが、実際には、私的「録音」補償金は、これらの機器・記録媒体の販売価格に上乗せされる方法によりユーザーから徴収され、機器・記録媒体のメーカーから**一般社団法人私的録音補償金管理協会（sarah）**に支払われ、sarah から著作権者や著作隣接権者に分配されています。しかし、従来は MD などで行われてきた私的録音が、ハードディスクやフラッシュメモリを用いた携帯用オーディオ・レコーダーやスマートフォン、PC などによる複製へと移行したにもかかわらず、これらの機器・媒体には補償金は課せられていません。そのため sarah を通じて権利者に支払われる補償金は激減し、この制度は形がい化しています。

　私的「録画」補償金についても、かつては同様の方法で**一般社団法人私的録画補償金管理協会（SARVH）**を通じて著作権者や著作隣接権者に分配されていました。ところが、2011 年 12 月の裁判所（知財高裁）の判決で、政令で指定されている録画機器はアナログ放送をデジタル変換して録画する機能を有するものに限られると判断されました。地上テレビ放送のアナログ

放送は 2011 年 7 月 (岩手、宮城、福島の 3 県では 2012 年 3 月) に終了し、DVD 録画機器などにアナログチューナーが搭載されることはなくなりましたので、私的「録画」補償金制度は機能を停止し、SARVH も 2015 年 3 月に解散しました。

　私的録音録画補償金制度がこのような状態になったことから、権利者側は、私的録音録画についての対価がクリエイター側に還元される新たな制度の構築を求めています。

私的使用目的の録音録画と
コピープロテクション技術

音楽 CD などの商品が際限なく無許諾でコピーされることは、レコード会社やプロダクション、アーティストにとって致命的です。レコード会社は、レコードの複製物である音楽 CD を製造し、有料で買ってもらったり、有料音楽配信でレコードを楽しんでもらうことをビジネスにしています。商品とほとんど同じものがコピーによってつくられ、「ただ」で入手できることになってしまうと、レコード会社のビジネスモデルは破綻してしまうおそれがあります。またプロダクションやアーティストも、音楽 CD や有料音楽配信からの原盤印税やアーティスト印税を大きな収入源としていますから、コピーによって音楽 CD や有料音楽配信が売れなくなれば深刻な影響を受けることになります。

コピープロテクション技術と法改正

カセットテープなどにアナログ方式でコピーされる分には、音質が劣化するためコピーは音楽 CD の代替物といえるほどのものではありませんでした。しかし、音楽 CD とほとんど音質が変わらないデジタル方式によるコピーが簡単にできるようになると、権利者に大きな悪影響が生じます。そこでコピーなどを防止する技術（**コピープロテクション技術**）が開発されるようになりました。音楽 CD に採用されている **SCMS**（Serial Copy Management System）や DVD に採用されている **CGMS**（Copy Generation Management System）、Blu‐ray に採用されている **AACS**（Advanced Access Content System）などです。

さて、権利者側がこのようなコピープロテクションを施しても、それを打ち破ってコピーができるようにしようとする人や、そのための道具を開発・提供する人が出てきます。そこで 1996 年に採択された WIPO 著作権条約などでは、著作権などの侵害となる行為を抑制するための効果的な技術的手段

III 音楽ビジネスの著作権【実践編】

の回避を防ぐため適当な法的保護などを定めることが締約国に求められています。

わが国では、1999年の著作権法と不正競争防止法の改正で、それぞれコピープロテクションの回避などについて規定がおかれ、2011年の不正競争防止法改正・2012年の著作権法改正を経て今日に至っています。

まず著作権法は、①電磁的方法により、②著作権等の侵害行為を行えなくする技術（支分権の対象とならない「視聴」などの制限技術は除く）で、③権利者の意思にもとづき用いられており、④機器が特定の反応をする信号を著作物等とともに記録等するか、音や映像を暗号化して記録等する方式によるものを「**技術的保護手段**」と定義しています。そして、技術的保護手段の回避を行うことを機能とする装置やプログラムを公衆に譲渡することなど（技術的保護手段の回避以外の機能もある装置やプログラムの場合は、著作権等の侵害行為を可能とする用途に供するために行う公衆への譲渡など）を犯罪としています。また、技術的保護手段の回避によって可能等となったことを知りながら複製する場合は、私的使用目的でも許されない（ただし犯罪ではない）としています。

次に、不正競争防止法は、著作権等の侵害行為だけでなく、「視聴」などを制限する技術も含めて、「**技術的制限手段**」を定義しています。そして、「営業上用いられている」技術的制限手段の効果を妨げる機能を有する装置やプログラムの譲渡など（技術的制限手段の効果を妨げる機能以外の機能もある装置やプログラムの場合は、視聴等を可能とする用途に供するために行う譲渡など）を「**不正競争**」とし、それによって営業上の利益を侵害される人が差止・損害賠償を民事手続で請求することができるとしています。またそのような「不正競争」を、不正の利益を得るなどの目的で行うことを犯罪としています。

さらに、TPP協定関係法律整備法が制定・施行された場合には（➡ p.109）、著作物やレコード等の「視聴」を制限する「**技術的利用制限手段**」の回避を行う行為も、研究・技術開発の目的上正当な範囲内で行う場合や著作権者等の利益を不当に害しない場合を除き、著作権法により著作権や著作隣接権を侵害する行為とみなされることになります。

243

音楽 CD については、かつて PC に取り込むことができないようにした CCCD（コピーコントロール CD）をレコード会社が導入したことがありました。しかし、CCCD は、自分が購入したものでも携帯音楽端末などで聞くことができなかったため、ユーザーの支持を得られませんでした。

　CD という媒体を使う限り、効果的なコピープロテクションはなかなか難しいのかもしれません。

音楽ビジネスの著作権【実践編】

音楽ビジネスの海外展開

　日本の音楽業界は、「輸入超過」です。しかし、アジア各地で注目を集める日本のアーティストや楽曲も決して少なくありません。日本の音楽産業の「輸出」を促進し、音楽文化の積極的な海外展開をはかることは、経済政策としてだけでなく、文化交流としても、とても重要なことです。

　しかし、残念ながら日本コンテンツの海外展開が十分進んでいるとはいえない状況であると思います。ここでは、海外展開の際の権利処理上の問題について考えてみます。もしその問題を軽減することができれば、海外展開が進みやすくなるのかもしれません。

著作権の問題

　日本の楽曲の大部分は、著作権等管理事業者によって管理されています。JASRACは、93カ国4地域の122の外国管理団体と**相互管理契約**（➡ p.146）を締結しており、JASRACが管理している内国曲も、外国ではその国の外国管理団体が管理しています。もっとも外国では、演奏権・放送権など（演奏権等）のみを管理している団体や、録音権のみを管理している団体があり、演奏権等の管理団体としか相互管理契約のない国もあります。

　内国曲を外国で配信したり、公に演奏したり、音楽CDを発売したりすることについては、その権利を管理している管理団体があれば、そこから許諾を得る必要があります。なければ、日本のオリジナル・パブリッシャー（➡ p.141）から管理を委託された現地の**サブ・パブリッシャー**から許諾を得ることになるでしょう。JASRACと相互管理契約を締結した管理団体が存在していながら、十分機能していない場合には、現地でどうやって許諾を得たらよいのかという問題が生じる可能性があります。私（前田）は、日本のオリジナル・パブリッシャーの判断で海外を含むすべての権利処理が一括してで

245

きるようなしくみがあれば、日本の音楽コンテンツの海外展開がより容易になることもあるのではないか、と想像していますが、現実には難しいのかもしれません。

映像と同期させて音楽を録音することに関する**シンクロナイゼーション・ライツ**（➡ p.178）につき、JASRAC が映画録音・ビデオグラム等への録音を管理している内国曲については、JASRAC から日本国内で映像と同期させて録音することの許諾を得れば、その映像作品を外国に持ち出して利用する際に改めてシンクロナイゼーション・ライツを処理する必要はないと私（前田）は思います。しかし、JASRAC のような管理事業者による録音許諾によっては、全世界でのシンクロナイゼーション・ライツの処理が終わったことにはならないという意見もあり得ます。いずれにせよ、オリジナル・パブリッシャーから海外での利用について OK をもらっていれば何の問題も生じないわけですので、実務的にはそれが安全策でしょう。なお、ビデオグラムを現地で増製・頒布することや映画上映については、現地処理（現地の増製・頒布については録音権団体、映画上映については演奏権団体での処理）が原則となるでしょう。

原盤権の問題

著作権の問題とは別に、**原盤権の処理**の問題があります。原盤権者自身がその原盤を海外で積極的に売っていきたいと考えれば、海外展開にとくに問題はないはずです。ただ、レコード会社が現地のレコード会社と独占的・包括的ライセンス契約を締結していることがあります。日本の原盤権者が海外展開をしていこうとすると、現地のレコード会社との調整が必要になるかもしれません。しかし、それは「内部調整」のようなものですから、決して乗り越えられない壁ではないと思います。

日本のテレビ番組を海外に売り込んでいく場合、放送だけでなく、インターネット配信の権利も許諾してほしいと売込先から要請されることがあります。その番組にレコード音源が使われていると、インターネット配信については原盤権の処理が必要となります。テレビ番組の国内でのインターネット上のストリーム配信であれば、日本レコード協会などが著作権等管理事業者とし

て原盤権利用の許諾をすることができるのですが（➡ p.230）、海外でのインターネット配信については個別処理が必要となります。その場合、音源によっては現地のレコード会社との調整も必要となり、国内のレコード会社としては、許諾を求められてもなかなか対応が難しい場合もあり得ます。この問題の解決のためには、テレビ番組を製作する段階から原盤権者との事前協議を行うことが望ましいと思います。

column 09

還流防止措置

音楽 CD の海外展開をはかっていく際、日本とアジア各国との物価水準の違い
が問題となります。物価水準が日本よりもかなり低い国で日本の作品を音楽 CD
として発売しようとすると、その国の物価水準に合わせて安くしなくては、消費
者に買ってもらえません。しかし、その国で安く発売した音楽 CD を輸入業者が
大量に買い付けて日本国内に還流されると、国内市場が破壊されるおそれがあり
ます。これでは音楽文化の積極的な海外展開をはかることができません。

この問題を解決するため、2004 年の著作権法の改正で商業用レコードの「**還流
防止措置**」が設けられました。この還流防止措置により、物価水準が日本に比べ
てかなり低い国で発売された音楽 CD などを日本国内で頒布する目的で輸入する
ことは、一定の場合、著作権等の侵害とみなされることになりました。

この措置は、海賊版ではなく、正規品を対象としています。海賊版であること
を知って国内で頒布する目的で輸入することは、「還流防止措置」によらなくても、
もともと著作権などの侵害とみなされます。

「還流防止措置」の対象になるのは、著作権法で定められた厳格な要件を満たす
場合だけです。レコード製作者は、この「還流防止措置」の対象となる音楽 CD
が輸入されようとしたときに税関でストップできるよう、該当する音楽 CD につ
いて税関に「輸入差止申立て」を行っています。その件数は 2016 年 3 月時点で約
180 件で、税関のホームページで検索することができます。

インターネット上の
著作権・著作隣接権侵害

「音楽産業存亡の危機」

　インターネットが普及し始めた当初から、インターネット上での音楽の著作権、レコードの著作隣接権侵害が世界中で問題となっていましたが、1999年、アメリカ合衆国の大学生がNapster（ナップスター）を開発し、**P2P**（peer-to-peer）と呼ばれる技術を用いた**ファイル共有ソフト**が利用されるようになって、この問題がとりわけクローズアップされました。ファイル共有ソフトを利用することで、多くのユーザーが「ただ」で音楽を手にすることができてしまうからです。

　ファイル共有ソフトには、「中央管理型」と「非中央管理型」という二つのタイプがあります。「**中央管理型**」では、サービス提供事業者が存在し、その事業者の管理する中央サーバーによって、ファイル情報等が提供されます。「ナップスター」や「ファイルローグ」などがこのタイプでした。これに対して、「**非中央管理型**」では、サービス提供事業者が存在していません。「Winny」「Share」などがこのタイプです。

　「中央管理型」には、訴えの相手方となるべき中央サーバーを管理する運営主体がいます。世界中のレコード製作者らは、そのような運営主体に対して訴訟を起こしました。アメリカ合衆国では、「ナップスター」運営会社に対し、2000年に連邦地方裁判所によりサービス中止命令が出され、翌年には、連邦控訴裁判所からも中止命令が出されました。日本では、2002年4月、「ファイルローグ」運営会社に対し、東京地裁によりサービス中止を命じる仮処分命令が出されました。この会社は、本案訴訟でも差止と損害賠償の支払いを命じられ、最終的には2005年3月の東京高裁判決で確定しました。

　これに対して「非中央管理型」では、ファイル交換ネットワークの運営主

体が存在していないため、被害にあった権利者は、利用者個人か、ファイル共有ソフトの開発・配布者に対して法的措置をとるしかありません。ただし、ファイル共有ソフトそのものは、合法的な目的にも使われ得るものです。このことから、ファイル共有ソフトの開発・配布を行っただけで侵害責任を問われるのかという点が問題となりました。

アメリカ合衆国で映画会社やレコード会社が「Grokster」「Morpheus」というファイル共有ソフトの開発・配布者を訴えた事件では、連邦地方裁判所・控訴裁判所はともに、開発・配布者の責任を否定しましたが、2005年、アメリカ連邦最高裁判所は、開発・配布者の目的・意図などに着目して、控訴審判決を破棄し、開発・配布者に責任があるとしました。

日本では、2006年に京都地裁で、匿名性の高いファイル共有ソフト「Winny」の開発・配布者が著作権侵害の幇助罪（手助けした罪）で有罪とされ、罰金刑を科されましたが、2009年、大阪高裁では逆転無罪となり、2011年に最高裁で無罪判決が確定しました。最高裁は、開発・配布者が「例外的とはいえない範囲の者」が著作権侵害に利用する蓋然性が高いこと（かなり確からしいこと）を知って、そのことを容認していたとはいえないから、著作権法違反罪の幇助の「故意」がなく、無罪であると判断しました。逆にいうと、「例外的とはいえない範囲の者」が著作権侵害に利用することがかなり確からしいことを知りながら、そのことを容認してファイル共有ソフトなどを開発・配布すれば、著作権侵害の幇助の罪になることもあり得るということです。

ファイル共有ソフトの違法ユーザー対策

「非中央管理型」では、ファイル共有ソフトを使って違法に音楽ファイルを送信しているユーザーの行為への対策を考える必要があります。

市販の音楽CDから録音した音楽ファイルを、ファイル共有ソフトを利用して不特定または多数の人に提供することは、著作権・著作隣接権の侵害となります。日本では「複製権」および「公衆送信権」や「送信可能化権」の侵害となりますし、アメリカ合衆国では「複製権」および「頒布権」の侵害となります。

日本では2001年11月に、ファイル共有ソフトを使って違法にファイルを

アップロードしていたユーザーが逮捕され、有罪となりました。これはおそらく、世界初のユーザーの刑事摘発の事例です。その後も刑事摘発が相次ぎ、2014年には129件のファイル共有ソフトによる著作権・著作隣接権侵害事件が摘発されました。

　権利者が民事事件の手続きでユーザーの責任を追及するには、まずそのユーザーの身元を知る必要があります。そのためには、ユーザーが送信可能化権等の侵害に用いていたIPアドレスを手がかりとして、侵害が行われた日時にそのIPアドレスを割り当てられていた契約者が誰かについて、「**プロバイダ責任制限法**」にもとづき、インターネット接続事業者に「**発信者情報開示請求**」をする必要があります。インターネット接続事業者が開示に応じなければ、まずは接続事業者を被告として、情報開示を求める裁判を起こすことになります。

動画投稿サイトでの侵害

　YouTubeやニコニコ動画、Dailymotionなどの動画投稿サイトには、ユーザーによってさまざまな動画が投稿されています。そのなかには他人の著作権・著作隣接権を侵害するものも少なくありません。また動画の中には、音楽を聴かせることを主な目的として投稿されるものも数多くあります。

　なおJASRACやNexToneは、YouTubeやニコニコ動画などの動画投稿サイトと**包括許諾契約**を締結しています（➡ p.204）ので、その許諾の範囲内であれば、投稿ユーザーが権利処理をしていなくても音楽の著作権の侵害にはなりません。

　ユーザーによって著作権等を侵害する動画が投稿された場合、動画投稿サイトの運営者自身が侵害の責任を負うのかという問題があります。運営者が権利侵害動画の投稿を誘引し、利益を得ているようなケースでは、運営者自身が権利侵害動画の配信主体になる場合があり得ます。そのような場合には、ユーザーが投稿した権利侵害動画により、運営者自身も著作権等を侵害したことになります。他方、運営者が他人（投稿ユーザー）に送信の手段を提供しているだけと評価できる場合（運営者自身が配信主体とはいえない場合）であれば、運営者は「**プロバイダ責任制限法**」という法律で責任を免れる余

251

地があります。この場合、権利者から権利侵害動画を特定して削除要請を受けるなど、ある動画が権利侵害であると知ることができた「相当の理由」がある場合に速やかに削除するなどの対応をしていれば、運営者は著作権・著作隣接権侵害の責任を負いません。ただし、この場合でも、「例外的とはいえない範囲」の投稿ユーザーが著作権等の侵害に利用することがかなり確からしいと運営者が知りながら、それを容認してサービスを継続すると、侵害の「**幇助**」（手助け）をしているとして刑事上の責任を負う可能性があります。運営者としては、権利者からの削除要請には速やかに対応するとともに、コンテンツ ID システム（➡ p.162）を導入したり、違法投稿を繰り返す投稿ユーザーのアカウントを抹消するなどにより、権利侵害動画を減少させる合理的な努力を継続することが求められると思います。

　著作権・著作隣接権侵害となる動画を投稿したユーザーは、公衆送信権・送信可能化権侵害をしたことになり、刑事事件で摘発を受けることもあります。権利者が民事事件の手続きで投稿ユーザーの責任を追及するには、まず動画投稿サイトの運営者に対して、「プロバイダ責任制限法」にもとづく発信者情報開示請求をすることになります。もっとも運営者は、通常は投稿ユーザーの住所や氏名の情報をもっているわけではありませんので、運営者に対しては、侵害動画がアップロード（投稿）された際の IP アドレスと日時の開示を求めることになります。そして権利者は、運営者から開示された情報をもとに、今度はインターネット接続事業者に対して、その日時にその IP アドレスを割り当てられていた契約者は誰かについて開示請求をすることになります。

🎵 オンライン・ストレージサービス、リーチサイト

　オンライン・ストレージサービスを利用した音楽ファイルの違法送信もあります。他人の音楽・レコードを勝手に複製したファイルをオンライン・ストレージにアップロードし、その URL を拡散させて権利侵害ファイルにアクセスさせる方法です。URL を拡散させる手段として、侵害ファイルへのリンク情報を一覧できるようにしたり、検索できるようにした「**リーチサイト**」と呼ばれるウェブサイトがあります。侵害ファイルを入手したい人は、

まずリーチサイトへ行き、そこでファイルを選んで、オンライン・ストレージサービスなどに蔵置されているファイルにたどり着きます。リーチサイトの開設者は、自らのサイト上に侵害コンテンツをアップロードしているわけではなく、あくまで侵害ファイルにリンクを張っているだけです（もっとも同一人物がオンライン・ストレージへのアップロードとリーチサイトでのリンク張りの両方を行っている可能性があります）。

オンライン・ストレージに音楽ファイルを勝手にアップロードする人は著作権等を侵害することになりますが、リーチサイトの開設者の責任はどうなるのでしょうか？　侵害ファイルにリンクを張るだけで著作権等の侵害の責任を負うのかが問題となります。侵害ファイルであることを知りながら、あるいは知ることができる相当の理由があるのにリンクを張り、侵害ファイルの拡散を助長することは、**公衆送信権侵害の幇助**（手助け）として違法になる可能性があります。侵害の幇助が差止請求の対象になるかどうかについては、著作権法の解釈で難しい議論のあるところですが、損害賠償請求の対象にはなり得るでしょう。また、故意がある場合には幇助犯として刑事責任を問われるおそれもあります。権利者としては、リーチサイト運営者に、侵害ファイルへのリンクの切除を求め、運営者がもし応じなければ、運営者に対する損害賠償請求などをする余地があります。

なお、政府の知的財産戦略本部におかれた検討委員会は、リーチサイトを通じた侵害コンテンツへの一定の誘導行為について法的措置が可能であることを明確にすることを含め、法制面での対応など具体的な検討を進めることが必要であるとする報告書を 2016 年 4 月に公表しています。

違法ファイルをダウンロードしたユーザーの責任

他人の音楽やレコードを複製したファイルを勝手にアップロードした人は、公衆送信権・送信可能化権侵害の責任を問われますが、そのファイルをダウンロードした人はどうでしょうか？　前述したように（➡ p.106、124）、著作権・著作隣接権を侵害してインターネットにアップロードされている映像や音を、そのことを知りながらダウンロードして行う録音・録画は、私的使用目的でも権利侵害となります。2012 年の著作権法改正で、録音・録画され

た著作物やレコード等が有償で公衆に提供等されている場合で、他の権利制限規定でも許されないときは、**2年以下の懲役もしくは200万円以下の罰金**またはその双方に処せられる犯罪とされました。もっとも違法となるのは「**録音・録画」行為**ですから、YouTubeのようにストリーム型の動画投稿サイトに投稿されている動画を「視聴」するだけであれば、たとえその動画が著作権等を侵害して投稿されているものであることを知っていても、違法になりません。厳密にいうと、ストリーム型の配信を「視聴」する場合も、視聴端末には「キャッシュ」として技術的な録音・録画が生じますが、それは、著作権法47条の8という別の権利制限規定で許されているので、著作権・著作隣接権侵害になりません。

　ダウンロードして録音・録画する行為が違法になることがあり、場合によっては刑罰の対象になることについては、権利者団体によって積極的に広報活動が行われています。映画館では、上映開始前に「カメラ男」が登場する映画盗撮防止のための広報映像を目にしますが、その3分の1弱は違法ダウンロードが刑罰の対象になったことの広報になっています。

何が音楽の著作物なのか

音楽の著作物なのか、それ以外の著作物なのか

すでに説明しましたように、著作権法は、「著作物」「実演」「レコード」「放送」「有線放送」を保護の対象としています。このうち「著作物」には著作権と著作者人格権が、「実演」には著作隣接権と実演家人格権が、「レコード」「放送」「有線放送」には著作隣接権が発生します。

何が「著作物」にあたるのかは、大変重要な問題ですが、何が「音楽」の著作物なのかは、法律上はあまり意味をもたないといえます。なぜなら、音楽の著作物であれ、それ以外の著作物（例えば言語の著作物）であれ、「著作物」である以上は著作権および著作者人格権の保護を受けるからです。著作権法の中には音楽の著作物にだけ適用されるルールが一つだけ定められています（商業用レコードに許諾を得て録音されている音楽の著作物を録音して他の商業用レコードを製作しようとする場合の裁定制度）が、あまり重要な問題ではありません。

しかし、ある著作物が**音楽の著作物**といえるかどうかは、実務上では問題となることがあります。それは、音楽の著作物を取り扱う著作権等管理事業者による管理の対象となるかどうかという場面です。JASRAC は、音楽の著作物のみを取り扱う著作権等管理事業者として登録されていますので、音楽以外の著作物の管理を取り扱うことはできません。JASRAC に管理してもらうためには、著作物であるだけでなく、「音楽の著作物」でなくてはなりません。

株式会社 NexTone は、音楽の著作物とレコードを取り扱う著作権等管理事業者として登録されていますが、著作物としては「音楽の著作物」のみが対象となっていますので、事情は JASRAC とほぼ同じです。

255

音楽の著作物なのか、実演なのか

　ところで、音楽は、「旋律（メロディ）」「律動（リズム）」「和声（ハーモニー）」の3構成要素から成り立っているとされます（3構成要素のほかに「形式」を加えて4構成要素とする考え方もあります）が、これらの三つの要素がすべてそろわないと音楽にならないというわけではありません。和声を伴わない単旋律の曲も、音楽にあたります。ではリズムだけで構成されているもの、例えば和太鼓の演奏が音楽にあたるでしょうか？ リズムだけで構成された和太鼓の演奏も音を鑑賞させる芸術であり、音楽となり得ると私（前田）は思いますが、もしかしたら見解の分かれるところかもしれません。

　音楽の著作物とほかの著作物との区別よりも、**著作物**として保護を受けるかどうかの方が重要です。和太鼓の演奏は、実演として保護を受けることは明らかですが、さらに著作物としても保護されるでしょうか？

　和太鼓演奏には即興のものもあるでしょうが、楽譜が存在し、その楽譜にもとづいて演奏されることが多いようです。その楽譜に表現されているものは、創作性が認められるのであれば、リズムによって構成される著作物であり、それを具体的に演じたものが和太鼓の演奏であるということになります。自らそのリズムを創作して演じる和太鼓奏者は、シンガー・ソングライターが作詞・作曲者（＝著作者）の地位と歌手（＝実演家）の地位とを兼ねているのと同じような立場になるでしょう。

　著作物は即興で創作される場合もありますから、即興の和太鼓演奏であっても著作物性を認める余地があります。しかし、その即興演奏がどんなに素晴らしいものであったとしても、採譜して楽譜にしてしまうと、それだけではありふれたリズムでしかないという場合もあるでしょう。その場合には、著作物としての創作性は認められませんから、このような即興の和太鼓演奏は、実演としてのみ保護を受けることになります。

誰が音楽の「著作者」か
——バンドの場合

　一人の作曲家が自分だけで作曲をした場合に、その曲の著作者が誰かは明らかです。しかし、最近はバンドメンバーが集まり、それぞれが楽器を演奏しながら曲ができていくことも多いそうです。実際、JASRACのデータベースでも、作曲者がバンド名になっている曲はたくさんあります。バンドメンバーが共同して一つの曲を作曲した場合には、メンバーの「共同著作物」になります。

共同著作物とは？

　共同著作物とは、「2人以上の者が共同して創作した著作物であって、その各人の寄与を分離して個別的に利用することができないもの」のことです。バンドメンバーが集まって作曲した場合でも、それぞれのメンバーが自分の楽器パートだけを創作し、各パートを「分離して個別的に利用することができる」なら、共同著作物になりません。共同著作物でないなら、それぞれのパートがそれぞれのメンバーの単独の著作物ということになります。しかし、メロディ以外の各パートは、その部分だけ分離して個別的に利用することが予定されていないでしょうし、メロディも各パート部分の創作に刺激され、それによって強い影響を受けているのであれば、メロディも含めた全体が共同著作物になると考えることもできるように思います。

　なお、歌詞と曲とは、それぞれ個別的に利用することができるため、共同著作物の関係になりませんから、歌詞をAさん、曲はBさんが創作した場合には、歌詞はAさんの単独著作物となり、曲はBさんの単独著作物となります。

著作権は誰に？

さて、一つの曲をバンドメンバーが共同して創作した場合、その著作権は誰に帰属するのでしょうか？　もしバンドが会社組織になっていて、著作者名をバンド名（会社名）にして公表するなら、「**職務著作**」となって会社自身が著作者になり、著作権も著作者人格権もその会社に帰属する可能性があります（➡ p.83 参照。この場合は共同著作物でなく、会社の単独著作物になります）。しかし、実際にはバンドが会社組織になっていることはあまりないと思います。次に、バンドが「法人格を有しない社団で代表者又は管理人の定めがあるもの」にあたる場合には、会社組織になっているのと同じように考えることになっています。しかし、法人格を有しない「社団」といえるためには、「団体としての組織をそなえ、多数決の原則が行なわれ、構成員の変更にかかわらず団体が存続し、その組織において代表の方法、総会の運営、財産の管理等団体としての主要な点が確定していること」(最高裁昭和39年10月15日判決)が必要とされており、バンドがこれにあたることはあまりないと思います。

バンドが会社組織や「社団」になっているような比較的レアなケースを除けば、バンドメンバーが共同で著作した曲の著作者は、その曲づくりに参加して創作的な寄与をしたメンバー全員であり、その全員で著作権を「共有」することになります。バンドから脱退したからといって、共同著作者でなくなるわけではありません。将来のメンバー交代の可能性を考えると、バンド名ではなく、その曲づくりに参加して創作的な寄与をしたメンバー全員の個人名を著作者名として表示しておくのがよいと思います。

「団体名義」で公表された著作物の保護期間

なお、共同著作物の著作権は、共同著作者のうち最後まで生きた人の「**死後**」**50年間**【TPP協定関係法律整備法が制定・施行された後は70年間】存続しますが、団体名義だと「**公表後**」**50年間**【70年間】になります。本当はバンドメンバー個人の共同著作物でも、またバンドが「社団」にあたらない場合でも、バンド名で公表すると「団体名義」になってしまい、公表後50年で著作権が消滅してしまうのです。もっとも、すでにバンド名で公表した著

258

作物でも、公表後50年【70年】以内にバンドメンバー個人の実名または周知の変名を著作者名として表示して公表しなおすことで、「死後」50年【70年】にすることができます（➡ p.110）。

替え歌は、著作者人格権の侵害？

替え歌と著作者人格権の関係

　誰もが知っているようなヒット曲の歌詞を変更して「**替え歌**」が歌われることは、よくあります。替え歌の中には、特定の人が作成したものもあれば、自然発生的に歌われるようになったものもあります。替え歌を商業的に利用することも少なくありません。替え歌は、歌詞の著作者の**同一性保持権**（意に反する改変を受けない権利）の侵害になるでしょうか？

　歌詞の著作者が替え歌をつくられることをおもしろがることもあるでしょう。その場合には、「意に反する」改変とはいえません。逆に、著作者が自分の作品を汚されたと感じることも少なくないでしょう。その場合には、「意に反する」改変となり同一性保持権侵害となります。

　元の歌詞が替え歌の歌詞にほとんど残っていないために表現上の本質的な特徴をとどめていないときは、替え歌の歌詞は、元の歌詞とは別の著作物となり、同一性保持権の侵害にはなりません。しかし、元の歌詞の表現上の本質的な特徴が残っているのなら、歌詞の著作者がそれを許さない限り、同一性保持権侵害となるでしょう。

替え歌の必要性を考える

　替え歌が一種のパロディとしての文化的意味をもつことがあります。とくに大衆的な楽曲として人々に親しまれている作品では、替え歌をつくるのは社会的に許された行為であるという意見もありそうです。しかし、現行法のもとでは同一性保持権侵害にならない根拠を説明するのは、なかなか難しいように思います。もっとも、歌詞の著作者の方も、替え歌に対し、あまり厳しい態度で臨むのはどうかという意見もあると思います。作品のジャンル、

性質、普及度、替え歌の意図や内容、替え歌に接した人の受け取り方・感じ方などにもよるでしょうが、「笑って許す」というおおらかさが求められる場合もあるでしょう。

替え歌と作曲家との関係

次に、作曲家との関係ではどうでしょうか。歌詞が改変されたことにより、**作曲者の著作者人格権（同一性保持権）**も侵害されたことになるのかという問題です。もし歌詞と曲とが共同著作物なら、作曲家は、歌詞の改変にも同一性保持権侵害を主張できることになります。しかし、歌詞と曲との関係は「**結合著作物**」とされ（➡ p.62「二次的著作物・編集著作物・共同著作物」参照）、共同著作物の関係にはないと考えられています。ですから、歌詞の改変を、曲の改変と同視することはできません。もちろん、歌詞を変更することに伴って曲も変更するなら話は別ですが。

もっとも作曲家としては、崇高なメロディの作品に下品な歌詞をつけて歌われたなら、「作品が汚された」と憤慨することがあるでしょう。著作権法113条6項にもとづく「**みなし侵害**」を主張できるかもしれません。公表権・氏名表示権・同一性保持権のどの侵害にもあたらなくても、著作者の名誉・声望を害する方法での利用は、著作者人格権を侵害する行為とみなされます（➡ p.121）。曲に下品な歌詞をのせて歌ったことが作曲家の「**名誉・声望**」を**害する**といえるなら、作曲家は著作者人格権侵害を主張することができます。

しかし、ここで注意が必要なのは、「名誉・声望」とは、社会から受ける**客観的な評価**をいうことです。同一性保持権侵害となるのは「意に反する」改変があったときですから、著作者の意向に添わなければ同一性保持権侵害となりますが、著作権法113条6項で著作者人格権侵害とみなされるのは、社会から受ける客観的な評価が低下するような場合です。下品な歌詞をのせて歌われることは、著作者の「意に反する」としても、ただちに作曲家・作品の客観的な評価を下げる（名誉・声望を害する）とは断言できません。替え歌であることが明らかなような場合には、作曲家・作品の客観的評価に影響しない（したがって作曲家の著作者人格権侵害とはみなされない）ことが多いように思います。

歌詞のない曲に歌詞をつけてよい？

　替え歌に似た問題として、歌詞のない曲に勝手に歌詞をつけてよいか、という問題もあります。もちろん歌詞をつけたあとの曲を複製したり、演奏したり、放送したりすることには、曲の著作権者から利用許諾を得ることが必要です。しかし、多くの曲の著作権はJASRACなどの著作権等管理事業者によって管理されていますので、利用許諾は、著作権等管理事業者から得られることが多いのです。

　ですから、もし勝手に歌詞をつけることが適法なら、曲について著作権等管理事業者から許諾を得ることで、歌詞つきで曲を利用することもできることになります。

　もともと歌詞と曲は別の著作物ですから、歌詞をつけても、ただちには曲を改変したことになりません。しかし、作曲家としては、「自分の作品はそのままの状態で（歌詞のない曲として）鑑賞してほしい」と願っているかもしれません。歌詞ありの曲の歌詞を改変する替え歌よりも、歌詞なしの曲に勝手に歌詞をつけることの方が、曲そのものへの影響が大きいのかもしれません。作曲家の立場からは、曲は歌詞と一体となって鑑賞されてしまうから、そのような「歌詞つき曲」に勝手に「改変」されたという主張もあり得ます。

　しかし、「歌詞なし曲」を歌手がハミングやスキャット（ボーカルで「ルル…」「ダバダバ…」など意味のない音でメロディを歌うこと）で歌った場合は、曲の「改変」になるでしょうか？　この場合、ボーカルは楽器の一つともいえるので、曲の改変にはならないでしょう。では、スキャットが言葉として意味をもったら、曲の「改変」になるでしょうか？　難しい問題ですが、私（前田）は、歌詞が言葉として意味をもっても、それは曲の外でのことだから、曲の改変にはならないと思います。

　ただし、替え歌のところで申し上げたとおり、歌詞をつけることにより、作曲家や作品の社会から受ける客観的な評価が低下するなら、著作者人格権侵害とみなされることはあり得ます。

JASRACの信託契約約款では

　JASRACの**信託契約約款**（作詞家・作曲家や音楽出版社などがJASRACに著作権の管理を委託する際の契約条件）では、音楽出版社は、訳詞や新たな歌詞とともに「録音」される著作物について、その「訳詞又は新たな歌詞を指定すること」を音楽出版社の権限として留保できるとしています。この留保はなぜか個人の委託者には認められていませんが、それは（私の想像にすぎませんが）外国曲を想定していたからなのかもしれません。

　この留保がされている場合には、曲に新たな歌詞をつけて録音することは、たとえJASRACが録音権を管理している曲でも、JASRACからの利用許諾だけではできません。逆にいうと、「録音」以外の放送や演奏については、「新たな歌詞」をつけることもJASRACから利用許諾を得るだけで可能なことが前提になっているようにも思えます。もっとも、JASRACから利用許諾を得ても、著作者人格権侵害になるような行為は許されません。新たな歌詞をつけて演奏することが著作者人格権侵害になるかどうかは、JASRACの信託契約約款から即断することはできません。

　ちなみに、放送や演奏のような「無形」利用（形のない利用）の場合には、即興的に歌われることもよくあり、そのような場合にまで、あまり著作者人格権侵害となる範囲を広げない方が現実的であると私（前田）は思います。

編曲と著作権・著作者人格権
—— 「歌ってみた」・「演奏してみた」は侵害か？

　替え歌や歌詞のない曲に歌詞をつけることが適法かという問題について考えてきましたが、もうすこし問題を拡大していくと、作曲家が書いた楽譜どおりに歌ったり演奏したりしない限り、すべて違法になるのではないか、という問題にぶちあたってしまいます。

　今まで「同一性保持権」や「名誉・声望を害する方法での利用」のことを考えてきましたが、もうひとつ、著作権の支分権にも忘れてはいけない権利があります。それは「**編曲権**」です。

編曲権とは？

　国語辞典では、編曲とは「ある楽曲を他の楽器用に編みかえたり、他の演奏形式に適するように改編したりすること」（広辞苑第 6 版）などと説明されています。裁判所の判例ではちょっと違う意味に理解されており、楽器編成を変えるかどうかなどとは関係なく、元の曲に新たな創作性を付け加えつつ、元の曲の表現上の本質的な特徴を直接感得することのできる楽曲を創作することとされています。楽器編成を変えることによって新たな創作性の付け加えがあるのなら、判例のいう「**編曲**」にあたることになります。そして編曲権は、JASRAC などの著作権等管理事業者に管理が委ねられていません。

　ということは、オリジナルとは異なる楽器編成にしたり、わざと楽譜からはずれて歌唱・演奏したりすることは、それによって自分なりの創作性の付け加えがあるのなら、たとえ著作権等管理事業者の許諾を得ていても、編曲権の侵害になってしまうことになりそうです。また、著作者人格権の観点からは、そのような編みかえや歌唱・演奏は、同一性保持権の侵害になってしまいそうです。しかし、仮にそうだとすると、YouTube などの動画投稿サイトによくある「**歌ってみた**」・「**演奏してみた**」動画のうち、かなりのものは

違法になってしまうかもしれません。楽譜投稿サイトに投稿されている楽譜は、違法になってしまう確率がさらに高くなりそうです。

🎵 歌唱・演奏のバリエーション？

しかし、とくに歌謡曲やポップス曲などは、必ずしもオリジナルの楽譜どおりにではなく、楽器編成を変えるなどして、さまざまな歌唱・演奏方法で利用されることがあります。作曲家も、自分ではメロディしかつくっていないことも少なくありません。このようなジャンルの作品では、歌唱・演奏上のバリエーションとして許される範囲がかなり広いのではないかと私（前田）は思います。歌手・演奏家などの実演家が著作隣接権の保護を受ける理由の一つに、創作に準じる行為を行っていることがあげられますが（➡ p.86）、**実演家の「準創作」行為**といえる範囲であれば、同一性保持権・編曲権侵害の問題は生じないといってもよいのではないでしょうか。そのように理解しないと、大半の音楽の著作物が著作権等管理事業者によって管理され、一定の対価を支払えばその楽曲を利用できることにされていることの意味のかなりの部分がなくなってしまうように思います。

他方、フルスコアがカチッと決まっており、そのとおりに演奏することが一般的なオーケストラ曲のような作品なら、勝手に他の楽器用に編みかえたり、わざと楽譜からはずれて個性を加えて歌唱・演奏したりすることは、編曲権や同一性保持権の侵害となることもあり得るでしょう。しかし、そのような作品でも、ある程度までは実演家の準創作行為の範囲と認められ、編曲権・同一性保持権の侵害にならないと私（前田）は思います。

なお、オリジナルのとおりに歌ったり、演奏しようとしているけれども、「ヘタ」で楽譜からはずれてしまう場合は、オリジナルの楽曲に創作性が付け加えられているわけではありませんから、編曲権の侵害になりません。また、うまく歌おうと思ってもヘタにしか歌えない場合は、たとえ「改変」があるとしても「やむを得ないと認められる」改変ですから、同一性保持権侵害にもなりません（➡ p.75）。私（前田）を含め、オンチな人でも安心してカラオケで歌えるわけです。

著作者の思想・信条に反する利用と
著作者人格権

　2013 年 4 月から放送された NHK の連続テレビ小説『あまちゃん』が大ヒットしました。その年の 7 月に参議院選挙があり、『あまちゃん』人気にあやかって、その元気で軽快なテーマ曲が選挙活動に無断で利用されることが数多く起こりました。これに対して『あまちゃん』テーマ曲の作曲者である大友良英さんがブログで問題提起し、おそらくはそれを受けて、JASRAC は、同年 7 月 3 日、「選挙運動で音楽著作物を利用するにあたっては、通常の利用許諾手続きの前に、まず著作者の同意を得ていただく必要があります。」と公表しました。

非営利・無料の演奏？

　この問題を考えるにあたって、まず**権利制限規定**（➡ p.107）を思い出してみましょう。公表された著作物は、営利を目的とせず、聴衆から料金をとらず、実演家等に出演料などの報酬が支払われない場合には、著作権者の許諾を得ることなく、公に演奏等をすることができます（著作権法 38 条 1 項）。選挙運動は営利目的でなく、聴衆から料金をとることもないでしょう。また生演奏ではなく録音物を利用する場合には、実演家に報酬を支払うこともあり得ません。ですから、楽曲を演奏する（音楽 CD 等の再生も「演奏」に含まれます）だけであれば、著作権者の許諾がなくても選挙運動に使えそうです。しかし、話はそう単純ではありません。

名誉・声望を害する方法での利用？

　A 政党の支持者であることを表明している作詞家・作曲家の作品が、B 政党の選挙運動に勝手に使われたとしましょう。その利用によって、作詞家・作曲家の政治姿勢が一貫していないように世間に思われるかもしれません。

作詞家・作曲家が特定の政党や候補者を応援することはしないと表明している場合も同様でしょう。このような場合の選挙運動での利用は、著作者の**名誉・声望を害する方法での利用**にあたり、著作権法113条6項で著作者人格権の侵害とみなされるでしょう（➡ p.121）。

　問題は、作詞家・作曲家が自分の政治姿勢を対外的に表明していない場合です。むしろこれが普通の場合でしょう。楽曲が選挙運動に利用されたからといって、ただちに作詞家・作曲家や楽曲に対する社会的評価が下がるとはいえませんが、作詞家・作曲家やその作品が特定の政治信条からの一面的な評価を受けてしまうおそれが生じます。このような場合も、社会的評価に誤った影響が生じますので、広い意味では著作者の名誉・声望を害する方法での利用にあたり、著作者人格権侵害とみなされるのではないかと私（前田）は思います。

　そして、著作者人格権侵害とみなされるのであれば、たとえ非営利目的・無料の演奏として著作権者の許諾なく利用できる場合でも許されません。権利制限規定は、著作者人格権を制限する規定とは解釈されないからです（著作権法50条）。

複製を伴う場合

　また、実際に選挙運動に楽曲を使うためには、音楽CD等を直接再生するのではなく、ハードディスクなどに録音して利用することが多いと思います。この「録音」は、「**私的使用目的**」（個人的に、あるいは家庭内や家庭内に準じる限られた範囲で使用する目的）ではありませんので、著作権者・著作隣接権者の許諾を得なければなりません。2013年4月からインターネットを利用した選挙運動が解禁されましたが、インターネット上で公衆送信を行うには、非営利目的・無料の利用でも著作権者・著作隣接権者の許諾が必要です。著作権法38条1項は、公衆送信権を制限する権利制限規定ではないからです。

著作権等管理事業者の応諾義務

　ところでJASRACなどの著作権等管理事業者は「**応諾義務**」を負っており（➡ p.167）、「**正当な理由**」がない限り、利用許諾を拒んではならないこと

になっています。JASRAC は、選挙運動に利用したいという申込みを拒絶できるでしょうか？

　実際には、JASRAC は、選挙運動への利用の打診があったときは利用の可否・条件を委託者に確認し、委託者が利用不可としたときは許諾を出さない運用をしています。選挙運動への利用が著作権法 113 条 6 項によって著作者人格権侵害とみなされるなら、JASRAC が利用許諾を拒むことに「正当な理由」があるでしょう。そうでないとしても、JASRAC が委託者に問い合わせ、委託者が政治信条（自らの作品が特定の政党や候補者の選挙運動に使われたくないという信条も含めて）から NO を出した選挙運動への利用については、JASRAC が許諾を拒否することに「正当な理由」があると思います。

特定の宗教の布教活動での利用

　以上、著作権法 113 条 6 項や著作権等管理事業法上の「応諾義務」について申し上げたことは、特定の宗教の対外的な布教活動での利用にも同じように当てはまると私（前田）は思います。

歌詞は引用して利用できる？

公表された他人の著作物は、一定の場合、著作権者の許諾を得なくても、引用して利用することができます。

従来の判例での引用の要件

引用が認められるためには、著作権法 32 条 1 項により、①引用して利用される著作物がすでに公表されていること、②「引用」しての利用にあたること、③公正な慣行に合致すること、④報道、批評、研究その他の引用の目的上正当な範囲内で行われること、という要件を満たす必要があるとされています。

判例では、適法な引用と認められるためには、**明瞭区別性**と **主従関係** が必要であるとされてきました。明瞭区別性とは、自分の創作部分と、引用して利用する他人の著作物とがはっきり区別されていて、どこが引用部分なのかを明確に特定できることです。また主従関係とは、自らの創作部分が「主」で、引用して利用される他人の著作物が「従」の関係にあることです。この「明瞭区別性」と「主従関係」のほか、他人の著作物を引用して利用することの**必要性ないし必然性**がなければならないと説明されることもあります。

最近の判例から引用の要件を考える

しかし最近の判例では、条文（著作権法 32 条 1 項）の定める要件に立ち返って、適法な引用にあたるかを判断しようとする動きが見られます。また、「公正な慣行に合致する」ためには、著作権法 48 条により求められる**出所の明示**（どこから引用したのかをはっきり記載すること）がなければならないとされるようになってきています。

そこでもう一度、条文の要件にもとづいて引用が適法と認められるための

要件を整理してみますと、

①公表された著作物であること

②「引用」しての利用であること

　・引用して利用される部分とそうでない部分を区分できること

　・引用して利用される部分が「従」であること

③公正な慣行に合致すること

　・出所の明示や、引用して利用される部分の区分のしかたが公正であること

④報道、批評、研究その他の引用の目的上、正当な範囲内であること

　・報道、批評、研究その他の引用をする目的があること

　・その目的に照らし、質および量の点で正当な範囲であること

となろうかと思います。

　またそもそも権利制限規定が認められるのは、**スリーステップテスト**（➡
p.240「私的使用目的の録音録画と補償金問題」参照）を満たす場合に限られます
から、

⑤権利者による通常の利用を妨げず、かつ権利者の正当な利益を不当に害し
　ない、特別の場合であること

　・市場を形成している権利者のビジネスの妨げとならないこと

　・権利者の受ける経済的不利益が大きくないこと

も必要でしょう。

　従来から判例でいわれてきた「明瞭区別性」は上記②と③に、「主従関係」
は上記②と④に関係しそうです。まず、引用部分とそうでない部分が混じり
合って区分が認識できなくなってしまっていては、そもそも「引用」にはあ
たらないでしょう（②の関係）。その区分は、「公正な慣行」に照らして「明瞭」
であることが必要なこともあります（③の関係）。パロディ作品は、区分が「明
瞭」でないから許されないといわれることが多いのですが、私（前田）は、「明
瞭」な区分が必須というわけではなく、パロディが引用として許される場合
もあると思います。

　次に、引用して利用される著作物の方が主たる存在となっているのなら、
それはそもそも「引用」ではないでしょうし（②の関係）、仮に引用といえ
るとしても、④の正当な範囲内とはいえません。なお「引用」であるために

は自らの著作物の存在が必要であるといわれることが多かったのですが、それは必須ではないという判決もあります。

さらに引用の目的上正当な範囲でなければなりませんから、報道、批評、研究その他の合理的な「引用の目的」が存在している必要があり、しかも、その目的から見て、質・量ともに正当な範囲内での利用でなければなりません。

最後に、引用して利用した結果、著作権者のビジネスの妨げにならないかどうかを検証する必要があります。

歌詞の引用を考える

以上のことを前提として、歌詞をほかの著作物に引用して利用することが適法になる場合があるか、という点を検討してみましょう。

マンガの中で、音楽が登場するシーンが描かれることがあります。例えば、1970年代に青春時代を送った登場人物がラジオから流れてくる『青春時代』（森田公一とトップギャラン、作詞＝阿久悠）を聞いて若かりし日々を追想するというシーンでは、ラジオの絵の近くに音符記号とともに、「♪卒業までの半年で～　答えを出すというけれど～♪」というように、『青春時代』の歌詞の一節を書くことがあります。このような歌詞の利用は、適法な引用として認められるでしょうか？

引用して利用される部分に創作性が認められないなら、そもそも他人の著作物の利用にあたらず、自由だということになります。その部分だけでも**著作物**にあたるとすると、次に、適法な引用として認められるかが問題となります。

まず「**引用**」にあたるでしょうか？　この場合、歌詞の一節はマンガのそのシーンの中で「**従**」といえるでしょう。音符で区切られた部分が当時はやった歌の歌詞の一節だとわかるなら、区分も認識できるでしょう。

次に、**公正な慣行**に合致しているかどうかですが、欄外に『青春時代』の歌詞からの引用であり、その作詞者が阿久悠さんであることが表記されていれば、出所の明示は十分でしょう。マンガの中で、「ああ、青春時代だね。阿久悠の作詞だよね。」というせりふがあれば出所の明示として足りるという考え方もできるかもしれません。区分のしかたも公正な慣行に合致してい

るでしょう。

次に、「引用の目的があること」についてですが、フィクションの中で1970年代を追想するシーンを描くのに『青春時代』の歌詞を使うことは「必然」ではありませんが、当時を代表する楽曲の一つとして『青春時代』の歌詞を利用する何らかの「必要性」はあります。たしかに歌詞自体を「報道、批評、研究」する目的はありませんが、この程度の必要性でも、引用の「目的」があるというべきでしょう。

引用の目的が認められるのなら、この『青春時代』の歌詞の引用は、質・量的に見て、目的に照らして正当な範囲内といえるでしょう。

最後に、「権利者の通常の利用を妨げず、かつ権利者の正当な利益を不当に害しないこと」については必ずしも明確ではありません。マンガ誌を出版する大手出版社のうち何社かは、このように歌詞を利用する場合にも権利者の許諾を求めているようです。私の考えでは、この程度の利用は、曲を伴っているわけではないこともあって、権利者のビジネスを阻害するほどのものではなく、適法な引用として認められると思いますが、さていかがでしょうか。

もうひとつ、引用に関して応用問題があります。それは、「替え歌」の引用です。替え歌は、作詞家の著作者人格権（同一性保持権）の侵害となる場合が多いことは、前に説明しました。一定の場合に「引用」して利用することができるという規定は、あくまで財産権である著作権を制限するもので、著作者人格権の制限規定ではないとされています。著作権についてはOKでも、著作者人格権について当然にOKになるわけではないのです。

小柳ルミ子さんが歌って1972年に日本歌謡大賞を受賞した『瀬戸の花嫁』（作詞＝山上路夫）の替え歌が、当時、全国の小学生の間ではやりました。「瀬戸は、日暮れて、夕波小波」という歌詞を「瀬戸ワンタン、日暮れ天丼、夕波こなみそらーめん」と歌うものです。その時代を舞台とするマンガ『ちびまる子ちゃん』のワンシーンで、当時の小学校生活をほうふつとさせるアイテムとして、この替え歌の歌詞が登場します。この歌詞を使ったマンガは、著作権については「引用」として適法であっても、著作者人格権（同一性保持権）の侵害になってしまうのでしょうか？

歌詞の著作者がこの替え歌を不快に思っていたら、小学生の間の流行はや

むを得ないとしても、それをマンガなどで取り上げ、印刷して頒布すること
は著作者人格権（同一性保持権）の侵害とされるのかもしれません（私［前田］
は、「瀬戸ワンタン、日暮れ天丼、夕波こなみそらーめん」だけでは、元の
歌詞の創作性ある部分の利用にあたらないため、同一性保持権侵害はそもそ
も問題にならないと思いますが、その点は別問題ですから、ここでは議論し
ないことにします）。ただ、このような替え歌がはやった時代があったこと
は事実であり、そういう時代を描くために、この替え歌を使いたいという希
望は、十分理由があることといえます。著作者人格権侵害となり得るものの
引用がいっさいできないというのは、私は問題であると思います。替え歌の
引用を適法にする理由づけとして、引用する人自身は「改変」を行っていな
いという説明があり得ますが、仮にそうだとしても「みなし侵害」になって
しまう可能性があります。替え歌を引用して利用する必要性・必然性がある
場合は、その引用の目的に照らして、替え歌に含まれる改変も「やむを得な
いと認められる」から同一性保持権の侵害にならない（➡ p.75）という説明
が可能かもしれません。

曲の引用は？

　引用が可能なのは、歌詞だけではありません。「引用」は公表された著作
物について認められていますので、音楽の場合、教則本などで「楽譜」を引
用することや、さらにメロディ自体を引用することも、引用の要件を満たせ
ば可能です。しかし、他人が創作したメロディをもとに**変奏曲**を作曲するこ
とは、「引用」にあたるとはいえない場合が多いと思います。

　変奏曲の場合、まず、どの部分が元の曲のメロディで、どの部分が新たに
創作されたのかを区分することが困難です。また、変奏曲の創作には、元の
曲を引用する報道、批評、研究その他の目的があるともいいにくいでしょう。
結局、変奏曲の創作は、適法な「引用」としては認めにくいように思います。

「サンプリング」の問題

🎵 サンプリングとは

　サンプリングとは、『現代用語の基礎知識2016』p.1014（自由国民社刊、湯川れい子執筆）では、「他のミュージシャンの演奏音源や自然音を、標音（音源）として音楽作りに利用する方式。デジタル技術により元の音をさまざまに変形させて利用している。ヒップホップなどでは、一般的な手法となっている。」と説明されています。

　サンプリングにもさまざまな手法があり、「**元ネタ**」とされる作品の一つの楽器の音色を取り込んで加工するものもあれば、もうすこし長く、演奏の一部分を取り込んでループ（繰り返し）させたり、ほかの演奏とミックスさせたりするものもあるようです。元ネタ（原曲）の著作権者や実演家・レコード製作者の許諾をもらわないで、このようなサンプリングを行ったら、原曲の権利者の権利を侵害することになるのでしょうか？

🎵 サンプリングは著作権侵害か？──米国の場合

　アメリカ合衆国のヒップホップグループ「N.W.A」の『100 Miles and Runnin'』という曲の中で、ファンクバンド「ファンカデリック」の『Get Off Your Ass and Jam』の一部が勝手にサンプリングされているとして、アメリカ合衆国で裁判になりました。

　判決文によれば、原告曲の冒頭では、3音から構成されるソロギターのリフ（繰り返し）が4秒続きます。被告曲は、このうち2秒の部分をコピーし、そのピッチを落とし、さらにそれを「ループ」させています。被告曲では、それが5回登場します。

　アメリカ合衆国には著作隣接権制度がないため、レコード製作者の権利も

274

「著作権」として保護されています。しかしレコードの著作権は、ほかの著作権とは違い、その音にしか及ばない（その音をまねてそっくり演奏した音には及ばない）とされています。この点では、日本の著作隣接権と似たような性質をもつ権利です。

アメリカ連邦控訴裁判所は、このようなレコードの著作権と他の著作権との違いに着目して、音楽の著作権の侵害になるかどうかは別として、レコードの著作権侵害にはなるとしました。しかし、似たような別のケースでは、レコードの著作権についても「実質的類似性」がなく、侵害にならないとした判決もアメリカ合衆国にはあります。

著作権と著作隣接権 ── 日本の場合

この問題を日本法で考えるとどうなるでしょうか。まず作曲家の著作権に関して、『Get Off Your Ass and Jam』の楽曲全体は立派な著作物ですが、3音から構成される2秒の部分だけを取り出したとき、それだけで創作性ありとはいえないように思います。ですから、日本では、被告曲は原告曲の著作権を侵害したことにならないと思います。

しかし、**レコード製作者の著作隣接権**は別です。著作隣接権の保護は、必ずしも創作性を前提としません。そのかわりレコード製作者の著作隣接権は、そのレコードに固定されたその音にしか及びません。サンプリングでは、レコードの音そのものが使われており、わずか3音からなる2秒の部分であっても、それはレコードの音そのものですから、その2秒の部分によって元となったレコードの音が認識できるのなら、その部分に著作物としての創作性がないとしても、レコード製作者の著作隣接権を侵害することになると思います。これに対し、もし、『Get Off Your Ass and Jam』の演奏をまねて同じようにギターで演奏し、それを取り込んでループさせたのであれば、著作隣接権侵害にはなりません。

ヒップホップのファンの人たちからは、それではおもしろくないという意見も聞こえてきそうです。しかし、結論としては、

① 著作権については、創作性のある部分が利用された場合にのみ侵害となる（利用された部分が短くてそれだけでは創作性が認められないなら、侵害

とならない）

②著作隣接権については、創作性は直接関係せず、利用された部分が短くても、元となったレコードの音が認識できる限り侵害となるが、似たような音を別につくったのなら侵害とならない

ということになると思います。この結論は、原曲の保護と新たな創作の自由をそれなりに調和させるものではないでしょうか。

Ⅲ 音楽ビジネスの著作権【実践編】

似ている、似ていない論争

著作権侵害となる「依拠」「類似性」とは

　ある曲と別の曲とが似ている、似ていないが論争になることは、しばしばあります。A曲が先に創作されており、その後A曲に似ているB曲が創作されたとします。A曲の作曲者（「原告」）がB曲の作曲者（「被告」）を訴えた場合、どのような要件が満たされれば著作権侵害になるのでしょうか。

　被告がA曲を知らなかったとすれば、どんなに似ていても著作権侵害にはなりません。侵害となるのは、B曲がA曲に「**依拠**」して作成された（A曲の表現を知っていて、その実質的な影響のもとでB曲を作成した）場合です。しかし、A曲に対する「依拠」があればただちに著作権侵害になるのかというと、そうではありません。著作権侵害となるのは、原告の作品と被告の作品との間に「**類似性**」がある場合です。被告がA曲からどんなに強い影響を受けたとしても、結果として作成されたB曲がA曲と似ていなければ、著作権侵害にはならないのです。

　「類似性」があるかどうかは、どうやって判断するのでしょうか。判例では、「A曲の表現上の本質的な特徴をB曲から直接感得することができるか」という命題をたてて判断しています。もっとも何が「**表現上の本質的な特徴**」なのかはなかなかはっきりしませんし、またそれを「**直接感得**」できるかどうかをどうやって判断するのかもはっきりしません。

　はっきりしていることは、著作権の保護は「創作的な表現」に与えられるものですから、創作的表現にあたらない部分が似ていたとしても、「類似性」があるとはいえない、ということです。例えば、A曲が古くからの民謡の一部を取り込んでいるとすれば、その部分には創作性はありません。ですから、B曲の中にも同じ民謡を取り込んだ部分があって、その点でA曲と似てい

277

たとしても、「類似性」は認められません。

　実際に裁判になった事案で、依拠の有無や類似性がどのように判断されているのかを見てみましょう。

🎵『ワン・レイニー・ナイト・イン・トーキョー』事件[★1]

　原告曲『The Boulevard of Broken Dreams（夢破れし並木道）』は、1933年製作の米国映画『ムーラン・ルージュ』の主題歌ですが、この映画は日本ではあまりヒットしなかったそうです。被告は、放送局の演出部長として音楽番組を含む番組の企画・製作を担当しており、レコード係を担当したこともある方ですが、副業で作曲をしており、1963年頃、『ワン・レイニー・ナイト・イン・トーキョー』を作曲しました。この曲は多くの歌手に歌われてヒットし、1965年には越路吹雪がこの曲で日本レコード大賞歌唱賞を受賞しています。

　この裁判で最高裁判所は、「原告曲は音楽の専門家・愛好家の一部に知られていただけであり、被告が原告曲を知っていた特段の事情はない。類似部分は流行歌でよく用いられる旋律だから、被告が原告曲に接する機会があったことも推認しがたい。よって、『依拠』は認められない」として著作権侵害でないと判断しました。

🎵『Bright Tunes Music v. Harrisongs Music』事件[★2]

　元ビートルズのジョージ・ハリスンの1970年の世界的ヒット曲『My Sweet Lord』が著作権侵害とされ、世界中に衝撃を与えた事件がありました。

　原告曲は、The Chiffonsという女性コーラスグループが歌って大ヒットし、1963年に全米ヒットチャート5週1位になった『He's So Fine（いかした彼）』。この曲は、ジョージ・ハリスンが当時住んでいたイギリスでもヒットしました。

　ジョージ・ハリスンは、原告曲を知っていましたが、自分は、自分の曲をこうやって作曲したという独自の創作過程を証言しました。しかし裁判所は、ジョージ・ハリスンが無意識のうちに原告曲を利用してしまったと認定し、

[★1]　最高裁昭和53年9月7日判決
[★2]　420 F.Supp.177（S.D.N.Y. 1976）

無意識でも著作権侵害になると判断しました。判決は、「ハリスンは、意識的に『He's So Fine』の音楽を使ったのだろうか？　私は、彼が意識的にそうしたとは信じない。それにもかかわらず、『My Sweet Lord』がまさに『He's So Fine』と異なる歌詞の同一曲であること、およびハリスンが『He's So Fine』へのアクセスを有していたことは明らかである。法律のもとでは、これは著作権の侵害であり、無意識のうちに行われたとしても同様である」と述べています。

　無意識の依拠が認められるのか、というのは大きな問題です。昔、どこかで聞いたことのあるメロディが頭の片隅に残っていることは、よくあることです。作曲した人自身、意識の表層では自分のオリジナルだと思っていても、じつは、意識の底に眠っている記憶が強く影響しているというケースがあるでしょう。ジョージ・ハリスンの事件では無意識でも侵害になるとされましたが、日本の著作権法ではどうでしょうか。無意識ならば依拠は認められないという考え方もありますが、意識の表層には記憶がなくても、精神の領域のどこかに記憶が残っていて、それが創作に影響しているのなら、「依拠」はあったと考えるべきと思います。

『どこまでも行こう』『記念樹』事件★3

　原告の小林亜星さんは、コマーシャルソングなどを多数作曲している著名な作曲家、被告となった服部克久さんも著名な作曲家・編曲家です。

　小林さんが1966年に発表した『どこまでも行こう』は、ブリヂストンのコマーシャルソングとして一世を風靡した曲で、音楽の教科書に採用されたこともあります。その際の教師用指導書には、「コマーシャルソングとして広く知られる」と記載されていました。他方、服部さんが1993年に作曲した『記念樹』は、放送番組のエンディングテーマとして使われ、学校の卒業式でも広く歌われるようになりました。1998年に小林さんが訴えを起こし、地方裁判所では侵害ではないとされましたが、高等裁判所では、『記念樹』は『どこまでも行こう』の編曲権を侵害しているとされました。

★3　東京高裁平成14年9月6日判決

服部さんは、『どこまでも行こう』を聴いたことがあるかどうかはさだかでなく、仮にコマーシャルソングが耳に入ることがあっても意識に残っておらず、依拠はないと主張しました。しかし、高等裁判所は、『どこまでも行こう』が非常に著名な楽曲であることのほか、服部さんがかつてブリヂストンの社歌を作曲したことがあること、原告曲はダーク・ダックスのレパートリーの一つであり、服部さんがダーク・ダックスの作編曲を手がけていること、旋律の72%が一致しており、このような類似性が偶然の一致によって生じたものと考えられないことなどをあげて、「依拠」が認められるとしました。

　また「類似性」については、被告曲が原告曲の「表現上の本質的な特徴」の同一性を維持しており、被告曲に接する者が原告曲の表現上の本質的な特徴を直接感得することができるかどうかによって判断されるとし、①楽曲は旋律、和声、リズム、テンポ、形式などの要素を含むが、少なくとも旋律を有する通常の楽曲に関する限り、相対的に重視されるべき要素として主要な地位を占めるのは旋律である、②原告曲の表現上の本質的な特徴は、簡素で親しみやすい旋律にあり、4つのフレーズからなる起承転結の組み立てという全体的構成に主眼をおいて検討すべきである、③双方の曲は旋律の72%で同じ高さの音が使われており、他の類似曲と比較して格段に一致率が高く、旋律の起承転結の組み立てが酷似していて、旋律に着目した全体的検討としても本質的特徴が同一である、④和声の違いは決定的なものでない、⑤リズムの違いは演奏上のバリエーションの範囲内である、として、「類似性」が認められると判断しました。

　次項でも述べますが、類似の範囲をどこまで認めるのかは、難しい問題です。著作権法は、著作者に長期間にわたる独占権を認める一方、「アイディア」などは保護の対象としていません。これは、先行する創作者の利益を保護しつつ、他方で、後続する創作者が先人の作品に影響を受けながらも新たな創作をし、多様な作品を生み出す余地を残すようにして、バランスをとったものでしょう。あまり類似の範囲を広げてしまうと、後続する創作者の創作を制約しすぎることになり、他方、その範囲をあまりに狭くすると、先行する創作者の保護をないがしろにすることになってしまいます。そのどちらにも

片寄らず、微妙なバランスをとることが必要です。類似性をどこまでの範囲で認めるかは、著作権法にとって永遠の問題なのかもしれません。

音楽の著作物で
アイディアと表現を区別できるか

アイディアに相当するもの

「著作物」とは、「思想又は感情を創作的に表現したものであって、文芸、学術、美術又は音楽の範囲に属するもの」をいいます。「思想又は感情」やアイディアそのものは著作物とはなりませんし、また著作物であることが明らかなものでも、そのうち保護の対象となるのは「創作的な表現」の部分に限られますから、アイディアなど「表現」でない部分や創作的とはいえない表現の部分が共通していても、著作権侵害とはなりません。ですから、「**表現**」と「**アイディア**」とを区別する必要があるとされています。

学術論文などでは、表現されているアイディアと、その具体的な表現である文章との区別は比較的簡単にできるかもしれませんが、小説や脚本の著作物などになると、どこで境界線を引くべきかが微妙になってきます。物語のテーマや設定（例えば、「農民が浪人を雇って野武士から村を守る」物語）は、アイディアにすぎません。ですから、この点が共通するだけでは、著作権侵害とはなりません。しかし、共通点がもっと詳細なストーリー展開や登場人物の性格づけなどに及べば、アイディアが似ているだけではなく、「表現」が似ていると判断されます。

それでは、音楽の場合にもアイディアと表現とを区別することができるでしょうか？　小説や脚本以上にその区別が難しいように思います。強いてアイディアに相当するものをいえば、「**曲想**」（曲の構想やテーマ）や「**様式**」といったものでしょうか。「**コード進行**」についても、それ自体はただちには表現とはいえず、少なくとも創作的な表現とはいえないことが多いように思います。つまり、曲想や様式、コード進行などが共通していても、それだけではただちに著作権侵害となるわけではありません。

282

しかし、そのほかの類似点とともに、曲想や様式、コード進行なども同一であることが理由の一つとなって、全体として創作的な表現が類似していると判断されることはあるでしょう。アイディアと表現とは、とくに音楽では、理論的に区別できるものではなく、連続しているものであって、その連続体のどこかに線を引かなければならないのだと思います。

では、その線をどこで引くべきなのでしょうか。それに答えるために、著作権の保護が「表現」（創作的な表現）にしか及ばない理由を、もう一度考えてみましょう。

アイディアと表現の境界線

著作者は、原則として著作者の死後50年間（TPP協定関係法律整備法が施行された後は70年間）という、特許権などと比較してきわめて長期間の独占権を与えられます。その独占権を取得するのに登録などの方式を必要とせず、新規性などについて審査を受ける必要もありません。その反面、著作権法は、著作権侵害を「依拠」がある場合に限定するとともに、「創作的な表現」にしか著作権の保護が及ばないとすることで、バランスをとっています。前項でも述べたとおり、先行する創作者の利益を保護しつつ、後続する創作者の新たな創作の余地を残すためには、このバランスをうまく保っていく必要があります。「表現」と「アイディア」との間の線引きも、このバランスを保つ観点から行われるべきでしょう。

創作者の個性があってこそこの世に生み出されたといえるものについては、長期間の独占権を認めることが創作者の保護のために必要ですし、それを認めても、後続する創作者の自由を不当に制約することにはなりません。しかし、その人でなくても遅かれ早かれ別の人が到達するであろう範囲にまで長期間の独占権を拡大することは、後続の創作者の自由を不当に制約し、適切ではありません。

もちろん著作物として保護を受けるのは、天才の作品だけではありません。音楽の素養のない私（前田）がメロディを創作しても、ある程度の長さがあれば著作物として保護を受けます。なぜなら私の作品でも、私の個性がこの世に生み出したものには違いなく、それ自体は表現だからです。しかし、

私の作品に類似していると判断される範囲は、狭いものでしょう。なぜなら、私の作品の表現はしょせん独創的なものではなく、そのようなものに類似する範囲を広げてしまうと、私の個性がなくてもこの世に生み出されるものにまで、私の独占権が生じてしまうおそれがあるからです。

III　音楽ビジネスの著作権【実践編】

column **10**

著作物と発見・発明

　2002 年にノーベル物理学賞を受賞した小柴昌俊先生は、アインシュタインとモーツァルトのどっちがより天才かについて、テレビの対談でモーツァルトであると述べたことがあります。その理由を小柴先生は次のように説明しておられます。

　「科学で何か知見を得るとは、自分と客体をはっきり分けて観測あるいは実験を行い、その結果を得たということです。アインシュタインの導いた一般性相対性理論は確かに偉大な業績ですが、科学の成果である限り、仮にアインシュタインが発表しなかったとしても、何十年か経てば別の理論屋さんが同じ理論を出すであろうと。だからこそ、その結果は人類共通の知識として貯めることができる。ところがモーツアルトの音楽の場合は、理論的にこうなるべきだということは一切ない。だから、モーツアルトが死んでしまうと、200 年、300 年経っても、私の心を同じように捉えることのできる音楽を作る人は出てこない。そういった意味で、私はモーツアルトの方が天才だと言ったのです。」

（第 4 回つくばサイエンス・アカデミー SAT フォーラム 2003 での基調講演「素粒子と物理―大型研究プロジェクトにおける個の発揮とリーダーシップ」講演録 p.11
http://www.zencom-inc.co.jp/sat/2003evnet/pdf/satforum2003.pdf）

　モーツァルトもアインシュタインも小柴先生も天才だと思いますが、小柴先生がいうように、モーツァルトが生まれなければその作品は地上に生まれることがなかったでしょう。それはモーツァルトの作品が「表現」であり、モーツァルトのような個性をもった人物がほかに生まれてこないからです。それに対してアインシュタインの成果は科学です。主体から分離した客体としての理論には、アインシュタインでなくてもいつかは誰かが到達するはずです。だから、一般相対性理論自体は「表現」ではないのです。小柴先生のいわれることは、モーツァルトの作品が著作物として保護され、アインシュタインの相対性理論が著作物として保護されない理由にも、そのまま当てはまるように私には思えてなりません。人類の知的活動には、大きく分けて 2 種類のものがあり、著作権法はそのうちの 1種類だけを対象にしているのだと思います。

主要参考文献

- 加戸守行 著『著作権法逐条講義 六訂新版』（著作権情報センター、2013 年）
- 文化庁 編著『著作権法入門 2015 - 2016』（著作権情報センター、2015 年）
- 福井健策 編著・二関辰郎 著『ライブイベント・ビジネスの著作権』（著作権情報センター、2015 年）
- 福井健策 編　内藤篤・升本喜郎 著『映画・ゲームビジネスの著作権（第 2 版）』（著作権情報センター、2015 年）
- 福井健策 編著　池村聡・杉本誠司・増田雅史 著『インターネットビジネスの著作権とルール』（著作権情報センター、2014 年）
- 福井健策 編・桑野雄一郎 著『出版・マンガビジネスの著作権』（著作権情報センター、2009 年）
- 島並良・上野達弘・横山久芳 著『著作権法入門』（有斐閣、2009 年）
- 高林龍 著『標準 著作権法 第 2 版』（有斐閣、2013 年）
- 田村善之 著『著作権法概説 第 2 版』（有斐閣、2001 年）
- 中山信弘 著『著作権法 第 2 版』（有斐閣、2014 年）
- 半田正夫・松田政行編『著作権法コンメンタール 1 〜 3［第 2 版］』（勁草書房、2015 年）
- 著作権法令研究会 編『逐条解説　著作権等管理事業法』（有斐閣、2001 年）
- 福井健策 著『著作権とは何か — 文化と創造のゆくえ』（集英社、2005 年）
- 福井健策 著『著作権の世紀 — 変わる「情報の独占制度」』（集英社、2010 年）

■筆者あとがき

【初版あとがき】

　この本は、これから音楽関係業界で働いてみたいと希望している、あるいは音楽関係業界に関心を持っている一般の読者の皆さんに、音楽ビジネスでの著作権に関する知識をお伝えすることを目的としています。短時間で読み終えていただけるほどの分量しかなく、そのため情報量は限られていますが、具体的な問題も取り上げたつもりです。法律や音楽ビジネスに関する知識をお持ちでない方々を読者として想定していますが、著作権の専門家によって議論されていることも盛り込んでみましたので、既に音楽関係業界内にいらっしゃる方々のご参考になる点もあるのではないかと自負しております。

　第Ⅰ章「音楽ビジネスのしくみと動向」は谷口が、第Ⅱ章「音楽ビジネスの著作権●必須知識編」と第Ⅲ章「音楽ビジネスの著作権●実践編」は前田がそれぞれ執筆しました。それぞれが似たような問題を取り上げ、ニュアンスが微妙に異なっているところもありますが、谷口はおもにビジネスの観点から、前田はおもに法律の観点から述べていますので、あえて調整をはかっていません。

　また、校正の段階で読み返してみますと、一つの章のなかでも、特に第Ⅱ章、第Ⅲ章では、同じことが何度も繰り返されていることが目立ちます。しかし、その繰り返しもそのままにしました。この本は、けっして体系的な書物ではなく、雑誌のような軽い「読み物」として拾い読みをしていただければと思うからです。

　この本の企画のお話を著作権情報センターからいただいたのは、すぐには思い出せないほど前のことです。それ以来、谷口と前田は、たびたび打ち合わせを行いましたが、音楽ビジネスの中で日々発生するマニアックな著作権問題に話が盛り上がるばかりで、それはそれで、私たちにとってはとても楽しく有意義な時間だったのですが、肝心の原稿執筆は遅々として進まず、結果として刊行が大幅に遅れてしまいました。

　そのような私たちを叱咤激励し、指導助言して下さったのは、シリーズ編者の福井健策先生と、池田洋さん、その前任者の片田江邦彦さんをはじめと

する著作権情報センターの皆さんでした。また書籍として刊行できるかたちになったのは、麦人社の通山和義さん、トービの望月良浩さんがレイアウトなどの本づくりをしてくださったお陰です。お世話になりました皆さんに深く感謝申し上げます。

2008 年 8 月吉日

前田哲男

谷口 元

【第 2 版あとがき】

　本書の初版が発行されてから 8 年がたちました。この 8 年の間に、音楽業界をとり巻く環境はまさに激変しました。改訂に当たっては、なるべくこの新しい動きを盛り込みながら、他方で従来の記述も残しました。時代は変っても、音楽ビジネスの基本となる知識には変らない部分もあるからです。本書を手にとってくださった読者の皆様が、基礎知識を踏まえつつ新しい音楽ビジネスを切り拓いていってくだされば、著者としてこれに勝る喜びはありません。

　改訂に当たっても、シリーズ編者の福井健策先生、著作権情報センターの片田江邦彦さん、香取和彦さん、香取さんの前任者の深澤一央さん、麦人社の通山和義さん、Reproduction の望月良浩さんに大変お世話になりました。心より感謝申し上げます。

2016 年 6 月吉日

前田哲男

谷口 元

関連団体・組織一覧

巻末資料

名称（主な分野）	住所・tel／fax・URL
著作権等管理事業者 一般社団法人 日本音楽著作権協会 （JASRAC）	〒151-8540 東京都渋谷区上原 3-6-12 tel:03-3481-2121／fax:03-3481-2150 http://www.jasrac.or.jp
著作権等管理事業者 株式会社 NexTone（ネクストーン）	〒150-0012 東京都渋谷区広尾 1-1-39 恵比寿プライムスクエアタワー tel:03-5766-8080／fax:03-5766-8088 http://www.nex-tone.co.jp
著作者 一般社団法人 日本音楽作家団体協議 会（FCA）	〒151-8540 東京都渋谷区上原 3-6-12 JASRAC 内 tel:03-3481-2121／fax:03-3481-2153 http://www.fca-music.jp

以下の 12 団体が加盟しています。
- ・詩と音楽の会（ACA）
- ・全日本音楽著作家協会（AJACA）
- ・全日本児童音楽協会（AJACCS）
- ・日本音楽著作家連合（SUJA）
- ・日本現代音楽協会（JSCM）
- ・（公社）日本作曲家協会（JACOMPA）
- ・（一社）日本作曲家協議会（JFC）
- ・（一社）日本作詩家協会（JLA）
- ・（一社）日本作編曲家協会（JCAA）
- ・日本詩人連盟（JALP）
- ・（一社）日本童謡協会（ACS）
- ・日本訳詩家協会（JASTS）

名称（主な分野）	住所・tel／fax・URL
音楽出版社 一般社団法人 日本音楽出版社協会 （MPA）	〒107-0062 東京都港区南青山 2-31-8 Daiwa 南青山ビル tel:03-3403-9141／fax:03-3403-9140 http://www.mpaj.or.jp
実演 公益社団法人 日本芸能実演家団体協 議会（芸団協）	［芸団協］〒163-1466 東京都新宿区西新宿 3-20-2 東京オペラシティタワー tel:03-5353-6600／fax:03-5353-6614 http://www.geidankyo.or.jp
実演家著作隣接権センター （CPRA）	［CPRA］〒163-1466 東京都新宿区西新宿 3-20-2 東京オペラシティタワー tel:03-5353-6600／fax:03-5353-6614 http://www.cpra.jp

名称（主な分野）	住所・tel／fax・URL
実演 **一般社団法人 日本音楽事業者協会** （JAME）	〒 151-0051 東京都渋谷区千駄ヶ谷 1-26-3 tel:03-3404-4133／fax:03-3470-6173 http://www.jame.or.jp
実演 **一般社団法人 日本音楽制作者連盟** （FMPJ）	〒 105-0001 東京都渋谷区神宮前 5-48-1 神宮前和田ビル tel:03-5467-6851／fax:03-5467-6852 http://www.fmp.or.jp
映像コンテンツ **一般社団法人 映像コンテンツ権利** **処理機構（aRma）**	〒 107-0061 東京都港区北青山 2-11-10 青山野末ビル tel:03-5775-4870／fax:03-5775-4872 http://www.arma.or.jp
音楽ソフト **一般社団法人 日本レコード協会** （RIAJ）	〒 105-0001 東京都港区虎ノ門 2-2-5 共同通信会館 tel:03-5575-1301／fax:03-5575-1313 http://www.riaj.or.jp

本文 p.36 に記載する「表 1 日本レコード協会正会員社一覧」に関する情報は、同協会HP より参照してください。

映像ソフト **一般社団法人 日本映像ソフト協会** （JVA）	〒 104-0045 東京都中央区築地 2-11-24 第 29 興和ビル別館 tel:03-3542-4433／fax:03-3542-2535 http://www.jva-net.or.jp
楽譜出版 **一般社団法人 日本楽譜出版協会** （JAMP）	〒 101-0021 東京都千代田区外神田 2-18-21 楽器会館 tel:03-3257-8797／fax:03-3257-8797 http://www.j-gakufu.com
コンサート **一般社団法人 コンサートプロモー** **ターズ協会（ACPC）**	〒 150-0022 東京都渋谷区恵比寿南 1-21-18 恵比寿南ビル tel:03-5768-1731／fax:03-5768-1732 http://www.acpc.or.jp
コンサート **一般社団法人 日本クラシック音楽** **事業協会**	〒 141- 0031 東京都品川区西五反田 8-1-1 鈴友ビル tel:03-5719-7601／fax:03-5719-7603 http://www.classic.or.jp
カラオケ **一般社団法人 全国カラオケ事業者協** **会（JKA）**	〒 141-0021 東京都品川区上大崎 2-24-11 目黒西口マンション 2 号館 tel:03-3495-5581／fax:03-3495-5644 http://www.karaoke.or.jp

名称（主な分野）	住所・tel／fax・URL
カラオケ 一般社団法人 日本カラオケボックス協会連合会（JKBA）	〒102-0093 東京都千代田区平河町 1-4-3 平河町伏見ビル tel:03-3221-2491／fax:03-3221-2588 http://www.jkba.or.jp
放送 日本放送協会 （NHK）	〒150-8001 東京都渋谷区神南 2-2-1 tel:03-3465-1111 http://www.nhk.or.jp
放送 一般社団法人 日本民間放送連盟 （JBA）	〒102-8577 東京都千代田区紀尾井町 3-23 tel:03-5213-7711／fax:03-5213-7703 http://www.j-ba.or.jp
有線音楽放送 一般社団法人 全国有線音楽放送協会	〒167-0032 東京都杉並区天沼 3-3-7 ライオンズマンション荻窪駅前 tel: 03-5347-0191／fax: 03-5347-0192 http://www.zenonkyo.or.jp
音楽配信 ネットワーク音楽著作権連絡協議会 （NMRC）	〒101-0061 東京都千代田区三崎町 2-16-9 イトービル tel:03-5226-8550／fax:03-5226-8549 http://www.nmrc.jp
CD・ビデオレンタル 日本コンパクトディスク・ビデオレンタル商業組合（CDV-JAPAN）	〒102-0083 東京都千代田区麹町 3-7 半蔵門村山ビル tel:03-3234-8824／fax:03-3234-8859 http://www.cdvnet.jp
BGM 一般社団法人 日本 BGM 協会	〒162-0842 東京都新宿区市谷砂土原町 2-7-19 田中保全ビル tel: 03-6280-7568／fax: 03-6280-7569 http://www.bgm.or.jp
肖像権・パブリシティ 特定非営利活動法人 肖像パブリシティ権擁護監視機構（JAPRPO）	〒160-8501 東京都新宿区左門町 4 四谷アネックス tel: 03-3226-0984／fax: 03-3226-0984 http://www.japrpo.or.jp
私的録音補償金 一般社団法人 私的録音補償金管理協会（sarah）	〒100-0013 東京都千代田区霞が関 3-6-5 霞が関三丁目ビル tel: 03-6205-4701／fax: 03-6205-4702 http://www.sarah.or.jp
所轄官庁 文化庁長官官房著作権課	〒100-8959 東京都千代田区霞が関 3-2-2 tel:03-5253-4111／fax:03-6734-3813 http://www.bunka.go.jp

巻末資料

名称（主な分野）	住所・tel／fax・URL
著作権全般 公益社団法人 著作権情報センター （CRIC）	〒 164-0012 東京都中野区本町 1-32-2 ハーモニータワー 22 階 tel：03-5309-2421　fax：03-5354-6435 （著作権相談室　tel: 03-5333-0393） https://www.cric.or.jp

日本音楽出版社協会（MPA）著作権契約書 [FCA・MPA フォーム：A-1]

巻末資料

著 作 権 契 約 書

作品名

筆名

[著作者　　作詞者　　　　　　　　　　　　： 著作権者名　　　　　　　　　]
　　　　　　作曲者

実名

上記の著作権者（以下「甲」という）と
（以下「乙」という）は、上記の作品（歌詞・楽曲を含む作品全体をいい、複数の場合は包括し、
以下単に「本件作品」という）を構成する上記著作者の創作に係る著作物（以下「本件著
作物」という）の著作権（以下「本件著作権」という）の譲渡に関し、以下の通り契約を
締結します。

第1条 （目的）	本件作品の利用開発を図るために著作権管理を行うことを目的として、甲は、本件著作権を、以下に定める諸条項に従い、乙に対し独占的に譲渡します。なお、本件著作権が本件作品の著作権に占める割合は　　　　　　　　とします。
第2条 （保証）	甲は、乙に対し、本件著作物が上記著作者の創作による完全な著作物であること、及び本件著作物の著作権者として乙とこの契約を締結するに必要かつ充分な権利ならびに能力を保有していることを保証します。また、甲は、本件著作権に関し現在または将来なんら不利な要求が第三者より起こらないこと、及び万一そのような事態が生じた場合には、第三者からの一切の要求に対し、責任をもってこれを措置し、乙になんらの支障・損害を与えないことを保証します。

293

第3条 （地域及び期間）	(1) この契約に基づき、甲が乙に対して譲渡する著作権の譲渡地域は、日本を含む全世界とします。 (2) 契約期間は、□□□年□□□月□□□日から □□□□□□□□□□□□□□□□□□□□□□□□□□ とします。 (3) 前項の契約期間の満了する日が明らかである場合は、契約期間満了の3ヵ月前までに甲または乙より文書による反対の意思表示がない限り、この契約は、自動的に□□□年間延長されるものとします。その後の延長についても同様とします。
第4条 （譲渡の範囲）	(1) この契約に基づき、甲が乙に対して譲渡する著作権は、複製権（出版権、録音権、映画録音権等）、上演権、演奏権、上映権、公衆送信権、伝達権、口述権、譲渡権、貸与権、著作権法第27条及び第28条に規定する権利、その他有形的複製あるいは無形的利用のいずれにかかわらず、現在及び将来において甲が有する一切の支分権及び著作権に基づき発生するいかなる権利をも含むものとします。 (2) 乙は、本件著作物に関し、前項に定める権利を排他的に行使し、第三者にその使用を許諾して使用料を徴収し、また、外国の音楽出版者に対して特定の地域内・特定の期間に限り、再譲渡することができるものとします。
第5条 （甲及び乙の協力義務）	甲は、乙が本件著作権の移転登録を行うに必要な一切の事項に関し、乙に協力義務を負うものとします。なお、契約期間の満了または契約の解除によりこの契約が終了した場合には、乙は、甲に対し同様の協力義務を負うものとします。
第6条 （著作権管理の方法）	(1) 乙は、本件著作権について、以下に定める方法で管理を行うものとします。但し、日本国外地域については、乙の判断により、外国の音楽出版者または外国の著作権管理団体に著作権管理を行わせることができるものとします。 　　本件著作権の支分権または本件著作物の利用形態に関する以下の区分のうち、すべての区分について □□□□□□□□□□□□□□□□□□□□（以下「丙」という）に委託する。 区　分 ① 演奏権等（演奏権、上演権、上映権、公衆送信権、伝達権及び口述権を含む。但し、⑨から⑪までの利用形態に係る権利を除く）

②録音権等（録音権、頒布権及び録音物に係る譲渡権を含む。
　　但し、⑨から⑪までの利用形態に係る権利を除く）
③貸与権（但し、⑨から⑪までの利用形態に係る権利を除く）
④出版権等（出版権及び出版物に係る譲渡権を含む。但し、
　　⑨から⑪までの利用形態に係る権利を除く）
⑤映画への録音の利用形態に係る権利
⑥ビデオグラム等への録音の利用形態に係る権利
⑦ゲームソフトへの録音の利用形態に係る権利
⑧コマーシャル送信用録音の利用形態に係る権利
⑨放送・有線放送の利用形態に係る権利
⑩インタラクティブ配信の利用形態に係る権利
⑪業務用通信カラオケの利用形態に係る権利
　　以上の区分は一般社団法人日本音楽著作権協会の著作権信託
　　契約約款の規程を基準とするものです。
(2) この契約の期間中、前項の著作権管理の方法を変更する場合、
　　及び前項に定めのない支分権または利用形態に関する管理の方
　　法を定める場合には、甲・乙両当事者間の協議の上行うものと
　　します。

第7条
（甲による利用）

甲は、利用開発を目的として非営利で利用する場合であって、甲自
らが利用主体となるときは、乙と協議の上本件著作物を利用できる
ものとします。

第8条
（完全原稿の提供）

甲は、この契約の締結に際し、本件著作物の複製に適し、必要かつ
充分な完全原稿またはその複製物を乙に提供すべきものとし、その
所有権は、乙に帰属するものとします。

第9条
（著作権表示）

乙は、本件作品の複製物に乙が指定する著作権表示を行い、または
行わせることができるものとします。

第10条
（著作権使用料）

(1) 乙は、甲に対し、本件著作権の譲受の対価として、本件作品が
　　使用された場合、次に定めるところに従い、著作権使用料（税
　　込）を支払うものとします。但し、乙が本件作品の宣伝・普及
　　のため無料で行う複製物の頒布及びインタラクティブ配信に対
　　しては著作権使用料を支払わないものとします。なお、乙が本
　　件作品の著作権の管理を歌詞・楽曲ともに同一の著作権管理事
　　業者に委託している区分については、本件作品のうち歌詞・楽
　　曲のいずれか一方のみが使用された場合でも、その著作権使用

料を甲に支払うものとします。

①乙の使用に係る場合

 ⅰ 乙が出版する本件作品の一曲入り楽譜（以下「ピース」という）に使用された場合、販売し実際に代金を受領した部数を対象に、1部につき定価の［　　　　　］にこの契約第1条に規定する本件著作権の割合（以下「甲の保有率」という）を乗じて得た金額。

 ⅱ 乙が出版するピース以外の楽譜（以下「フォリオ」という）に使用された場合、販売し実際に代金を受領した部数を対象に、1部につき定価の［　　　　　］に甲の保有率を乗じて得た金額を当該フォリオに使用された音楽著作物の総件数と本件作品の件数との按分に拠り算定した金額。

 ⅲ 乙が出版する定価の定めのない楽譜あるいは楽譜以外の出版物に使用された場合、丙の使用料規程に拠る算出方法を適用して算定した金額に甲の保有率を乗じて得た金額。

 ⅳ 丙が管理委託の留保または制限を認めている範囲（出版権等を除く）において乙が使用した場合、丙の使用料規程に拠る算出方法を適用して算定した金額に甲の保有率を乗じて得た金額。

 ⅴ 乙が本号ⅰ乃至ⅳ以外で使用した場合は第三者の使用に係る場合と同様の扱いとします。

②第三者の使用に係る場合

 ⅰ 本件作品の利用形態の如何にかかわらず、本件著作権に関して乙が丙より受領した著作権使用料（丙の手数料を控除した後の使用料）の［　　　　　］（全体の［　　　　　］に相当）。なお、演奏権等の著作権使用料については、甲及び乙は、自己の取分の支払を丙に直接請求することができるものとします。

 ⅱ 本件作品の利用形態の如何にかかわらず、本件著作権に関して乙が外国の音楽出版者または著作権管理団体から受領した著作権使用料及び丙が外国の著作権管理団体から受領して乙に分配した著作権使用料の［　　　　　］（全体の［　　　　　］に相当）。但し、当該団体からとくに音楽出版者取分と指定して乙または丙に分配される著作権使用料に対しては、甲は、乙に分配・支払を求めることはできないものとします。また、当該団体より著作者取分と指定して甲または丙に分配される著作権使用料に対しては、乙は、甲に分配・支払を求めることはできないものとします。

	③乙が受領した本件著作権に対する著作権侵害の損害賠償金については、その受領金額より訴訟費用、弁護士への報酬金、著作権登録の費用等の総額を控除した後の金額の◻◻◻◻◻◻（全体の◻◻◻◻◻◻に相当）。 （2）この契約の締結後に、本件作品における著作者の人数または甲の保有率に変動が生じた場合には、この契約に基づいて乙が甲に支払う著作権使用料等の割合について、甲・乙ならびに関係当事者間の協議の上変更するものとします。
第11条 （著作権使用料の計算及び支払）	乙は、毎年◻◻◻◻◻◻◻◻◻◻の年4回、各月◻◻◻日をこの契約に関する会計計算締切日と定め、当日までに前条に定められたところに従って発生した本件著作権の著作権使用料についてこの契約の諸条項に基づいて分配の計算を行い、各締切日後60日以内に計算明細を記した文書を甲の指定する住所等に送付もしくは電磁的記録送信先に送信またはネットワーク上での閲覧及びダウンロードを可能にし、著作権使用料を甲の指定する銀行口座への振込みをもって支払うものとします。但し、当該住所または当該銀行口座の変更が生じた場合には、甲は、乙に直ちに通知すべきものとし、乙がこれらの通知を受けない限り、乙は、この契約に基づく債務不履行の責任を負わないものとします。
第12条 （分配額の照会）	甲は、丙に対し、本件著作権に係る著作権使用料の乙に対する分配額について直接照会できるものとします。
第13条 （帳簿の閲覧）	（1）乙は、本件著作権に関する会計帳簿その他の記録に関して、甲から請求を受けた場合には、乙の営業時間中に限り甲または甲の指定する代理人に閲覧させなければならないものとします。但し、この契約第11条に定める会計計算締切後5年を経過した分についてはこの限りでないものとします。 （2）乙は、前項に定める期間中、前項に定める記録を保管しなければならないものとします。
第14条 （本件作品の利用開発）	乙は、この契約によって甲より譲渡された権利に基づき、本件作品の利用開発を図るため、この契約第3条に定める権利譲渡地域内において、最大限の努力をすべきものとします。
第15条 （履行状況の説明）	乙は、この契約の履行の状況に関して、甲から請求を受けた場合には、甲に説明するものとします。

第16条 （権利の侵害）	(1) この契約第2条の規定にもかかわらず、本件著作権に関し、第三者から権利の侵害の訴えが提起された場合には、乙が適当と認めるところに従い、その訴えに対処し、甲は、乙のために誠意をもって協力します。この訴えの処理・解決に要した訴訟費用、弁護士への報酬、第三者への賠償金、その他諸出費の総額は、原則として甲の負担とします。 (2) 第三者が本件著作権を侵害した場合には、乙は、その適当と認めるところに従い、これを処理・解決するものとし、甲は、乙のために誠意をもって協力します。権利の侵害に対し、第三者から損害賠償金として乙が受領した金額は、この契約第10条第1項第3号の定めるところに従い、これを分配します。
第17条 （第三者への権利譲渡等）	乙は、この契約第4条第2項に該当する場合を除き、甲の文書による許諾を受けない限り、第三者への本件著作権の売却・譲渡等の処分を行ってはならないものとします。但し、乙が営業譲渡をし、吸収・合併され、または会社分割する場合、その著作権が他に移転するときはこの限りでないものとします。
第18条 （権利移転の通知）	乙は、前条但し書により本件著作権が他に移転する場合には、当該移転前に甲に対し移転先、移転予定日、移転理由、その他必要な事項を通知しなければならないものとします。但し、経営上の秘密その他やむを得ない事由により、移転前に通知ができなかった場合には、移転後速やかに同様の通知を行うものとします。
第19条 （契約違反）	(1) 乙がこの契約の条項に違反した場合には、甲は、20日間の期間を定めた文書により、契約上の義務履行を催告し、その期間内に履行されないときは、この契約を解除すること、ならびにこの違反によって生じた損害の賠償を乙に請求することができるものとします。 (2) 甲がこの契約の条項に違反した場合には、乙は、本件著作権に対するあらゆる対価の支払及び一切の義務履行を停止すること、ならびにこの違反によって生じた損害の賠償を甲に請求することができるものとします。なお、乙は、甲に支払うべき対価をこの損害賠償の一部に充当することができるものとします。
第20条 （契約の解除等）	(1) 乙が次の各号のいずれかに該当した場合には、この契約は、当然解除されたものとみなします。 ① 破産の宣告

②会社の解散決議

(2) 甲は、乙が営業活動を廃止した場合、または乙の本店及び営業所の所在がいずれも不明である場合には、この契約を解除することができるものとします。

(3) 前項の場合、甲が内容証明郵便によって、乙の本店所在地宛てに契約解除の通知を行い、その発送の日から 20 日間を経過した日に、解除の効果が発生したものとします。

(4) この契約第 3 条第 2 項の契約期間が 10 年を超える場合においては、乙は、乙及び丙から甲に支払われた著作権使用料の合算額がごくわずかであることが連続した場合で、甲の請求があったときは、本件作品の利用開発の方法に関する協議に応じなければならないものとします。但し、甲の請求がこの契約締結日から 10 年が経過していない場合または本項に基づき最後に行われた協議の日から [   ] 年が経過していない場合は、この限りでないものとします。

(5) 甲は、前項の協議を経た上で、乙及び丙から甲に支払われる著作権使用料の合算額について、当該協議が終了した日の属する年の翌年から連続した [   ] 年間の当該使用料の合計額が [   ] 円に満たない場合には、乙との協議を経て、この契約を解除することができるものとします。

第 21 条 （契約終了後の著作権の帰属）	契約期間の満了または契約の解除によりこの契約が終了した場合には、本件著作権は、当然甲に帰属するものとします。
第 22 条 （契約上の地位の承継）	この契約は、甲・乙それぞれの権利承継者または委託先に対し、全条項にわたり、その効力を及ぼすものとします。
第 23 条 （権利承継の通知）	乙は、相続、法人の合併、会社分割等により甲の権利の承継者が新たに生じた場合であっても、当該承継者から権利を証する文書を添えた承継の通知及び支払先、銀行口座の通知を受けない限り、この契約に基づく甲への著作権使用料を従前の甲の指定銀行口座に振込み、または、乙が適当と認めるところに従い保管することができるとし、これによりこの契約に基づく債務不履行の責任を負わないものとします。

第 24 条 （契約の変更）	この契約の条項の変更または修正は、すべて文書による甲・乙両当事者の合意がなければその効力を生じないものとします。
第 25 条 （当事者間の協議）	この契約に定めのない事項、定められた事項の解釈の相違、その他予期しない事態が発生した場合には、そのつど甲・乙両当事者が協議し、信義誠実の原則にのっとり善処・解決にあたるものとします。
第 26 条 （著作権管理事業者との関係）	甲・乙両当事者またはその一方が、著作権管理事業者と委託契約を締結している場合には、甲及び乙は、当該委託契約を尊重します。但し、甲・乙間の関係においては、すべてこの契約の定めるところに従うものとします。
第 27 条 （個人情報の取扱い）	乙は、この契約に記載された甲及び著作者に係る個人情報をこの契約第１条の目的に利用するものとし、あらかじめ当該個人の同意を得ないで、この利用目的の達成に必要な範囲を超えて当該個人の個人情報を取扱ってはならないものとします。但し、この規定により、乙がこの契約とは別に取得した当該個人の個人情報の取扱いに関する乙の責任又は義務は影響を受けないものとします。
第 28 条 （個人番号の利用範囲）	乙は、甲から提供された個人番号を所得税法の規定に基づく調書の作成及び提出のためにのみ利用します。
第 29 条 （準拠法及び裁判管轄）	この契約の準拠法は日本法とし、この契約に関し紛争が生じた場合は、□□□□□□□□□地方裁判所を第一審の専属的合意管轄裁判所とします。
第 30 条 （追加条項）	

この契約の締結の証として、本書　　通を作成し、甲・乙両者記名捺印の上各１通を所持します。

　　　　年　　　月　　　日

甲　（住所）

　　（氏名）

乙　（住所）

　　（氏名）

私は、本件著作物の著作者であること、及び、その著作権を甲に正当に譲渡したことを乙に対して保証し、もし、この契約の有効期間中に私から甲への上記著作権譲渡について無効事由または失効事由が生じた場合には、当該事由の発生と同時に私がこの契約における甲の地位を当然に承継することを予め同意します。

　　著作者　（住所）

　　　　（実名）

© 2001, 2005, 2016 by Music Publishers Association of Japan

＊本契約書は MPA 事務局で販売しております

日本音楽著作権協会（JASRAC）著作権信託契約申込書
[著作者用]

著作権信託契約申込書
（著作者用）

申込日　20　年　月　日

一般社団法人　日本音楽著作権協会　御中

　私は、貴協会の管理委託契約約款および使用料規程を承認し、これを遵守いたしますので、私の有する著作権ならびに将来取得する著作権について、右の範囲で管理をお願いしたく、必要書類を添えて著作権信託契約を申込みます。

フリガナ		
氏　名(実名)		実印
フリガナ		
自宅住所	郵便番号　－　 住所 電話番号　－　　－　　FAX　－　－ 携帯電話　－　　－　　E-mail	
連絡場所 (該当の番号に〇)	1.「自宅住所」を希望　　2. 下記記載の住所を希望 ＊お問い合わせ先、郵便物送付先の住所になります。	
フリガナ		
連絡場所 住所および名称 (連絡場所を2.に指定された方のみご記入ください)	郵便番号　－ 住所 名称 電話番号　－　　－　　FAX　－　－ 携帯電話　－　　－　　E-mail	
著作者の種別 (該当の番号に〇)	1. 作詞者　　　2. 作曲者　　　3. 作詞および作曲者	
フリガナ		
筆　名	筆名①　　　　　　　　　筆名②	

送金先	フリガナ			店舗コード
	金融機関名 支　店　名	銀行・信組 信金・農協	本店 支店	
	口座種別	1. 普通　2. 当座　　口座番号		
	フリガナ			
	口座名義	＊申込者ご自身の名義の口座をお届けください。		

JAPANESE SOCIETY FOR RIGHTS OF AUTHORS, COMPOSERS AND PUBLISHERS

巻末資料

管理委託範囲を以下のとおり指定します。
（AまたはBのいずれかに「○」印をつけてください）

Ⓐ	**すべての著作権を委託する** （JASRACと相互管理契約を締結した団体が管理する外国地域を含む）

（Aを選択された場合、以下の記入は不要です）

┄┄┄

Ⓑ	**一部の著作権を管理委託範囲から除外する**

（Bを選択された場合、以下について「除外する」区分に「○」印をつけてください）
〈著作権信託契約約款（以下「約款」という）の別表に定める区分による〉

除外する	**支分権の区分** (ただし、⑨から⑪までの利用形態に係る権利を除く)
	① 演奏権等（演奏権、上演権、上映権、公衆送信権、伝達権および口述権）
	② 録音権等（録音権、頒布権および録音物に係る譲渡権）
	③ 貸与権
	④ 出版権等（出版権および出版物に係る譲渡権）

❖ 「②録音権等」を委託する場合は、以下の ⑤〜⑪ の利用形態の除外を選択できます。
❖ 「①演奏権等」を委託するが「②録音権等」を除外する場合は、以下の⑨〜⑪の利用形態の除外を選択できます。

〈約款の別表に定める区分による〉

除外する	**利用形態の区分** (ただし、日本国内における権利に限る)
	⑤ 映画への録音
	⑥ ビデオグラム等への録音
	⑦ ゲームソフトへの録音
	⑧ コマーシャル送信用録音
	⑨ 放送・有線放送
	⑩ インタラクティブ配信
	⑪ 業務用通信カラオケ

❖ 外国地域の管理を除外する場合は、以下にご記入ください。
〈約款第5条に定める区分による〉

国名または地域名：
における **演奏権等・録音権等** を管理委託範囲から除外する。

以上

当協会が取得した個人情報は、
　1　音楽著作物の著作権管理事業における利用許諾業務、著作物使用料徴収業務、著作物使用料・私的録音録画補償金等分配業務、管理委託契約の締結・維持管理に関する業務、著作権侵害への対応、調査研究および会報等の刊行物の送付その他の広報
　2　音楽文化の振興および著作権思想の普及に関する事業における企画の検討・実施、調査研究および広報のために必要な範囲以外では利用いたしません。
※ 上記利用目的の達成のために必要な範囲で第三者に提供する場合があります。

日本音楽著作権協会（JASRAC）著作権信託契約申込書
[音楽出版者用]

著作権信託契約申込書
（音楽出版者用）

申込日　20　年　月　日

一般社団法人　日本音楽著作権協会　御中

　当音楽出版者は、貴協会の管理委託契約約款および使用料規程を承認し、これを遵守いたしますので、当音楽出版者の有する著作権ならびに将来取得する著作権について、右の範囲で管理をお願いしたく、必要書類を添えて著作権信託契約を申込みます。

フリガナ		
法人名		法人実印
法人名の英字表記		
フリガナ		
代表者氏名		
フリガナ		
本店所在地	郵便番号　-　 住所 電話番号：　-　　FAX：　- E-mail：	
連絡場所 (該当の番号に○)	1.上記「本店所在地」を希望　　2.下記記載の住所を希望 ＊お問い合わせ先、郵便物送付先の住所になります。	
フリガナ		
連絡場所 住所および名称 (連絡場所を2.に指定された方のみご記入ください)	郵便番号　-　 住所 名称 電話番号：　-　　FAX：　- E-mail：	

送金先	フリガナ			店舗コード
	金融機関名 支店名		銀行・信組　本店 信金・農協　　支店	
	口座種別	1.普通　2.当座	口座番号	
	フリガナ			
	口座名義			

＊申込法人名義の口座をお届出ください。

JAPANESE SOCIETY FOR RIGHTS OF AUTHORS, COMPOSERS AND PUBLISHERS

巻末資料

JASRACに委託する範囲を以下のとおり指定します。
（AまたはBのいずれかに「○」印をつけてください）

> ### Ⓐ　すべての著作権を委託する
> （JASRACが相互管理契約を締結した全地域を含む）

（Aを選択された場合、以下の記入は不要です）

⋯⋯⋯⋯⋯⋯⋯⋯⋯⋯⋯⋯⋯⋯⋯⋯⋯⋯⋯⋯⋯⋯⋯⋯⋯

> ### Ⓑ　一部の著作権を委託範囲から除外する

（Bを選択された場合、以下について「除外する」区分に「○」印をつけてください）

＜著作権信託契約約款（以下「約款」という）の別表に定める区分による＞

除外する	支分権の区分（ただし、⑨から⑪までの利用形態に係る権利を除く）
	① 演奏権等（演奏権、上演権、上映権、公衆送信権、伝達権および口述権）
	② 録音権等（録音権、頒布権および録音物に係る譲渡権）
	③ 貸与権
	④ 出版権等（出版権および出版物に係る譲渡権）

❖ 「② 録音権等」を除外する場合 → ⑤〜⑧ の利用形態は除外されます。

❖ 「① 演奏権等」および「② 録音権等」を除外する場合 → ⑨〜⑪ の利用形態は除外されます。

＜約款の別表に定める区分による＞

除外する	利用形態の区分（ただし、日本国内における権利に限る）
	⑤ 映画への録音
	⑥ ビデオグラム等への録音
	⑦ ゲームソフトへの録音
	⑧ コマーシャル送信用録音
	⑨ 放送・有線放送
	⑩ インタラクティブ配信
	⑪ 業務用通信カラオケ

❖ 外国地域の管理を除外する場合は、以下にご記入ください。
＜約款第5条に定める区分による＞

> 国名または地域名：
>
> 　　　　　　　　　における **演奏権等・録音権等** を管理委託範囲から除外する。

以上

> 当協会が取得した個人情報は、
> 　1　音楽著作物の著作権管理事業における利用許諾業務、著作物使用料徴収業務、著作物使用料・私的録音録画補償金等分配業務、管理委託契約の締結・維持管理に関する業務、著作権侵害への対応、調査研究及び会報等の刊行物の送付その他の広報
> 　2　音楽文化の振興及び著作権思想の普及に関する事業における企画の検討・実施、調査研究及び広報
> のために必要な範囲以外では利用いたしません。
> ※ 上記利用目的の達成のために必要な範囲で第三者に提供する場合があります。

305

索引 [主要なページに限る]

ア

アーティスト 14, 16, 25, 150
アーティスト育成金 214
アーティスト印税（実演家印税）
　.................... 97, 153, 206, 213
アイディア 59, 282
IP マルチキャスト放送 232
アレンジャー（編曲家）...... 26, 132, 136
依拠 119, 277
委嘱 193
委託興行 160
一身専属［性］.................. 75, 94, 114
一斉型（ラジオ型）........ 161, 202, 230
印税 20
印税方式 210
インタラクティブ配信 191, 202
インディ、インディーズ、
　　インディペンデント・レーベル 34
引用 107, 269
Winny 249
映画製作者 237
映画の著作物 111, 237
SP（サブ・パブリッシャー）... 141, 174, 178, 245
演奏権 67, 199
応諾義務 167, 183, 235, 267
公（おおやけ）........................ 64, 67
オリジナル・パブリッシャー（OP）
　.................... 141, 173, 245
音楽出版権 140
音楽出版社 12, 15, 28, 133, 140
音楽著作権 29
音楽の著作物 55, 255
音楽配信 18, 27, 37, 161
音楽配信事業［者］.......... 13, 161, 202
オンデマンド型 161, 202, 229
オンライン・ストレージサービス 252

カ

海賊版 29, 53, 125
替え歌 260, 272
可視的利用 203

貸レコード（レコードレンタル）....... 27, 233
カバー曲 48
カラオケ 21
環太平洋パートナーシップ協定（TPP 協定）
　.................... 42, 109, 127
管理委託契約 183
管理手数料 148
還流防止措置 248
期間契約（専属実演家契約）... 153, 214, 219
期間限定譲渡［契約］.......... 211, 215
技術的制限手段 243
技術的保護手段 243
技術的利用制限手段 243
基本使用料 180, 191
旧著作権法による存続期間 112
共同原盤契約 208, 221
共同著作物 62, 257, 261
許諾権 64, 233, 238
許諾の取次ぎ・代理 133
禁止権 64, 233, 238
CPRA（実演家著作隣接権センター）
　.................... 90, 229, 234
グランド・ライツ（大権利）........... 175
刑事罰 124
結合著作物 62, 261
原著作物 61, 72
原盤（レコード原盤）
　.......... 25, 31, 95, 141, 153, 157, 208, 237
原盤印税 211, 213
原盤供給契約 209
原盤権 98, 158, 202, 206, 208, 223, 246
原盤譲渡契約 ... 208, 210, 213, 215, 217, 219
原盤使用料 30
権利制限規定 101, 266
権利の束 64
広告収入［モデル］.............. 20, 39
広告目的 177, 181, 186
公衆 67
公衆送信権等 69
口述権 69
公表権 74
公表時編曲 137
コピープロテクション技術 242

コンサート（ライブコンサート）……… 16, 160
コンサート事業者（コンサート・プロモーター）
…………………………………………… 13, 17, 160
コンテンツ ID システム………………… 162, 205

サ

SARVH（私的録画補償金管理協会）……… 240
sarah（私的録音補償金管理協会）…… 207, 240
再販売価格維持 ……………………………… 226
再放送権 ……………………………………… 99
再有線放送権 ……………………………… 100
サウンドロゴ ………………………………… 58
作詞家（作詞者）… 12, 15, 24, 28, 132
差止請求［権］…………………… 115, 122
指値 ………………………… 170, 177, 183
作曲家（作曲者）… 12, 15, 24, 28, 132
サブスクリプションサービス
　（定額制音楽配信）……… 18, 161, 202
サブ・パブリッシャー（SP）… 141, 174, 178, 245
360 度契約 ………………………………… 33
サンプリング ……………………………… 274
CM 送信用録音 ……………………………… 177
時限再販 …………………………………… 226
自主興行 …………………………………… 160
思想又は感情 ………………………………… 57
視聴覚的実演北京条約 …………………… 130
実演 ………………………… 56, 87, 256
実演家 ……………… 24, 30, 52, 87, 150, 206
実演家印税（アーティスト印税）
………………………… 97, 153, 206, 213
実演家人格権 ………………… 52, 88, 93
実演家著作隣接権センター（CPRA）
………………………… 90, 229, 234
実演家等保護条約（ローマ条約）………… 129
実名の登録 ………………… 78, 110
私的使用目的 ………… 106, 239, 267
私的複製 …………………………………… 106
私的録音 …………………………………… 239
私的録音［録画］補償金 … 98, 107, 240
私的録音補償金管理協会（sarah）…… 207, 240
私的録画補償金管理協会（SARVH）……… 240
支分権 ………………… 64, 67, 193, 219

氏名表示権 ……………………………… 74, 94
JASRAC（日本音楽著作権協会）
………………… 28, 133, 144, 166, 168
主従関係 …………………………………… 269
受託ビジネス ……………………………… 159
出所の明示 ………………………………… 269
上映権 ……………………………………… 68
上演権 ……………………………………… 67
商業用レコード …………………… 93, 228
消尽 ………………………………… 71, 92
譲渡権 ………………………… 71, 92, 96
使用料規程 …………………… 148, 167
職務著作 …………………………… 83, 258
シンガー・ソングライター ……… 32, 87, 152
侵害 ………………………………………… 118
シンクロナイゼーション・ライツ
………… 178, 185, 188, 190, 205, 246
親告罪 ……………………………………… 125
信託契約約款 ……… 148, 177, 186, 193, 263
信託者 ……………………………………… 147
スターデジオ事件 ………………………… 231
スタンダード曲 …………………………… 48
ストリーミング（ストリーム方式）… 37, 162
スリーステップテスト …………… 240, 270
世界知的所有権機関（WIPO）…………… 130
世界貿易機関（WTO）…………………… 77
セルオフ期間 ……………………………… 216
戦時加算 …………………………………… 113
専属開放 ………………… 164, 173, 176, 238
専属楽曲 ………………… 164, 173, 176
専属契約 …………………………………… 151
専属作家契約 ……………………………… 176
専属実演家契約（期間契約）…… 153, 214, 219
総合マネージメント事業 ………………… 33
相互管理契約 …………………… 146, 245
創作的 ……………………………………… 57
送信可能化［権］……… 69, 91, 96, 99, 229, 232
遡及効 ……………………………………… 129
属地主義 …………………………………… 127
組織犯罪処罰法（組織的な犯罪の処罰及び犯
　罪収益の規制等に関する法律）………… 126
損害賠償請求権 …………………………… 122
存続期間の相互主義 ……………………… 113

307

タ

タイアップ	22, 45, 193
第一発行（公表）年月日の登録	79
大権利（グランド・ライツ）	175
タイトル（題号）	75
貸与権	71, 92, 96
WCT（WIPO 著作権条約）	130
WTO（世界貿易機関）	77
WPPT（WIPO 実演・レコード条約）	93, 130
団体名義の著作物（団体名義で公表された著作物）	110, 258
知的所有権の貿易関連の側面に関する協定（TRIPS 協定）	129
中央管理型	249
著作権	28, 52, 64
著作権者	75, 79, 82, 237
著作権譲渡契約	28, 135, 140, 152
著作権譲渡・質権設定等の登録	79
著作権存続期間の延長問題	42
著作権仲介業務法	144
著作権等管理事業者	15, 28, 54, 133, 144, 166
著作権等管理事業［法］	144
著作権の信託	133, 146
著作権［の］存続期間	23, 109, 113
著作者	52, 64, 81
著作者人格権	52, 64, 74, 266
著作者の権利	64
著作者の推定	78
著作物	55, 57, 59
著作物再販適用除外制度	226
著作物使用料	15, 21, 28
著作隣接権	30, 52, 86, 89, 92, 95, 99, 150
著作隣接権の存続期間	114
通信カラオケ事業者	164
TPP 協定（環太平洋パートナーシップ協定）	42, 109, 127
定額制音楽配信（サブスクリプションサービス）	18, 161, 202
ディレクター	26, 156
展示権	70
伝達権	69, 99, 200
同一性保持権	61, 75, 94, 260

動画投稿［サイト］	40, 162, 204, 251
同時再送信	232
登録制度	78
「どこまでも行こう」「記念樹」事件	279
トラックメーカー	139
TRIPS 協定（知的所有権の貿易関連の側面に関する協定）	129

ナ

内国民待遇	128
ナップスター	249
二次使用料請求権	93, 96, 206, 228
二次的著作物	61, 72, 136
二次的著作物の利用に関する原著作者の権利	72
日本音楽出版社協会（MPA）	140
日本音楽著作権協会（JASRAC）	28, 133, 144, 166, 168
日本芸能実演家団体協議会（芸団協）	90, 207, 229, 234
日本コンパクトディスク・ビデオレンタル商業組合	236
日本レコード協会	96, 207, 228, 234
NexTone	28, 133, 145, 171
ノンパッケージ	37

ハ

廃棄等請求権	122
配信音源	228
配信事業者	223
パッケージ	37
発信者情報開示請求	251
頒布権	71
P2P（peer-to-peer）	249
非営利目的の演奏等	107
非中央管理型	249
表現	59, 282
ファイル共有ソフト	249
ファイルローグ	249
フェアユース	101
フェス	16

複製権 ·················· 67, 96, 99
複製使用料 ················ 180, 191
不正競争 ······················ 243
不当利得返還請求権 ············ 123
部分信託 ······················ 171
「Bright Tunes Music v. Harrisongs Music」事件
······························ 278
ブランケットライセンス（包括許諾契約）
············ 163, 190, 196, 198, 204, 251
プログラムの著作物の創作年月日の登録 ···· 79
プロダクション ············· 17, 151, 153
プロデューサー ················ 26, 156
プロバイダ責任制限法 ············ 251
プロモーション印税 ·············· 214
ベルヌ条約 ·············· 43, 77, 127
編曲家（アレンジャー）········· 26, 132, 136
編曲権 ···················· 72, 264
編曲審査委員会 ·················· 137
変形権 ·························· 72
編集著作物 ···················· 57, 61
変奏曲 ························ 273
包括許諾（ブランケットライセンス）
············ 163, 190, 196, 198, 204, 251
報酬請求権 ············ 93, 98, 206, 234
幇助 ·························· 250
放送権 ······················ 90, 100
放送事業者 ········· 24, 30, 52, 87, 99
放送と通信の融合 ·············· 40, 230
放送用録音 ···················· 190
翻案権 ······················ 61, 72
翻訳権 ························ 72

マ

マネタイズ ·················· 19, 162
ⓒ表示 ························ 79
ⓟ表示 ························ 80
みなし侵害 ············· 66, 121, 261
ミュージックビデオ ·············· 237
無意識の依拠 ·················· 279
無方式主義 ·················· 77, 129
無名または変名で公表された著作物 ········ 110
名誉回復等措置請求［権］········· 115, 124

名誉・声望 ············· 124, 261, 266
明瞭区別性 ···················· 269
メロディメーカー ·············· 136, 139

ヤ

ユーザー・ジェネレイテッド・コンテンツ
（UGC）······················ 18
有線放送権 ···················· 90, 99
有線放送事業者 ············· 52, 87, 99
輸入差止申立て ·················· 248

ラ

ライセンス契約 ·············· 208, 212
ライブコンサート（コンサート）····· 16, 160
ラジオ型（一斉型）········· 161, 202, 230
リーチサイト ·················· 252
リバイバル曲 ···················· 48
リマスタリング ·················· 116
リミックス ···················· 116
類似［性］············· 58, 119, 277
レコード会社 ········· 12, 14, 30, 157, 208
レコード原盤（原盤）
··········· 25, 31, 95, 141, 153, 157, 208, 237
レコード製作者 ··· 24, 52, 87, 95, 157, 206, 208
レコードレンタル（貸レコード）······· 27, 233
レコメンデーション ·············· 18, 38
ローマ条約（実演家等保護条約）········ 129
録音権・録画権 ·················· 89
ロング・テール商品 ··············· 49

ワ

WIPO（世界知的所有権機関）········· 130
WIPO実演・レコード条約（WPPT）··· 93, 130
WIPO著作権条約（WCT）·········· 130
ワンショット契約 ·············· 153, 214
ワンチャンス主義 ·············· 90, 238
「ワン・レイニー・ナイト・イン・トーキョー」
事件 ························ 278

309

▓ 著者・編者プロフィール

著者

前田 哲男 (まえだ てつお)

弁護士。1985年東京大学法学部卒。87年弁護士登録（第二東京弁護士会）。染井・前田・中川法律事務所パートナー。執筆論文・講演録等に、『著作権法コンメンタール［第2版］』（勁草書房、2015年・分担執筆）、「著作権・著作隣接権の存続期間をめぐって」コピライト2014年8月号、「複合的な性格を持つ著作物について」牧野利秋先生傘寿記念論文集『知的財産権—法理と提言』（青林書院、2013年）、「『写り込み』等に係る規定の整備」ジュリスト2013年1月号、「『思想・感情の創作的な表現』とは何か」コピライト2011年3月号ほか。2002年から文化審議会著作権分科会専門委員、2012年から同臨時委員。著作権法学会理事。

谷口 元 (たにぐち はじめ)

1986年米国ベルモント大学商業音楽学部卒業。エイベックス・グループ・ホールディングス（株）取締役、エイベックス・ミュージック・パブリッシング（株）代表取締役社長、一般社団法人日本音楽出版社協会会長、一般社団法人日本音楽著作権協会理事、一般財団法人音楽産業・文化振興財団副理事長などを歴任。現在は（株）東京谷口総研代表取締役社長および産業能率大学経営学部教授。

編者

福井 健策 (ふくい けんさく)

弁護士、ニューヨーク州弁護士（骨董通り法律事務所）。日本大学芸術学部 客員教授。
1991年東京大学法学部卒。1993年弁護士登録（第二東京弁護士会）。米国コロンビア大学法学修士課程修了（セゾン文化財団スカラシップ）などを経て、現在、骨董通り法律事務所 代表パートナー。著書に『著作権とは何か』（集英社新書、2005）、『エンタテインメントと著作権』シリーズ全5巻（シリーズ編者、CRIC、2006〜）、『契約の教科書』（文春新書、2011）、『「ネットの自由」vs. 著作権』（光文社新書、2012）、『誰が「知」を独占するのか』（集英社新書、2014）、『18歳の著作権入門』（ちくまプリマー新書、2015）ほか多数。国会図書館審議会会長代理・内閣知財本部・経済産業省ほか委員、「本の未来基金」理事、「さいとう・たかを劇画文化財団」理事、think C 世話人、東京藝術大学兼任講師などを務める。
http://www.kottolaw.com Twitter: @fukuikensaku

エンタテインメントと著作権 — 初歩から実践まで — ③

音楽ビジネスの著作権（第2版）

2008 年 10 月 6 日　初版第 1 刷発行
2016 年 8 月 1 日　第 2 版第 1 刷発行
2020 年 8 月 31 日　第 2 版第 2 刷発行
2022 年 3 月 31 日　第 2 版第 3 刷発行

編者 ──────── 福井健策
著者 ──────── 前田哲男・谷口 元
発行所 ──────── 公益社団法人 著作権情報センター（CRIC）
　　　　　　　　　〒 164-0012　東京都中野区本町 1-32-2
　　　　　　　　　　　　　　　ハーモニータワー 22 階
　　　　　　　　　tel：03-5309-2421　fax：03-5354-6435
　　　　　　　　　URL：https://www.cric.or.jp
印刷・製本 ──── 株式会社 Reproduction

©MAEDA Tetsuo, TANIGUCHI Hajime, 2008, 2016．Printed in Japan
ISBN978-4-88526-083-4
★定価はカバーに表示してあります。
★乱丁・落丁本は発行所宛てにご送付ください。送料は当センター負担でお取
　り替えいたします。
★本書の複写（コピー）・スキャニング・記録媒体への入力等により無許諾で
　複製することは、著作権法に規定された場合を除いて禁止されています。

CRIC 出版案内

エンタテインメントと著作権 ── 初歩から実践まで ── ①
ライブイベント・ビジネスの著作権

福井健策 編／福井健策・二関辰郎 著　Ａ５判／228頁
定価：本体2,300円＋税

●ライブイベント・ビジネスの現場で活躍するクリエイター・スタッフ必携の書！
「ライブ・エンタテインメントの著作権」を改題し、内容を大幅にアップデート。
各種ライブイベント・ビジネスにおける著作権、実演家の権利、権利処理の知識などをわかりやすく解説する。

エンタテインメントと著作権 ── 初歩から実践まで ── ②
映画・ゲームビジネスの著作権（第2版）

福井健策 編／内藤篤・升本喜郎 著　Ａ５判／328頁
定価：本体2,500円＋税

●映画・ゲームビジネスの現場で活躍するクリエイター・スタッフ必携の書！
初版から12項目を追加し、内容を大幅にアップデート。
映画・ゲームビジネスのしくみと動向、著作権の必須知識について、エンタメ・ロイヤーが初歩から実践までわかりやすく解説する。

エンタテインメントと著作権 ── 初歩から実践まで ── ④
出版・マンガビジネスの著作権（第2版）

福井健策 編／桑野雄一郎・赤松健 著　Ａ５判／296頁
定価：本体2,500円＋税

●出版・マンガビジネスの現場で活躍するクリエイター・スタッフ必携の書！
マンガなどの出版ビジネスに不可欠な著作権の知識を網羅した一冊！　出版業界の大きな流れを踏まえつつ、ビジネスのしくみと動向、著作権の必須知識から実践までをわかりやすく解説する。

エンタテインメントと著作権 ── 初歩から実践まで ── ⑤
インターネットビジネスの著作権とルール（第2版）

福井健策 編／福井健策・池村聡・杉本誠司・増田雅史 著　Ａ５判／328頁
定価：本体2,800円＋税

●インターネットビジネス関係者の必読書！　コンテンツ配信、SNS、二次創作、オンラインゲーム、eコマース、AI、デジタルアーカイブ、海賊版、プラットフォーム、プライバシー…、ネット上でビジネスを展開する際に遭遇する著作権問題や、その他の権利の問題を網羅的に分かりやすく解説する。初版から項目数を大幅に追加して刷新！

そこが知りたい
著作権Q&A100 ～CRIC著作権相談室から～

早稲田祐美子 著　Ａ５判／240頁
定価：本体2,000円＋税

●著作権に関する疑問を解決！　1996年から開設している「著作権相談室」に実際に寄せられた疑問・質問に、ジャンルごとに分類された目次構成でわかりやすく解説する一冊。